A PARTICIPAÇÃO DO ADMINISTRADO NO PROCESSO DE ELABORAÇÃO DOS CONTRATOS DE PPP

MAÍS MORENO

Prefácio
Marcos A. Perez

Apresentação
Vera Monteiro

A PARTICIPAÇÃO DO ADMINISTRADO NO PROCESSO DE ELABORAÇÃO DOS CONTRATOS DE PPP

Belo Horizonte

2019

© 2019 Editora Fórum Ltda

É proibida a reprodução total ou parcial desta obra, por qualquer meio eletrônico, inclusive por processos xerográficos, sem autorização expressa do Editor.

Conselho Editorial

Adilson Abreu Dallari
Alécia Paolucci Nogueira Bicalho
Alexandre Coutinho Pagliarini
André Ramos Tavares
Carlos Ayres Britto
Carlos Mário da Silva Velloso
Cármen Lúcia Antunes Rocha
Cesar Augusto Guimarães Pereira
Clovis Beznos
Cristiana Fortini
Dinorá Adelaide Musetti Grotti
Diogo de Figueiredo Moreira Neto
Egon Bockmann Moreira
Emerson Gabardo
Fabrício Motta
Fernando Rossi
Flávio Henrique Unes Pereira

Floriano de Azevedo Marques Neto
Gustavo Justino de Oliveira
Inês Virgínia Prado Soares
Jorge Ulisses Jacoby Fernandes
Juarez Freitas
Luciano Ferraz
Lúcio Delfino
Marcia Carla Pereira Ribeiro
Márcio Cammarosano
Marcos Ehrhardt Jr.
Maria Sylvia Zanella Di Pietro
Ney José de Freitas
Oswaldo Othon de Pontes Saraiva Filho
Paulo Modesto
Romeu Felipe Bacellar Filho
Sérgio Guerra
Walber de Moura Agra

Luís Cláudio Rodrigues Ferreira
Presidente e Editor

Coordenação editorial: Leonardo Eustáquio Siqueira Araújo

Av. Afonso Pena, 2770 – 15º andar – Savassi – CEP 30130-012
Belo Horizonte – Minas Gerais – Tel.: (31) 2121.4900 / 2121.4949
www.editoraforum.com.br – editoraforum@editoraforum.com.br

Técnica. Empenho. Zelo. Estes foram alguns dos cuidados aplicados na edição desta obra. No entanto, podem ocorrer erros de impressão, digitação ou mesmo restar alguma dúvida conceitual. Caso se constate algo assim, solicitamos a gentileza de nos comunicar através do e-mail <editorial@editoraforum.com.br> para que possamos esclarecer, no que couber. A sua contribuição é muito importante para mantermos a excelência editorial. A Editora Fórum agradece a sua contribuição.

Dados Internacionais de Catalogação na Publicação (CIP) de acordo com a AACR2

M835p	Moreno, Maís A participação do administrado no processo de elaboração dos contratos de PPP / Maís Moreno.– Belo Horizonte : Fórum, 2019. 278p.; 14,5cm x 21,5cm ISBN: 978-85-450-0574-2 1. Direito Administrativo. 2. Direito Público. I. Título. CDD 341.3 CDU 342

Elaborado por Daniela Lopes Duarte - CRB-6/3500

Informação bibliográfica deste livro, conforme a NBR 6023:2002 da Associação Brasileira de Normas Técnicas (ABNT):

MORENO, Maís. *A participação do administrado no processo de elaboração dos contratos de PPP*. Belo Horizonte: Fórum, 2019. 278p. ISBN 978-85-450-0574-2.

À minha mãe (i.m.)

AGRADECIMENTOS

O texto que o leitor tem em mãos é fruto de minha dissertação de mestrado. Portanto, ao meu orientador, dirijo o primeiro agradecimento.

O brilhantismo do professor Floriano de Azevedo Marques Neto chega a intimidar aqueles que se aventuram a viver o direito administrativo ao seu lado. Entretanto, os que tomam a necessária dose de coragem são recompensados com uma didática impecável, uma seriedade rara e uma paciência infinita para transmitir um conhecimento que não tem fim.

Querido Floriano, obrigada por ter me dado a oportunidade de viver tudo isso e mais.

Agradeço ao professor Marcos Augusto Perez, que me iniciou nos estudos da disciplina que viria a mudar minha vida. Ao meu incansável mentor, com quem tanto aprendi e aprendo, só tenho a agradecer pelas horas dedicadas à minha formação e pela confiança em mim depositada. Obrigada, meu caro amigo, não só por ter me apresentado a um novo direito administrativo, como também pela oportunidade de construir uma carreira que me faz muito feliz.

À professora Vera Monteiro, que soube iluminar os pontos deste trabalho merecedores de revisitação, pontuar suas discordâncias para com outros com veemência tal que quase levou a autora a revê-los mas que, principalmente, pela generosidade de seus elogios, incentivou que a dissertação original se transformasse no presente livro.

À professora Ana Maria de Oliveira Nusdeo também devo meu sincero agradecimento, pois suas contribuições na banca de qualificação foram de suma importância para a construção de um projeto acadêmico consistente e, espero, útil aos operadores do direito.

Ter sido submetida a exame de tão valorosos nomes é motivo de honra.

Ao professor Fernando Dias Menezes, pela gentileza e pela disponibilidade. A Faculdade de Direito da São Francisco nos presenteia com um profissional cujo talento traduz a essência de um grande mestre.

Às professoras Flávia Piovesan e Marina Faraco Lacerda Gama, minhas incentivadoras e exemplos de excelência durante a graduação na Pontifícia Universidade Católica de São Paulo.

Aos meus colegas de pós-graduação, que me permitiram participar de ricas rodadas de discussão de projetos, dissertações e teses e se dedicaram a discutir também o meu objeto de estudo. André Janjácomo Rosilho, Juliane Erthal de Carvalho, Marina Fontão Zago, Rafael Hamze Issa, Rodrigo Miragaya, registro aqui meu muito obrigada. Agradeço também ao José Jair Marques Júnior, à Lívia Wanderley de Barros Maia Vieira e à Marina Cardoso de Freitas, que não só se debruçaram sobre o meu projeto de qualificação, para oferecer contribuições valiosas, como foram excelentes parceiros de monitoria nas aulas da graduação.

À Mariana Chiesa Gouveia Nascimento, que muito me encorajou a seguir em frente com este projeto acadêmico — e outros tantos profissionais e pessoais. Com uma amiga assim, vai-se longe. Seu sincero apoio fez toda a diferença.

À Juliana Bonacorsi de Palma, jurista admirável e dona de uma competência extraordinária, só tenho a agradecer pela generosidade em discutir, por horas a fio num café, meu objeto de estudo, então embrionário, e por me incentivar a seguir adiante. Agradeço também por me confiar o Grupo de Pesquisas Sobre Controle da Administração Pública (GPCAP), foro de muito aprendizado nestes anos.

Ao pioneiro time GPCAP, projeto que se materializou durante a pós-graduação pelas mãos de brilhantes alunos. Ao Pedro Henrique Biella Massola, meu braço direito naquela empreitada, sou muito grata.

Ao Gustavo Henrique Carvalho Schiefler e Mario José Pace Junior, que generosamente me presentearam com seus brilhantes trabalhos sobre PMI, impulsionando as minhas reflexões.

Aos meus colegas Alexandre Santos de Aragão, Amílcar Bastos Falcão, Joana Rangel Wanderley de Siqueira, Rafael Véras de Freitas e Leonardo Coelho Ribeiro, que me recepcionaram muitíssimo bem em terras fluminenses, anunciando desde logo que o Direito Administrativo também pulsa em suas veias.

Ao Victor Carvalho Pinto, por me honrar com ricos debates sobre os mecanismos de aproximação da Administração Pública e dos administrados.

Aos queridos sócios e colaboradores da Manesco, Ramires, Perez, Azevedo Marques Sociedade de Advogados, pelos aprendizados, oportunidades e confiança no meu trabalho. A política de incentivo ao estudo e de constante aprimoramento dos profissionais faz deste um lugar ímpar para pensar sobre o Direito Administrativo. São tantos os bons amigos lá reunidos que certamente cometeria injustiça citando um a um. A cada um de vocês, agradeço pela privilegiada parceria nestes anos de trabalho e de amizade.

Ao Fellipe Müller Barboza Correia, rigoroso pesquisador e incansável assistente, devo um agradecimento à parte. A qualidade do seu trabalho, somada à sua extraordinária dedicação, foram fundamentais para este estudo. Luísa Saraiva de Araújo: sem você, a atualização deste texto teria sido tarefa ainda mais árdua; obrigada.

À Milene di Stefano Féo, que fez do exercício da dúvida uma deliciosa aventura.

À Andrea Lua Di Sarno, Bethinha, Edmilson Cruz, Felippe Monteiro, Laura Borges, Manuella Curti de Souza, Maria Feliciano do Vale, Mariana de Oliveira Infante, Marta Macchione Ferreira, Rafael Roque Garofano.

Em especial, meu reconhecimento a Maurício Restum Haidar, que foi fundamental na elaboração da dissertação que dá origem a este livro.

Ao meu pai e à minha irmã. Pai, *mi mancano le parole*. Consegui. Conseguimos. Obrigada. Sis, que não nos faltem motivos para acordar e dizer "Bonjour!". Vocês são incríveis. Acho que a Dona Grau está em festa lá em cima.

Aos meus tios, primos, Bruna Borghi Tomé, Márcia Akemi e Murilo Jun, que me fizeram empregar à expressão "família" o melhor sentido que ela poderia ter. À Laura e Joaquim, que viraram família também.

Aos meus amados avós (i.m.), que tanto lutaram por um futuro melhor.

SUMÁRIO

PREFÁCIO
Marcos A. Perez.. 15

APRESENTAÇÃO
Vera Monteiro... 21

CAPÍTULO 1
INTRODUÇÃO... 23

CAPÍTULO 2
INSTRUMENTOS DE PARTICIPAÇÃO POPULAR
NA ELABORAÇÃO DOS CONTRATOS DE PPP............... 29
2.1 Procedimento de manifestação de interesse....................... 35
2.1.1 Delimitação conceitual do PMI.. 35
2.1.2 Fundamentos constitucionais e princípios norteadores...... 43
2.1.2.1 Direito a participação.. 43
2.1.2.2 Direito de petição.. 50
2.1.2.3 Autonomia administrativa contratual.................................... 57
2.1.2.4 Outros princípios aplicáveis... 64
2.1.3 Leis aplicáveis... 66
2.1.3.1 Leis de Concessão; Lei de PPP; Lei nº 11.922/09;
Lei nº 13.303/2016 e a Lei de Processo Administrativo......... 66
2.1.3.1.1 Natureza jurídica da autorização para desenvolvimento de
estudos.. 77
2.1.3.2 Regulamentação federal.. 89
2.1.3.3 Regulamentações estaduais e municipais............................... 97
2.1.4 Conteúdo dos estudos... 99
2.1.5 Tempo para elaboração dos estudos....................................... 103
2.1.6 Dinâmica do PMI... 107
2.1.7 Provocação para o PMI... 112
2.1.8 O custo dos estudos e o direito ao ressarcimento................. 130
2.1.8.1 O PMI e o orçamento público.. 135

2.1.9 Os anseios do mercado de consultoria e os objetivos do PMI 142
2.2 Consulta pública 147
2.2.1 Conceito e fundamento 147
2.2.2 A consulta pública no processo de elaboração de contratos de PPP 150
2.2.2.1 Regulamentações estaduais e municipais 152
2.2.3 Os prazos da consulta pública no processo de elaboração de contratos de PPP 154
2.2.4 A divulgação da consulta pública nos processos de elaboração de contratos de PPP 155
2.3 Audiência pública 157
2.3.1 Conceito e fundamento 157
2.3.2 A audiência pública no processo de elaboração de contratos de PPP 163
2.3.2.1 Regulamentações estaduais e municipais 167
2.3.3 Os prazos da audiência pública no processo de elaboração de contratos de PPP 168
2.3.4 Da necessidade de renovação da audiência pública 169
2.3.5 Da condução da audiência pública pela autoridade 171
2.4 Questões comuns às audiências e consultas públicas 180
2.4.1 Os participantes da consulta e da audiência pública 180
2.4.2 Exame dos autos *vis-à-vis* à reserva de sigilo 184
2.4.3 A vinculação das contribuições 185
2.5 *Roadshow* 194
2.5.1 Conceito e fundamento do chamado *roadshow* 194
2.5.2 O momento de realização do *roadshow* 197
2.5.3 Os participantes do *roadshow* 199

CAPÍTULO 3
AS VULNERABILIDADES DOS INSTRUMENTOS DE PARTICIPAÇÃO 201
3.1 Risco de contaminação indevida das decisões governamentais por interesses de mercado ou de grupos de interessados organizados 202
3.1.1 Notas sobre os possíveis mitigadores 204
3.1.1.1 Detalhamento do escopo dos estudos no chamamento público do PMI 204

3.1.1.2 Cisão dos estudos no PMI 205
3.1.1.3 Outorga de autorização única no PMI 207
3.1.1.4 Institucionalização da participação: a adequada
publicidade e formalização dos atos 208
3.1.1.5 Capacitação do corpo técnico da Administração Pública .. 211
3.1.1.6 Canais de denúncia e monitoramento
das licitações 212
3.2 Risco de inutilização de estudos produzidos no PMI por
falhas de coordenação 214
3.2.1 Notas sobre possíveis mitigadores 216
3.2.1.1 Criação de manuais de PPP e catalogação de
experiências 216
3.2.1.2 Capacitação do corpo técnico da Administração
Pública 217
3.3 Indefinição da melhor proposta no âmbito do PMI 219
3.3.1 Nota sobre possíveis mitigadores: contratação de
consultorias externas 223
3.4 Risco de não ressarcimento no âmbito do PMI 224
3.4.1 Decorrente da alteração no modelo da contratação 224
3.4.2 Decorrente das dificuldades na fixação adequada do valor
do ressarcimento dos estudos desenvolvidos em PMI 225
3.5 Fronteiras do diálogo público-privado 228
3.5.1 Os encontros antes, durante e após a entrega dos estudos
no PMI 228
3.5.2 A reserva de sigilo nos instrumentos de participação
popular 236
3.5.3 A garantia da reserva de sigilo e o princípio da
publicidade aplicados ao *roadshow* 238
3.6 Contribuições "bloqueadistas": os limites do dever de
resposta da Administração Pública nas consultas e nas
audiências públicas 239

CAPÍTULO 4
ALTERNATIVAS PARA O APERFEIÇOAMENTO
DA PARTICIPAÇÃO DOS ADMINISTRADOS NO
PROCESSO DE ELABORAÇÃO DE CONTRATOS
DE PPP 247
4.1 Planejamento da participação dos administrados 248
4.2 Criação de canais eficazes de comunicação no PMI 249

4.3 Considerações sobre a bonificação dos estudos desenvolvidos no PMI 250
4.4 Vocalização dos interesses difusos nas audiências públicas 253
4.5 Participação por sorteio nas audiências públicas 254
4.6 Profissionalização da participação: introdução de agentes facilitadores neutros nas audiências públicas 256
4.7 Realização de pré-audiência 259

CAPÍTULO 5
SÍNTESE DAS CONCLUSÕES 261
5.1 Procedimento de manifestação de interesse 261
5.2 Consulta pública 262
5.3 Audiência pública 263
5.4 *Roadshow* 263
5.5 Considerações comuns a todos os instrumentos estudados 263

ANEXO A 265

REFERÊNCIAS 269

PREFÁCIO

O direito administrativo passa atualmente por um movimento de consolidação das transformações estruturais que gradativamente sofreu a partir do final da Segunda Guerra Mundial. Desse movimento emerge um Direito bastante distinto daquele nascido no século XIX, sobre os alicerces da autoridade pública e das prerrogativas excepcionais da Administração.

O Direito Administrativo contemporâneo gravitou do eixo da autoridade pública para o do cidadão, da prerrogativa para a função, do ato para o processo, da unilateralidade para o diálogo, do segredo para a transparência, do nacional para o global e tem se tornado, desse modo, aquele que define o espaço — ou as regras do jogo — no qual o Estado, a sociedade e o mercado interagem para a concretização dos direitos fundamentais e demais diretrizes constitucionais.

Muito embora haja inequívocos estímulos para uma consolidação uniforme dessas transformações, graças à atuação de organizações internacionais, o Direito Administrativo ainda varia de país para país, conforme a maior ou menor integração desses países à arena política internacional — ou comunitária — e à economia global de mercado.

O Brasil se inclui entre os países que sofrem já de algum tempo uma forte influência desse ambiente, sem estar na vanguarda do movimento transformador. Herdeiro de costumes autoritários — alguns destes contrários, até mesmo, às ideias novecentistas que inspiraram a formação teórica do estado de direito e do próprio Direito Administrativo – a Administração brasileira vai aos poucos se abrindo, democratizando-se, fazendo com que o novo conviva com o antigo, em um movimento naturalmente repleto de tensões e contradições.

É nesse contexto que Maís Moreno escreve o seu *A participação do administrado no processo de elaboração dos contratos de PPP*, um excelente estudo, resultante das pesquisas desenvolvidas pela autora junto ao programa de pós-graduação da Faculdade de Direito da Universidade de São Paulo, sob a orientação sempre rigorosa do professor Floriano de Azevedo Marques Neto. Uma dissertação de mestrado, agora tornada livro, que passa a fazer da literatura que emoldura os caminhos atuais da transformação do Direito Administrativo brasileiro.

Nos últimos anos, tem crescido a importância e a utilização dos contratos de parceria público-privada no Brasil. De fato, a Administração brasileira intensificou o emprego cotidiano dos complexos contratos de concessão (em suas várias espécies), na expectativa de, a partir deles, lograr a implantação, ampliação ou modernização de serviços públicos, infraestruturas públicas e outras funções administrativas.

Devido o seu longo prazo de duração e de sua lógica econômico-financeira, os contratos de concessão traduzem-se geralmente em arranjos obrigacionais complexos, intimamente relacionados com as circunstâncias concretas (sociais, políticas e econômico-financeiras) enredadas em cada negócio jurídico que se pretende realizar.

Baseados em molduras legislativas muito genéricas, os contratos de concessão até tentam se inspirar em boas práticas — nacionais ou estrangeiras — mas acabam sendo pouco uniformes, ou melhor, acabam por se tornar, na maior parte das vezes, arranjos únicos, elaborados em função das circunstâncias e necessidades peculiares do caso.

Assim é que o processo de elaboração desses ajustes passa a ser fundamental para o sucesso tanto da licitação, sob o prisma da aceitação pelo mercado no negócio jurídico proposto pela Administração, como também — e principalmente — dos objetivos públicos do contrato. É afinal no curso desse processo que a Administração realizará discricionariamente uma série de escolhas, geralmente de alta complexidade técnica, econômico-financeira ou jurídica, que a vincularão e a responsabilizarão, bem como ao particular-contratante, por dezenas de anos.

A autora desenvolve a ideia correta de que a Administração não deve realizar essas escolhas de forma isolada. Isto é, que é fundamental, uma vez considerados os valores, os impactos sociais e econômicos e as repercussões de longo prazo que possuem os contratos de concessão, a Administração dialogar com a sociedade e com o mercado ao longo do processo em que irá modelar, sob a forma contratual, as decisões discricionárias que vier a tomar.

Decisões discricionárias tais como a escolha do modal de transporte coletivo a ser utilizado em uma dada concessão (se ferroviário ou rodoviário, e.g.), geram impactos urbanísticos, ambientais, geram consequências de mercado, geram consequências financeiro-orçamentárias, dentre muitas e muitas outras. São decisões complexas não só do ponto de vista técnico, econômico ou jurídico, mas, principalmente, porque afetam interesses de diferentes agentes econômicos e distintos grupos sociais.

A falta de diálogo, ainda bastante comum, entre a Administração e esses diferentes grupos gera vários problemas. A escolha correta (inclusive em termos jurídicos, neste caso) deve partir do cotejo e da ponderação desses múltiplos interesses. Sem isso, tomam-se geralmente decisões equivocadas, desatentas à proporcionalidade, desatentas das oportunidades econômicas envolvidas em negócios de maior valor agregado. Mais uma vez um exemplo pode aclarar a compreensão do que digo: a construção de uma nova linha de metrô, em um dado centro urbano, desvinculada da percepção e consideração dos interesses do mercado imobiliário, pode levar grupos privados a se enriquecer abertamente às custas do investimento público, como também pode fazer com que a Administração perca a oportunidade de, combinando esses interesses, restaurar uma região urbana degradada ou simplesmente promover uma ocupação urbana mais sustentável.

Ora, o verdadeiro interesse público é o que emerge dessa ponderação entre os diferentes interesses que são encontrados na sociedade. Os mesmos exemplos de isolamento — supostamente defensor da capacidade de a Administração decidir intramuros, sem diálogo com a sociedade e com o mercado —, do fenômeno que Floriano de Azevedo Marques Neto[1] chamaria de "autismo" administrativo, podem ser imaginados em outras decisões como a do perfil assistencial de um hospital público que venha a ser

---

[1] Cf. MARQUES NETO, Floriano de Azevedo. A Superação do Ato Administrativo Autista. In Os Caminhos do Ato Administrativo (Org. MEDAUAR, Odete e SCHIRATO, Vitor Rhein). São Paulo: Editora Revista dos Tribunais, 2011, p. 89-113.

concedido contratualmente para a iniciativa privada; da técnica a ser utilizada para a destinação final de resíduos sólidos em uma dada cidade; da localidade para a instalação de torres de retransmissão de sinais de radiofrequência ou da localidade para a instalação de um presídio ou de uma usina de energia térmica. A solidão prejudica a correta identificação do interesse público, empobrece o sentido de legalidade, leva quase que invariavelmente a erros do ponto de vista da economicidade, da proporcionalidade, da eficiência e de outros importantes vetores da atuação administrativa.

Para eliminar o isolamento e sanar os problemas dele decorrentes é que o Direito brasileiro passou a admitir o PMI (procedimento de manifestação de interesse) na fase de estudos da elaboração de contratos de concessão que, na definição da autora, são "procedimentos administrativos que se prestam a colher contribuições dos administrados para a elaboração de contratos de PPP".

A larga pesquisa teórica e dogmática realizada pelo autora desce a fundo no tema. Além de explorar os conceitos doutrinários, procura os fundamentos constitucionais e percorre as autorizações legais e regulamentares para a utilização do PMI.

Mas a autora não para por aí: trata de questões razoavelmente frequentes, como o conteúdo, o tempo e o valor de ressarcimento fixado no PMI; labora de forma muito interessante no confronto do PMI com as audiências e as consulta públicas; aborda o geralmente usado e pouco tratado *roadshow*, conferindo-lhe um tratamento jurídico original e vai ainda mais fundo na análise dos riscos inerentes às falhas de coordenação e de contaminação do PMI por interesses exclusivos do mercado.

Em sua conclusão, Maís Moreno oferece ao leitor uma utilíssima reflexão sobre o aperfeiçoamento dos instrumentos de participação nos processos voltados à elaboração de contratos de concessão, dos quais se destaca: a necessidade de realização de um planejamento "estratégico" prévio à abertura do processo à participação; a criação de canais eficazes de comunicação; a participação em audiência por meio do sorteio de cidadãos; a inclusão nas audiências de "agentes facilitadores neutros", tudo isso com o objetivo de transformar o diálogo promovido pelo PMI mais útil e eficiente do que já é.

Concorde-se ou não com as reflexões e sugestões da autora, não há como se refutar: não há mais espaço para a autoridade pública que deseja exercer em plena solidão a discricionariedade inerente às decisões complexas que envolvem a modelagem de um contrato de concessão. O PMI — em sua atual versão ou aperfeiçoado — seria o veículo correto ou juridicamente mais adequado para romper esse isolamento? Eis uma questão difícil e fundamental, para a discussão da qual Maís Moreno nos oferece uma contribuição essencial.

São Paulo, 2018.

Marcos A. Perez
Professor Doutor de
Direito Administrativo
da Faculdade de Direito da
Universidade de São Paulo.

APRESENTAÇÃO

A partir dos anos 2000, parceiros públicos e privados despertaram para o desafio de estruturar projetos de concessão inovadores, assim qualificados por envolverem formatos contratuais inéditos e, em muitos casos, serviços novos (como aeroportos, estádios de futebol, hospitais, parques e moradias de interesse social). Diante da burocracia pública e da busca por inovação, é natural que a modelagem de contratos de concessão tenha assumido especial protagonismo e, junto a ela, maior participação dos interessados.

Maís Moreno percebeu esse fenômeno e aliou sua séria capacidade intelectual à sua sólida experiência profissional na assessoria de grupos privados e entes públicos. Encontrou o ambiente perfeito para desenvolver os estudos de seu mestrado: o grupo de pesquisa de controle da administração, coordenado pelo professor Floriano de Azevedo Marques Neto, que foi seu orientador, e cuja atuação também acompanho e admiro.

O livro é comprometido com a realidade, e vai além da (excelente) análise do procedimento de manifestação de interesse (PMI). Corretamente, inclui a consulta pública, a audiência pública e o *"roadshow"* entre os mecanismos de participação do administrado no processo de elaboração de contratos de parceria de investimento. Maís, com charme, expõe as potencialidades e as vulnerabilidades desses instrumentos para, ao final, propor lúcidos aperfeiçoamentos.

É um trabalho inédito e imprescindível para quem pretenda qualificar seu conhecimento sobre os instrumentos que viabilizam o diálogo público-privado em prol da celebração de melhores contratos de concessão.

São Paulo, 2018.

Vera Monteiro
Professora da Fundação
Getúlio Vargas — Direito SP.

CAPÍTULO 1

INTRODUÇÃO

Este livro é o resultado da dissertação de mestrado desenvolvida sob a orientação de Floriano de Azevedo Marques Neto e aprovada com distinção pela banca examinadora do programa de pós-graduação em Direito do Estado da Faculdade de Direito da Universidade de São Paulo, em 2016, composta por Marcos Augusto Perez e Vera Cristina Caspari Monteiro.

O trabalho, revisitado e atualizado com os eventos havidos nos últimos dois anos, tem como objeto o necessário aperfeiçoamento da comunicação entre o poder público e os particulares num momento específico: durante a formulação dos contratos de parceria público-privada (PPP).

Nossa pesquisa tem como móvel (i) investigar a aplicação dos mecanismos de participação dos administrados nos processos administrativos de elaboração dos contratos de PPP e (ii) indicar alternativas de aprimoramento para possibilitar a preparação de avenças mais aderentes aos objetivos destes tipos de concessão.

Para tanto, algumas escolhas metodológicas foram feitas. As mais relevantes apresentamos nesta introdução. As demais serão expostas ao longo do trabalho.

Inicialmente, optamos por restringir o estudo da participação dos administrados no processo de elaboração dos contratos de PPP, mesmo sabendo que grande parte das premissas, dos raciocínios e das conclusões deste trabalho também seriam aplicáveis a outras espécies de contratos administrativos.

Entretanto, tratar da participação dos administrados no processo de elaboração dos contratos de parceria em geral[1] seria uma proposta arriscada, na medida em que estes contratos possuem peculiaridades que podem impactar sua formulação (e, consequentemente, na forma de incorporar a participação dos administrados) e que poderiam passar despercebidas numa abordagem mais generalista.

Em segundo lugar, cumpre-nos delimitar os momentos específicos do processo de elaboração dos contratos de PPP que pretendemos abordar.

É comum encontrar na doutrina classificações que buscam demarcar no tempo o processo de desenvolvimento de uma licitação. "Etapa prévia", "procedimento interno", "procedimento preparatório", "fase interna da licitação"; todas estas expressões buscam indicar que, antes da publicação do edital, há um processo administrativo destinado ao que se convencionou chamar "modelagem" do projeto.

Aqui, optamos por não abordar todas as fases do processo administrativo de elaboração do contrato de PPP, voltando-nos apenas àquelas etapas que incluem (ou deveriam incluir) a efetiva participação dos administrados – aqui entendidos como pessoas físicas ou jurídicas – antes da publicação do edital. Tal escolha metodológica justifica-se na medida em que as fases que prescindem da participação do setor privado (uma vez que, por força da lei, são realizadas exclusivamente pelos agentes públicos) não dizem com nosso objeto de pesquisa.

Nesse sentido, *não serão objeto deste estudo*, por exemplo, as seguintes etapas do processo administrativo de elaboração do contrato de PPP – que, longe de serem irrelevantes, constituem

---

[1] "É certo que as hipóteses de parceria entre poder público e entes privados são muito mais amplas do que aquelas previstas na Lei nº 11.079/04. Nelas estão compreendidas as franquias de serviços públicos referidas na Lei nº 9.648/98; os arrendamentos portuários da Lei nº 8.630/93; as concessões de florestas tratadas na Lei nº 11.284/06; os contratos para preservação de bens do patrimônio histórico da União (Lei nº 9.636/98); e as próprias concessões ditas comuns regidas pela Lei nº 11.079/04. A Lei nº 11.079/04, porém, veio a introduzir novos modelos de parcerias, inovando especificamente no ponto de permitir que (i) a implantação e operação de utilidades públicas fossem delegadas aos particulares, mas (ii) com a possibilidade da remuneração, em parte ou totalmente, advir de recursos orçamentários ou de outras formas de remuneração advindas do próprio poder público". MARQUES NETO, Floriano de Azevedo. Fundamentos e conceituação das PPPs. In: MARQUES NETO, Floriano de Azevedo; SCHIRATO, Vitor Rhein (Coords). *Estudos sobre a lei das parcerias público-privadas*. Belo Horizonte: Fórum, 2011. p. 13-29. p. 23.

inclusive condições de abertura do processo licitatório, previstas na Lei nº 11.079/2004 ("Lei de PPP"): (i) emissão de autorização da autoridade competente, fundamentada em estudo técnico que demonstre: (i.a) a conveniência e a oportunidade da contratação, mediante identificação das razões que justifiquem a opção pela forma de parceria público-privada; (i.b) que as despesas criadas ou aumentadas não afetarão as metas de resultados fiscais previstas no Anexo referido no parágrafo 1º do artigo 4º da Lei Complementar nº 101/2000, devendo seus efeitos financeiros, nos períodos seguintes, ser compensados pelo aumento permanente de receita ou pela redução permanente de despesa; e (i.c) ISTES, quando for o caso, conforme as normas editadas na forma do artigo 25 da Lei nº 11.709/2004, a observância dos limites e condições decorrentes da aplicação dos artigos 29, 30 e 32 da Lei Complementar nº 101/2000, pelas obrigações contraídas pela Administração Pública relativas ao objeto do contrato; (ii) elaboração de estimativa do impacto orçamentário-financeiro nos exercícios em que deva vigorar o contrato de parceria público-privada; (iii) emissão de declaração do ordenador da despesa de que as obrigações contraídas pela Administração Pública no decorrer do contrato são compatíveis com a Lei de Diretrizes Orçamentárias e estão previstas na lei orçamentária anual; (iv) elaboração de estimativa do fluxo de recursos públicos suficientes para o cumprimento, durante a vigência do contrato e por exercício financeiro, das obrigações contraídas pela Administração Pública; (v) previsão do objeto da PPP no plano plurianual em vigor no âmbito em que o contrato será celebrado; (vi) expedição de licença ambiental prévia ou das diretrizes para o licenciamento ambiental do empreendimento, na forma do regulamento, sempre que o objeto do contrato exigir.

Desta forma, concentraremos nossas reflexões em, basicamente, quatro instrumentos, três deles com previsão legal expressa, quais sejam: o procedimento manifestação de interesse (PMI),[2] a consulta pública, a audiência pública e o chamado *roadshow*.

O PMI, embora não seja propriamente uma novidade na legislação, somente na última década passou a ser utilizado com

---

[2] A justificativa pela adoção dessa nomenclatura é feita no subcapítulo 2.1.

mais frequência para a elaboração de contratos. Seu uso, intenso e pouco regulamentado, ensejou e enseja diversos questionamentos. Entretanto, ainda é escassa a produção doutrinária[3] e jurisprudencial.[4] A reflexão sobre o instrumento é oportuna e necessária.

De todos os instrumentos, a consulta pública é o único de realização inquestionavelmente obrigatória nos processos de PPP. A vasta produção doutrinária e jurisprudencial nos leva a concluir que suas premissas estão assentadas; suas fragilidades, em grande parte, mapeadas; e, seus remédios, receitados.

A audiência pública, a exemplo da consulta pública, é um instrumento familiar à Administração Pública. Porém, o manejo deste flexível e dinâmico instrumento enseja diversos questionamentos quanto a sua utilização.

O chamado *roadshow*, que consiste na promoção de uma série de audiências pela Administração Pública para divulgar os projetos de concessão, pode ser tido como um instrumento complementar de participação popular, a exemplo de muitos outros que podem vir a ser criados e utilizados pela Administração Pública com fulcro no artigo 33 da Lei de Processo Administrativo. Embora seu uso até o momento não tenha ensejado muitos questionamentos, alguns desafios merecem reflexão.

Por isso, de todos os instrumentos de participação de elaboração dos contratos, será ao PMI que dedicaremos mais atenção. Apenas os questionamentos sobre este procedimento poderiam ocupar páginas deste trabalho.[5] Impossível, portanto, oferecer respostas a todos. Selecionamos aqueles que entendemos impactar com mais frequência o cotidiano dos agentes públicos e

---

[3] No Anexo A, o leitor encontra um apanhado das principais obras sobre o tema, por ano de publicação.

[4] Ao longo do texto apresentaremos as principais discussões travadas no TCU sobre o tema, originadas dos três processos que, até hoje, se ocuparam mais detidamente do PMI. Algumas decisões provenientes do Judiciário estadual e municipal sobre o tema também serão abordadas.

[5] O exercício foi de fato realizado por Vera Monteiro, que afiadamente expôs muitos questionamentos sobre o PMI, comprovando o que aqui se diz: apenas as dúvidas sobre este instrumento podem ocupar, literalmente, páginas de trabalho. Neste sentido, ver MONTEIRO, Vera. Contratação de serviço de consultoria para a estruturação de projeto de infraestrutura: qual o melhor caminho? In: JUSTEN FILHO, Marçal; SCHWIND, Rafael Wallback (Coords.). *Parcerias público-privadas*: reflexões sobre os 10 anos da Lei 11.079/2004. São Paulo: Revista dos Tribunais, 2015. p. 143-152.

o dos que com eles interagem, com vistas a trazer luz aos temas que parecem mais intrincados para a atividade administrativa. Ao longo deste trabalho indicamos os questionamentos sobre o PMI e as reflexões sobre as vulnerabilidades deste instrumento que entendemos ter sido suficientemente abordado pela recente doutrina sobre o tema e aprofundamos nosso estudo sobre as questões – até onde sabemos – inéditas, ou que, mesmo já tendo sido objeto de estudos anteriores, eram cruciais para o desenvolvimento dos nossos principais raciocínios e das nossas premissas de análise.

Assim, no segundo capítulo, faremos uma análise de cada um dos instrumentos de participação pré-contratuais previstos na legislação federal ou inseridos na praxe da Administração Pública, demonstrando os pressupostos legais que autorizam ou obrigam a sua adoção e seus modos de funcionamento.

Para tanto, recorreremos à pesquisa doutrinária e normativa e, quando necessário para demonstrar as aplicações práticas destes instrumentos, recorreremos também à jurisprudência ou às notícias veiculadas na imprensa. Esta pesquisa pode ser particularmente importante para mapear a utilização dos instrumentos com baixo grau de formalização, como é o caso do *roadshow*.

Superada esta etapa, no terceiro capítulo destacaremos os riscos e as fragilidades dos instrumentos de participação. Quando a Administração pode começar a se reunir com empresas privadas? E quando deve parar? De quem é a responsabilidade pelos estudos produzidos? O que deve constar na ata das audiências? Como tratar as informações comerciais sensíveis? E o princípio da publicidade? O que fazer com perguntas descabidas ou de eventual estratégia de bloqueio provenientes de uma consulta pública? É realmente preciso realizar audiência antes de uma PPP?

Mesmo tendo optado por excluir deste trabalho várias questões sobre os instrumentos objeto deste estudo, por este introito é possível notar que ainda há muito a se construir no que diz respeito à participação dos administrados na elaboração de contratos de PPP.

Assim é que, no quarto capítulo, recapitularemos as alternativas porventura expostas para aprimoramento da utilização dos referidos instrumentos ao longo dos capítulos anteriores, consolidando-as com aquelas que ainda não tenham sido tratadas.

Por fim, no quinto capítulo buscaremos apresentar a síntese das principais conclusões. Elas vão no sentido de que, assentadas algumas premissas sobre o ambiente administrativo no qual se inserem os instrumentos objeto deste estudo, notadamente marcado pela autonomia administrativa contratual e pelas noções de consensualidade, muitas das respostas sobre o uso dos instrumentos de participação popular na elaboração de contratos de PPP podem ser encontradas com mais facilidade.

Assumimos, então, a proposta de oferecer ao leitor os principais elementos para enfrentar não só os questionamentos tratados amiúde nesta dissertação, mas outros que também possam vir à tona quando da aplicação dos instrumentos de participação popular na elaboração de contratos de PPP, em um ambiente cada vez mais atento aos compromissos com a integridade.

CAPÍTULO 2

INSTRUMENTOS DE PARTICIPAÇÃO POPULAR NA ELABORAÇÃO DOS CONTRATOS DE PPP

O artigo 10 da Lei nº 11.079/2004 (Lei de PPP) estabelece os requisitos para a abertura do processo licitatório de contratação de uma PPP. Entre tais condicionantes, requer-se uma autorização da autoridade competente,[6] fundamentada em estudo técnico que demonstre (i) a conveniência e a oportunidade da contratação, mediante identificação das razões que justifiquem a opção pela forma de PPP; (ii) que as despesas criadas ou aumentadas pela parceria não afetarão as metas de resultados fiscais previstas na Lei Complementar nº 101/2000; e (iii) a observância dos limites e das condições decorrentes da aplicação dos artigos 29, 30 e 32 da Lei Complementar nº 101/2000, pelas obrigações contraídas pela Administração Pública relativas ao objeto do contrato, quando for o caso.

Podemos entender que, quando a Lei de PPP se refere à "(...) abertura do processo licitatório (...)", no mencionado artigo 10, está se referindo, mais precisamente, à publicação do edital. Neste sentido, Lucas Rocha Furtado anota que:

> A maioria dos estudiosos do tema defende que a licitação somente se inicia quando se divulga (por meio da publicação do edital ou

---

[6] Como dissemos na Introdução, não faremos uma análise minudente das condições para a abertura do processo licitatório. Faz-se menção à autorização prevista no artigo 10, inciso I, da Lei de PPP, apenas para demonstrar a importância dos estudos técnicos a serem desenvolvidos na etapa preparatória da licitação, sem aprofundar a discussão em temas relevantes sobre esta etapa.

da afixação do convite no quadro de avisos da repartição pública) o seu instrumento convocatório. A prática administrativa demonstra o contrário. Todos que lidam com licitações em seu dia a dia sabem que muito tem que ser feito anteriormente à divulgação do instrumento convocatório, na fase interna de licitação.[7]

Ou seja, para efetivar uma PPP é imprescindível realizar estudos técnicos que confiram subsídios suficientes para motivar a opção da Administração por uma concessão administrativa ou patrocinada. Tais estudos podem ser realizados pela Administração Pública de diversas maneiras. Ela pode, direta e exclusivamente por meio de seu corpo técnico, preparar todos os estudos necessários à licitação. Pode também, com o auxílio de outros órgãos públicos ou empresas estatais especializadas na matéria, elaborar tais estudos por meio de convênios, acordos de cooperação técnica ou contratos de prestação de serviço.[8][9] Se quiser contar com o auxílio de terceiros, externos ao corpo da Administração, também poderá firmar convênios ou acordos de cooperação técnica ou, ainda, contratar especialistas do mercado de consultoria, por meio de concorrência ou diretamente, conforme o artigo 24, incisos XIII,[10] XXIII[11]

---

[7] FURTADO, Lucas Rocha. *Curso de Licitações e Contratos Administrativos*. 6. ed. Belo Horizonte: Fórum, 2015. p. 278.

[8] "Em geral, projetos de infraestrutura de origem puramente pública são estruturados por empresas estatais, cuja peculiaridade é ter quadros técnicos bem qualificados. Há vários exemplos de projetos de infraestrutura estudados e executados por empresas como o Metrô, a CPTM, a Sabesp, a Eletrobras e a Petrobras. Afinal, empresas estatais foram criadas para serem centros de excelência em suas áreas de atuação. É menos frequente ter-se projetos estruturados pela administração direta". MONTEIRO, Vera. Contratação de serviço de consultoria para a estruturação de projeto de infraestrutura: qual o melhor caminho? In: JUSTEN FILHO, Marçal; SCHWIND, Rafael Wallback (Coords.). *Parcerias público-privadas*: reflexões sobre os 10 anos da Lei 11.079/2004. São Paulo: Revista dos Tribunais, 2015. p. 143-152. p. 144.

[9] A Lei nº 13.334/2016 estabeleceu que a Administração Pública poderá contratar diretamente o Fundo de Apoio à Estruturação de Parcerias, constituído pelo Banco Nacional do Desenvolvimento Econômico e Social, que tem por finalidade "a prestação onerosa, por meio de contrato, de serviços técnicos profissionais especializados para a estruturação de parcerias de investimentos e de medidas de desestatização" (art. 15)..

[10] "Art. 24. É dispensável a licitação: (...) XIII – na contratação de instituição brasileira incumbida regimental ou estatutariamente da pesquisa, do ensino ou do desenvolvimento institucional, ou de instituição dedicada à recuperação social do preso, desde que a contratada detenha inquestionável reputação ético-profissional e não tenha fins lucrativos."

[11] "Art. 24. É dispensável a licitação: (...) XXIII – na contratação realizada por empresa pública ou sociedade de economia mista com suas subsidiárias e controladas, para a aquisição ou alienação de bens, prestação ou obtenção de serviços, desde que o preço contratado seja compatível com o praticado no mercado."

CAPÍTULO 2
INSTRUMENTOS DE PARTICIPAÇÃO POPULAR NA ELABORAÇÃO DOS CONTRATOS DE PPP | 31

e XIV,[12] e artigo 25, incisos I[13] e II,[14] da Lei nº 8.666/1993[15] e art. 15 da Lei nº 13.334/2016. Neste caso, os consultores trabalharão nos termos contratados com a Administração e por ela serão remunerados.[16] Outra possibilidade é contar com o auxílio da iniciativa privada para realizar os estudos mediante autorização, nos termos do artigo 21 da Lei nº 8.987/1995,[17] do artigo 31 da Lei nº 9.074/1995[18] e, mais

---

[12] "Art. 24. É dispensável a licitação: (...) XIV – para a aquisição de bens ou serviços nos termos de acordo internacional específico aprovado pelo Congresso Nacional, quando as condições ofertadas forem manifestamente vantajosas para o Poder Público."

[13] "Art. 25. É inexigível a licitação quando houver inviabilidade de competição, em especial: (...) I – para aquisição de materiais, equipamentos, ou gêneros que só possam ser fornecidos por produtor, empresa ou representante comercial exclusivo, vedada a preferência de marca, devendo a comprovação de exclusividade ser feita através de atestado fornecido pelo órgão de registro do comércio do local em que se realizaria a licitação ou a obra ou o serviço, pelo Sindicato, Federação ou Confederação Patronal, ou, ainda, pelas entidades equivalentes;"

[14] "Art. 25. É inexigível a licitação quando houver inviabilidade de competição, em especial: (...) II – para a contratação de serviços técnicos enumerados no art. 13 desta Lei, de natureza singular, com profissionais ou empresas de notória especialização, vedada a inexigibilidade para serviços de publicidade e divulgação;"

[15] "Uma primeira forma, consagrada na própria Lei nº 8.666, consiste em firmar termos de cooperação ou contratar consultores técnicos para desenvolver a concepção do objeto pretendido; ato contínuo e em outro contrato, licita-se o objeto propriamente dito a partir dos estudos e projetos previamente obtidos junto a terceiros. Ou seja, a concepção contratual em si passa a ser uma prestação contratual autônoma obtida pela Administração junto ao mercado, tal como admite o art. 9º da Lei 8.666. Essa alternativa é acompanhada de restrições que visam evitar conflito de interesses: de acordo com a lei, o particular que venha a ser contratado para desenvolver determinada solução contratual para a Administração – assim como outros sujeitos a ele vinculados –, ficam impedidos de disputar a licitação para o contrato que contemplará a execução desta solução. Quando muito, o autor da concepção contratual pode auxiliar a Administração no acompanhamento e na fiscalização da execução deste objeto no contrato subsequente, mas não pode dele participar para executá-lo ou auxiliar o responsável pela execução". REISDORFER, Guilherme F. Dias. Soluções contratuais público-privadas: os procedimentos de manifestação de interesse (PMI) e as propostas não solicitadas (PNS). In: JUSTEN FILHO, Marçal; SCHWIND, Rafael Wallbach (Coords). *Parcerias público-privadas*: reflexões sobre os 10 anos da Lei 11.079/2004. São Paulo: Revista dos Tribunais, 2015. p. 177-206. p. 189.

[16] Para considerações acerca da modelagem de concessão via consultor contratado com base na lei de licitações, v. MONTEIRO, Vera. Aspectos legais da experiência brasileira na modelagem e concessão e propostas para melhorar as normas vigentes. In: *Estruturação de Projetos de PPP e Concessão no Brasil*: Diagnóstico do modelo brasileiro e propostas de aperfeiçoamento, p. 207-209. Disponível em: <http://www.ifc.org/wps/wcm/connect/8144 3e004b76437cac08fd08bc54e20b/Estruturacao+de+Projetos+de+PPP+e+Concessao+no+Bra sil.pdf?MOD=AJPERES >. Acesso em: 28 mai. 2016.

[17] "Art. 21. Os estudos, investigações, levantamentos, projetos, obras e despesas ou investimentos já efetuados, vinculados à concessão, de utilidade para a licitação, realizados pelo poder concedente ou com a sua autorização, estarão à disposição dos interessados, devendo o vencedor da licitação ressarcir os dispêndios correspondentes, especificados no edital."

[18] "Art. 31. Nas licitações para concessão e permissão de serviços públicos ou uso de bem público, os autores ou responsáveis economicamente pelos projetos básico ou executivo podem participar, direta ou indiretamente, da licitação ou da execução de obras ou serviços."

recentemente, do artigo 31, parágrafo 4º, da Lei nº 13.303/2016.[19] Nesta hipótese, geralmente há mais liberdade para os administrados indicarem as soluções que lhe parecerem mais adequadas (já que não são, propriamente, consultores contratados pela Administração Pública, mas devem apenas atender às diretrizes dadas pelo Poder Público) e a sua remuneração será realizada pelo adjudicatário da licitação – quando e se ela ocorrer. Pode, enfim, haver uma combinação de todas as alternativas anteriores, dado que são vários os estudos a serem produzidos para a realização de uma PPP.

Em suma, a Administração pode ou não contar com o auxílio de terceiros, para preparar seus estudos – e isto pode se dar por meio de um contrato tradicional de prestação de serviço, de um contrato fundamentado em acordo internacional específico, de um termo de cooperação técnica, de um convênio ou, ainda, de uma autorização[20] que, como veremos no subcapítulo 2.1.3.1.1, pode ser reconhecida como um contrato administrativo atípico.

Em qualquer destas hipóteses, no caso das PPP, o poder público será obrigado a submeter as minutas do edital e do contrato à consulta pública (artigo 10, inciso VI da Lei nº 11.079/2004). A depender do caso, ou da interpretação que se dá à letra da lei, conforme veremos adiante, no subcapítulo 2.3.2, também será obrigatória a realização de audiência pública, nos termos do artigo 39 da Lei nº 8.666/1993.

É dizer, ainda que os estudos técnicos sejam realizados internamente pela Administração, a Lei das PPP assegura a participação

---

[19] "Art. 31, §4º: A empresa pública e a sociedade de economia mista poderão adotar procedimento de manifestação de interesse privado para o recebimento de propostas e projetos de empreendimentos com vistas a atender necessidades previamente identificadas, cabendo a regulamento a definição de suas regras específicas."

[20] "Vale lembrar que o procedimento de manifestação de interesse é apenas um dos mecanismos colocados à disposição da Administração Pública para o desenvolvimento dos trabalhos técnicos necessários à licitação de concessões. Além da deflagração do procedimento, a Administração pode se valer de seu próprio quadro de servidores para a realização das atividades, celebrar convênios com órgãos e entidades do Poder Público com *expertise* na estruturação de projetos, lançar procedimentos licitatórios objetivando a seleção de consultores para prestar serviços técnicos especializados (ou, se for o caso, inexigir a licitação para a sua contratação)". GROTTI, Dinorá Adelaide Musetti; SAADI, Mário. O procedimento de manifestação de interesse. In: JUSTEN FILHO, Marçal; SCHWIND, Rafael Wallback (Coords.). *Parcerias público-privadas*: reflexões sobre os 10 anos da Lei 11.079/2004. São Paulo: Revista dos Tribunais, 2015. p. 153-176. p. 167-168.

popular no processo de elaboração dos contratos de parceria, por meio da consulta pública e, por vezes, da audiência pública.

Como bem assinala Carlos Ari Sundfeld:

> Na visão jurisdicional mais antiga, o valor do processo é o de realizar concretamente decisões já previamente tomadas pela lei. (...) Mas, na esfera administrativa, o processo não serve só para isso. Ele é também o veículo para criação da utilidade pública, para produção de decisões que não estão antecipadamente dadas. Em suma, o processo administrativo também tem semelhanças com o Legislativo. (...) o processo (...) é um método ponderado. Ele é contrário à solução imediata, instantânea. O tempo do processo não é meramente protelatório, pois ele funciona como um hiato para permitir a participação. E é isto que viabiliza que a Administração Pública se impessoalize. [21]

Neste contexto, é inconcebível pensar no sucesso de um projeto complexo tal qual uma PPP sem que exista um alinhamento mínimo dos interesses das partes afetadas pela sua execução. As características do contrato de PPP impactam o seu modo de elaboração, exigindo a participação dos interessados.

De um lado, sabemos que uma das vantagens da PPP é

> (...) tentar capturar a criatividade e a eficiência próprias à iniciativa privada, franqueando-lhe a oportunidade de conceber e desenvolver modos alternativos e interessantes para a disponibilidade e gestão de utilidades públicas.[22]

Natural, portanto, que, independentemente da origem dos estudos da licitação, à iniciativa privada seja, nalguma medida, garantida participação durante a elaboração deste tipo de contrato. De outro lado, como teremos a oportunidade de tratar adiante, constata-se que a sociedade, em diálogo constante com a Administração Pública, pode aprimorar o acerto no grau de

---

[21] SUNDFELD, Carlos Ari. Processo administrativo: um diálogo necessário entre o Estado e o cidadão. Revista de Direito Administrativo & Constitucional – A&C, Belo Horizonte, nº 23, p. 39-51, 2006.

[22] MARQUES NETO, Floriano de Azevedo. Reajuste e revisão nas parcerias público-privadas revisitando o risco nos contratos de delegação. In: SOUZA, Mariana Campos de. (Org.). Parceria público-privada. São Paulo: Quartier Latin, 2008. p. 53-85. p. 65.

eficiência da própria atuação administrativa. Portanto, garantir a oitiva e a participação dos futuros usuários e demais administrados que possam vir a ter suas esferas de direitos impactadas pela concessão é medida que contribui para a eficiência da ação estatal.

Além das consultas e das audiências públicas, é comum também que a Administração Pública realize encontros com os interessados para apresentar os projetos que pretende licitar e, nesse fórum, colher as impressões dos potenciais concessionários – são os chamados *roadshows*.

As audiências públicas, que começaram a aparecer na legislação após a Constituição Federal de 1988 e já foram tidas como uma das práticas "(...) mais inovadoras no sistema jurídico administrativo brasileiro",[23] hoje são familiares à Administração e aos administrados – o que não implica dizer que seu uso esteja isento de entraves ou críticas, como veremos nos capítulos 3 e 4. O mesmo vale para as consultas públicas, presentes do nosso ordenamento desde 1999. O chamado *roadshow*, por sua vez, embora não tenha previsão legal expressa, é um procedimento relativamente simples e, geralmente, realizado sem grandes entraves. Podemos dizer que os três instrumentos (consulta pública, audiência pública e *roadshow*) permitem uma participação pontual dos administrados na elaboração dos contratos de PPP.

Entretanto, a participação dos administrados não será pontual se os estudos preparatórios da concessão forem realizados mediante autorização, nos termos do artigo 21 da Lei nº 8.987/1995 e do artigo 31 da Lei nº 9.074/1995 – ao contrário, a Administração contará com a participação dos administrados durante grande parte do processo administrativo de elaboração do contrato. Este longo período de interação, numa democracia ainda recente e refratária à igualdade entre poder público e particular,[24] não poderia ocorrer desembaraçadamente.

---

[23] DAL BOSCO, Maria Goretti. Audiência pública como direito de participação. *RT*, ano 92, p. 727-739, mar. 2003. p. 728.

[24] "Embora entendamos o direito administrativo como decorrência de um movimento de contenção de poder, (...), não é menos verdade que no Direito Público é bem mais frequente o enfoque pelo viés da autoridade, da exorbitância". MARQUES NETO, Floriano de Azevedo. A bipolaridade do direito administrativo e sua superação. In: SUNDFELD, Carlos Ari; JURKSAITIS, Guilherme Jardim. *Contratos públicos e direito administrativo*. São Paulo: Malheiros, 2015. p. 353-415. p. 369. Em consonância com essa ideia, é dizer, com a

Por isso, dos quatro instrumentos de participação popular aqui estudados, é ao PMI que será dada maior atenção.

2.1 Procedimento de manifestação de interesse

2.1.1 Delimitação conceitual do PMI

No ordenamento brasileiro identificamos o uso de diversas nomenclaturas para designar o procedimento de elaboração de estudos para contratos públicos desenvolvido com a colaboração dos administrados, com fulcro no artigo 21 da Lei nº 8.987/1995 e no artigo 31 da Lei nº 9.074/1995. São elas: procedimento de manifestação de interesse (PMI),[25] procedimento de manifestação de interesse privado,[26] manifestação de interesse privado (MIP),[27]

---

dificuldade que temos de enxergar o Direito administrativo pela vertente *ex parte populi*, são precisas as colocações de Marçal Justen Filho sobre a dificuldade de emplacar PPP no Brasil, mesmo nos casos em que elas pareçam ser a solução mais óbvia. O autor identifica que, entre os fatores de desestímulo às parcerias, está o "(...) o preconceito geral da sociedade, que considera injusto ou imoral a obtenção de lucro do particular". Associado a isto, está o fato de que "(...) a PPP é um contrato associativo, em que existe uma comunhão de interesses entre poder público e iniciativa privada. Ocorre que a tradição cultural brasileira é refratária à ideia de igualdade entre Administração Pública e particular. Por isso há uma enorme tendência de que o chamado 'parceiro público' (o Estado) atue em relação ao 'parceiro privado' como se ele fosse inferior ou subordinado. Rigorosamente, esta concepção não encontra respaldo na lei. Há interesses comuns a ambas as partes e há interesses específicos de cada qual. Existem direitos subjetivos contratualmente, reconhecidos a cada uma delas". CONSULTOR JURÍDICO – CONJUR. Brasileiro é refratário à igualdade entre Poder Público e particular. Entrevista com Marçal Justen Filho, por Renata Teodoro. 3 ago. 2014. Disponível em: <http://www.conjur.com.br/2014-ago-03/entrevista-marcal-justen-especialista-direito-administrativo>. Acesso em: 22 dez. 2015.

[25] Fazem uso da expressão "procedimento de manifestação de interesse" os seguintes diplomas: Decreto nº 16.002/2015, do estado do Piauí; Decreto nº 45.294/2015, do estado do Rio de Janeiro; Decreto nº 25.422/2015, do estado do Rio Grande do Norte; Decreto nº 1.242/2015, do estado do Pará; Decreto nº 39.613/2019, do Distrito Federal; Resolução nº 004/2018, do estado do Rio Grande do Sul; Resolução nº 01/2012 CGPB, do estado da Paraíba; Decreto nº 6.823/2012, do estado do Paraná; Decreto nº 16.559/2012, do estado de Rondônia; Decreto nº 962/2012, do estado de Santa Catarina; Decreto nº 2.889-R/2011, do Espírito Santo; Decreto nº 7.365/2011, do estado de Goiás; Decreto nº 926/2011, do estado do Mato Grosso; Decreto nº 16.522/2015, do estado da Bahia; Decreto nº 30.328/2010, do estado do Ceará; Resolução nº 001/2008, do estado de Sergipe; e Decreto nº 44.565/2007, do estado de Minas Gerais.

[26] Conforme artigo 31, parágrafo 4º, da Lei nº 13.303/2016.

[27] Dentre os diplomas que recorrem ao uso da expressão "manifestação de interesse privado", destacamos: Decreto nº 39.613/2019, do Distrito Federal; Decreto nº 45.294/2015,

solicitação de manifestação de interesse (SMI),[28] propostas não solicitadas (PNS).[29] [30] Há ainda diplomas que fazem uso de mais de uma nomenclatura para se referirem ao instrumento ora analisado.[31]

Em sede doutrinária, notamos um esforço em classificar os procedimentos de acordo com o seu ato inaugural: se tem origem em uma manifestação privada, o procedimento ganha o nome de MIP, "PMI provocado" ou PNS (tradução das *unsolicited proposals*), se tem origem em uma manifestação pública, é batizado de "PMI" ou "PMI espontâneo".

Neste sentido, Juliana Bonacorsi de Palma:

> Outras formas de participação dos particulares na estruturação dos projetos de infraestrutura (...) correspondem ao *procedimento de manifestação de interesse* (PMI) e à apresentação de *propostas não solicitadas* (PNS) no curso do procedimento interno. (...) A diferença fundamental entre ambos corresponde à *iniciativa* da participação administrativa. No PMI a iniciativa é do Poder Público, que publica um ato – geralmente intitulado "chamamento público" – convidando à apresentação de projetos, estudos, dados, levantamentos e demais informações úteis à modelagem do projeto. No caso das propostas não solicitadas, é o particular interessado que apresenta, por

---

do estado do Rio de Janeiro; Resolução nº 004/2018 e Lei nº 14.686/2015, do estado do Rio Grande do Sul; Decreto nº 33.249/2012, do estado da Paraíba; e Decreto nº 962/2012, do estado de Santa Catarina.

[28] São exemplos de textos normativos que se valem da nomenclatura "solicitação de manifestação de interesse": o Decreto nº 1.242/2015, do estado do Pará; o Decreto nº 16.002/2015, do estado do Piauí; o Decreto nº 25.422/2015, do estado do Rio Grande do Norte; a Resolução nº 01/2012 CGPB, do estado da Paraíba; o Decreto nº 6.823/2012, do estado do Paraná; o Decreto nº 16.522/2015, do estado da Bahia; o Decreto nº 7.365/2011, do estado de Goiás; o Decreto nº 926/2011, do estado do Mato Grosso; o Decreto nº 30.328/2010, do estado do Ceará; o Decreto nº 2.889-R/2011, do estado do Espírito Santo; o Decreto nº 44.565/2007, do estado de Minas Gerais; e o Decreto nº 16.559/2012, do estado de Rondônia.

[29] A Lei nº 9.548/2015, do município de Goiânia, emprega tal descrição. No âmbito estadual, nossa pesquisa não detectou nenhuma norma que adote esta nomenclatura.

[30] Merece nota a breve existência, no ordenamento pátrio, da terminologia "procedimento de autorização dos estudos", ou "PAE", cunhada pelo art. 14, inciso I, da Medida Provisória nº 727, de 12 de maio de 2016. A MP foi convertida na Lei nº 13.334/2016, que não absorveu nem a nomenclatura, nem o procedimento originalmente previsto.

[31] Podemos citar como exemplo o Decreto do estado do Rio de Janeiro nº 45.294/2015, de 24 de junho de 2015, o qual alberga tanto a expressão "procedimento de manifestação de interesse" (artigo 5º, inciso I) quanto a denominação "manifestação de interesse privado" (artigo 5º, inciso II).

vontade própria, projetos, estudos, dados, levantamentos e demais informações úteis à modelagem do projeto.³²

Lívia Wanderley de Barros Maia Vieira e Rafael Roque Garofano também adotam a nomenclatura "PMI" e "PNS" para designar o instituto, entendendo que:

> (...) A Administração tanto pode provocar um chamamento público para que os interessados possam apresentar propostas em condições previamente estabelecidas (*Procedimento de Manifestação de Interesse*), como pode facultar ao próprio particular que apresente sugestões de "como" deve ser prestado um serviço ou obra pública, na maior expressão de colaboração – as *Propostas Não Solicitadas*.³³

Tarcila Reis e Eduardo Jordão optam por designar "PMI" os casos em que a iniciativa é do Poder Público e MIP para os casos em que a iniciativa é do setor privado.³⁴

Dinorá Adelaide Musetti Grotti e Mário Márcio Saadi Lima, por suas vezes, afirmam que:

> A diferença entre PMI e a MIP também é destacada na legislação com a caracterização de procedimentos de manifestação de interesse denominados como *espontâneos* ou *provocados*.
> O PMI espontâneo seria aquele instaurado por órgão ou entidade da Administração Pública, a partir da identificação de uma necessidade pública que possa ser satisfeita por meio da realização de concessão outorgada nos termos da Lei de Concessões ou da Lei de PPPs.
> O PMI provocado, também conhecido como MIP, seria iniciado a partir da provocação do particular interessado, mediante requerimento de autorização endereçado ao órgão ou entidade competente, para

---

[32] PALMA, Juliana Bonacorsi de. Governança pública nas parcerias público-privadas: o caso da elaboração consensual de projetos de PPP. In: JUSTEN FILHO, Marçal; SCHWIND, Rafael Wallback (Coords.). *Parcerias público-privadas*: reflexões sobre os 10 anos da Lei 11.079/2004. São Paulo: Revista dos Tribunais, 2015. p. 113-142. p. 120-121. Destaque original.

[33] VIEIRA, Lívia Wanderley de Barros Maia; GAROFANO, Rafael Roque. Procedimentos de manifestação de interesse (PMI) e de propostas não solicitadas (PNS): os riscos e os desafios da contratação na sequência de cooperação da iniciativa privada. *Revista Brasileira de Infraestrutura* – RBINF, Belo Horizonte, ano 1, nº 2, p. 183-211, jul./dez. 2012. p. 184. Destacamos.

[34] REIS, Tarcila; JORDÃO, Eduardo. A experiência brasileira de MIPS e PMIS: três dilemas da aproximação público-privada na concepção de projetos. In: JUSTEN FILHO, Marçal; SCHWIND, Rafael Wallback (Coords.). *Parcerias público-privadas*: reflexões sobre os 10 anos da Lei 11.079/2004. São Paulo: Revista dos Tribunais, 2015. p. 207-232. p. 208.

realizar os estudos e preparar os documentos que possam embasar a outorga.[35]

Diante (i) da variedade de nomenclaturas adotadas nas normas estaduais e municipais que regulamentam os artigos 21 da Lei nº 8.987/1995 e 31 da Lei nº 9.074/1995[36] e (ii) da similitude dos procedimentos e, ao mesmo tempo, da ausência de um procedimento padrão para inaugurar e dar continuidade ao procedimento,[37] entendemos que (i) as tentativas de classificação doutrinárias são, por vezes, descoladas dos diplomas que tratam do tema[38] e (ii) insistir em uma classificação desta ordem não resultará, sequer, em benefício didático. Mais útil parece-nos adotar um só nome para designar o procedimento de elaboração de contratos públicos que se dê com o apoio dos administrados e, a partir daí, estudar as nuances deste instituto.

"PMI" é, sem dúvida, a nomenclatura mais utilizada, tendo sido, inclusive, adotada pelo Decreto Federal nº 8.428/2015. Por sua difusão, ela será a utilizada neste trabalho, independentemente da origem da iniciativa de instaurar o procedimento.[39]

---

[35] GROTTI, Dinorá Adelaide Musetti; SAADI, Mário. O procedimento de manifestação de interesse. In: JUSTEN FILHO, Marçal; SCHWIND, Rafael Wallback (Coords.). *Parcerias público-privadas*: reflexões sobre os 10 anos da Lei nº 11.079/2004. São Paulo: Revista dos Tribunais, 2015. p. 153-176. p. 159-160. Destaque original.

[36] Neste sentido, Guilherme Fredherico Dias Reisdorfer também anota que "Não há, pelo menos por enquanto, uniformidade terminológica em torno destas figuras. No âmbito do presente artigo, serão adotadas as expressões PMI e PNS. (…) as PNS também são denominadas como 'manifestação de interesse da iniciativa privada – MIP (…) ou 'PMI espontâneo'(…)". REISDORFER, Guilherme F. Dias. Soluções contratuais público-privadas: os procedimentos de manifestação de interesse (PMI) e as propostas não solicitadas (PNS). In: JUSTEN FILHO, Marçal; SCHWIND, Rafael Wallback (Coords.). *Parcerias público-privadas*: reflexões sobre os 10 anos da Le nº 11.079/2004. São Paulo: Revista dos Tribunais, 2015. p. 177-206. p. 188.)

[37] Note-se que nem mesmo as normas que adotam a mesma nomenclatura possuem o mesmo procedimento.

[38] Para ficar apenas com um exemplo, já que trataremos do tema no tópico 2.1.7, vale lembrar que na maioria das vezes os privados apresentam apenas *pedidos de autorização* para o desenvolvimento de estudos, e não *estudos prontos*. A partir deste pedido, a Administração (i) nega a autorização, (ii) confere a autorização apenas ao solicitante ou (iii) oportuniza aos demais interessados. Nestes casos, estaríamos diante de uma PNS?

[39] Esta também foi a solução adotada por Mário Márcio Saadi Lima (LIMA, Mário Marco Saadi. *O procedimento de manifestação de interesse à luz do ordenamento jurídico brasileiro*. Belo Horizonte: Fórum, 2015. p. 83) e Gustavo Henrique Carvalho Schiefler (SCHIEFLER, Gustavo Henrique Carvalho. *Procedimento de manifestação de interesse (PMI)*: solicitação e apresentação de estudos e projetos para a estruturação de concessões comuns e parcerias público-privadas. 2013. 500 f. Dissertação (Mestrado em Direito) – Centro de Ciências Jurídicas, Programa de Pós-Graduação em Direito, Universidade Federal de Santa Catarina, Florianópolis, 2013. p. 127).

Na incipiente doutrina sobre o tema, há algumas tentativas de conceituação do PMI. Para Vera Monteiro:

> PMI é espécie de procedimento administrativo, inaugurado e conduzido por órgão público (da administração direta ou indireta), para obter de interessados estudos, dados informações, projetos, enfim, informações técnicas sobre determinado negócio de interesse público e privado.[40]

Esta conceituação não nos parece integralmente acertada. O PMI pode ser inaugurado por um pedido de autorização proveniente de particulares, em consonância com o que predicam algumas regulamentações e também o artigo 5º da Lei de Processo Administrativo: "O processo administrativo pode iniciar-se de ofício ou a pedido de interessado". Por isso, não nos parece correto dizer que o procedimento é inaugurado por órgão público.

Conforme Dinorá Adelaide Musetti Grotti e Mário Márcio Saadi Lima, por sua vez:

> O hodiernamente denominado "Procedimento de Manifestação de Interesse – PMI" configura-se como *instrumento pelo qual pessoas físicas e jurídicas formalizam seu interesse em propor estudos*, projeto e soluções para o Poder Público, com o objetivo de embasar a realização de licitações para outorga de concessões ou permissões.[41]

Esta definição também não é imune a críticas. Entendemos que o PMI é mais amplo que um simples ato de formalização de interesse – este seria apenas o início do procedimento.

Já a proposta de definição apresentada por Guilherme Fredherico Dias Reisdorfer vai no seguinte sentido:

> O procedimento de manifestação de interesse e os procedimentos relativos às propostas não solicitadas correspondem a *figuras de caráter processual* por meio das quais os particulares submetem à Administração

---

[40] MONTEIRO, Vera. Contratação de serviço de consultoria para a estruturação de projeto de infraestrutura: qual o melhor caminho? In: JUSTEN FILHO, Marçal; SCHWIND, Rafael Wallback (Coords.). *Parcerias público-privadas*: reflexões sobre os 10 anos da Lei 11.079/2004. São Paulo: Revista dos Tribunais, 2015. p. 143-152. p. 145.

[41] GROTTI, Dinorá Adelaide Musetti; SAADI, Mário. O procedimento de manifestação de interesse. In: JUSTEN FILHO, Marçal; SCHWIND, Rafael Wallback (Coords.). *Parcerias público-privadas*: reflexões sobre os 10 anos da Lei nº 11.079/2004. São Paulo: Revista dos Tribunais, 2015. p. 153-176. p. 154. Destacamos.

Pública, desde investigações, estudos e levantamentos preliminares até projetos de interesse público contratáveis.[42]

Aqui também somos obrigados a anotar que não nos parece adequada que em sede doutrinária seja feita uma diferenciação do procedimento em "procedimento de manifestação de interesse" e "procedimento relativo à proposta não solicitada", não porque inexistam procedimentos que se iniciam por vontade pública e outros que se iniciam por vontade privada, mas sobretudo porque a separação em PMI e PNS não é aderente com as a maioria das normas regulamentadoras do procedimento,[43] nem mesmo com o Decreto Federal.

O mesmo ocorre com a conceituação proposta por Lívia Wanderley de Barros Maia Vieira e Rafael Roque Garofano, para quem as PMI e PNS:

> (...) podem ser conceituadas como *manifestações, solicitadas ou espontâneas, na fase pré-contratual, em que a iniciativa privada coopera com subsídios para a realização de uma atribuição pública que tende a ser executada em colaboração com um particular* (...).[44]

Para Mário José Pace Junior, o PMI:

> (...) é o procedimento de seleção utilizado pela Administração Pública para a escolha discricionária de possíveis interessados (pessoas físicas ou jurídicas) em apresentar projetos, estudos, levantamentos ou investigações, os quais, dependendo da conveniência do órgão interessado, poderão ser utilizados total ou parcialmente para modelagens de PPPs, sendo que a remuneração somente se aperfeiçoará após a definição e pelo licitante vencedor da licitação da concessão.[45]

---

[42] REISDORFER, Guilherme F. Dias. Soluções contratuais público-privadas: os procedimentos de manifestação de interesse (PMI) e as propostas não solicitadas (PNS). In: JUSTEN FILHO, Marçal; SCHWIND, Rafael Wallback (Coords). *Parcerias público-privadas*: reflexões sobre os 10 anos da Lei nº 11.079/2004. São Paulo: Revista dos Tribunais, 2015. p. 177-206. p. 187. Destacamos.

[43] Temos notícia de que apenas na Lei Municipal de Goiânia adota-se o a nomenclatura PNS.

[44] VIEIRA, Lívia Wanderley de Barros Maia; GAROFANO, Rafael Roque. Procedimentos de manifestação de interesse (PMI) e de propostas não solicitadas (PNS): os riscos e os desafios da contratação na sequência de cooperação da iniciativa privada. *Revista Brasileira de Infraestrutura – RBINF*, Belo Horizonte, ano 1, nº 2, p. 183-211, jul./dez. 2012. p. 192. Destaque original.

[45] PACE JÚNIOR, Mário José. *O processo de manifestação de interesse – PMI e o devido processo legal (Lei nº 11.079/04 e Decreto nº 5.977/06)*. 2013. 82 f. Monografia (Especialização em

Como buscaremos demonstrar no subcapítulo 2.1.6, não vemos o PMI como um procedimento competitivo (ou "de seleção"), e ele não se presta apenas às modelagens de PPP.

Gustavo Henrique Carvalho Schiefler, em sua dissertação de mestrado, oferece um conceito bastante detalhado para o PMI, nos seguintes termos:

> O Procedimento de Manifestação de Interesse é o procedimento administrativo consultivo, sujeito ao regime de Direito Público, com ênfase para os princípios e valores da Constituição Federal, por meio do qual a Administração Pública organiza em regulamento a oportunidade para que particulares, por conta e risco, elaborem modelagens com vistas à estruturação da delegação de utilidades públicas, geralmente por via de concessão comum ou de parceria público-privada, requerendo, para tanto, que sejam apresentados estudos e projetos específicos, conforme diretrizes predefinidas, que sejam úteis à licitação pública e ao respectivo contrato, sem que seja garantido o ressarcimento pelos respectivos dispêndios, a adoção do material elaborado ou o lançamento da licitação pública, tampouco qualquer vantagem formal do participante sobre outros particulares.[46]

Aqui, chama-nos atenção o fato de o autor sujeitar, sem ressalvas, o PMI ao "regime de direito público". Há que se ter cautela em aplicar o regime jurídico administrativo, sobretudo em um procedimento arejado como o PMI. Afinal, já pudemos aprender com a mais fina doutrina as duras consequências da "maldição do regime único".[47]

Diante da diversidade de tentativas de classificação, parece-nos assistir razão Juliana Bonacorsi de Palma, para quem:

> Qualquer tentativa conceitual minimalista dos instrumentos de participação dos "particulares interessados" na elaboração de projetos de PPP – PMI e PNS – é dispicenda. Uma conceituação jurídica depende da

---

Direito Administrativo) – Coordenadoria Geral de Especialização, Aperfeiçoamento e Extensão, Pontifícia Universidade Católica de São Paulo, São Paulo, 2013. p. 41.
[46] SCHIEFLER, Gustavo Henrique Carvalho. *Procedimento de manifestação de interesse (PMI)*: solicitação e apresentação de estudos e projetos para a estruturação de concessões comuns e parcerias público-privadas. 2013. 500 f. Dissertação (Mestrado em Direito) – Centro de Ciências Jurídicas, Programa de Pós-Graduação em Direito, Universidade Federal de Santa Catarina, Florianópolis, 2013. p. 123.
[47] Sobre o tema, ver MARQUES NETO, Floriano de Azevedo. Do Contrato administrativo à administração contratual. *Boletim Governet de Licitações e Contratos*, Curitiba, nº 64, p. 726-731, 2010. p. 728-729.

estrita investigação de regime jurídico e da prática do instituto objeto de análise. Como analisei, o Direito Administrativo brasileiro não comporta um modelo uniforme de mecanismos de participação de particulares interessados na elaboração de projetos de PPP e, mais, trata-se de um modelo em experimentação.[48]

Portanto, dispensamos uma conceituação fechada de PMI, optando por uma compreensão mais dúctil: são os procedimentos administrativos que se prestam a colher contribuições dos administrados para a elaboração de contratos de PPP, com fulcro nos preceitos e princípios constitucionais expostos, bem como na Lei de PPP, na Lei de Processo Administrativo e nos artigos 21 da Lei nº 8.987/1995 e 31 da Lei nº 9.074/1995. Aproximamo-nos assim da concepção sugerida por Flávio Amaral Garcia:

> (...) PMI, traduzidos na ideia de se permitir, antes da fase de contratação, a possibilidade de empresas privadas apresentarem estudos, projetos, levantamentos, investigações que poderão ser, futuramente, utilizados pelo Poder Público para modelar o objeto.[49]

Conforme pretendemos demonstrar no subcapítulo 2.1.3.3, as normas estaduais e municipais que regulamentam o PMI não estabelecem um procedimento padrão para a colheita de contribuições dos administrados. Embora alguns enxerguem na falta de sistematização e unificação dos procedimentos "(...) o grande problema no caso brasileiro (...)",[50] achamos que isto não é um entrave, desde que estejam claras as diretrizes jurídicas que devem ser observadas no desenvolvimento do PMI.

Por isso, neste capítulo trataremos de algumas questões sobre o PMI que nos parecem fundamentais para compreender os contornos

---

[48] PALMA, Juliana Bonacorsi de. Governança pública nas parcerias público-privadas: o caso da elaboração consensual de projetos de PPP. In: JUSTEN FILHO, Marçal; SCHWIND, Rafael Wallback (Coords.). *Parcerias público-privadas*: reflexões sobre os 10 anos da Lei nº 11.079/2004. São Paulo: Revista dos Tribunais, 2015. p. 113-142. p. 121.

[49] GARCIA, Flávio Amaral. A participação do mercado na definição do objeto das parcerias público-privadas: o procedimento de manifestação de interesse. *Revista de Direito Público da Economia – RDPE*, Belo Horizonte, ano 11, nº 42, abr./jun. 2013. p. 3.

[50] VIEIRA, Lívia Wanderley de Barros Maia; GAROFANO, Rafael Roque. Procedimentos de manifestação de interesse (PMI) e de propostas não solicitadas (PNS): os riscos e os desafios da contratação na sequência de cooperação da iniciativa privada. *Revista Brasileira de Infraestrutura – RBINF*, Belo Horizonte, ano 1, nº 2, p. 183-211, jul./dez. 2012. p. 200.

deste instrumento. Qual é a natureza do PMI? Como pode se dar o seu ato inaugural? Quem pode participar? Estamos diante de uma autorização ou de um contrato? É preciso licitar? No que consistem os estudos? E como são definidos os critérios para o seu reembolso? A legislação deve estar adequada às necessidades do mercado de consultoria?

Cumpre-nos, portanto, dedicar algum esforço para fixar os fundamentos constitucionais e os princípios norteadores do PMI para, já munidos de balizas claras, analisar seus fundamentos legais e, em seguida, principais características e vulnerabilidades ligadas ao procedimento. É o que passamos a fazer.

2.1.2 Fundamentos constitucionais e princípios norteadores

2.1.2.1 Direito a participação

O direito a participação popular na Administração Pública impacta o processo de elaboração dos contratos de PPP e é o fundamento primeiro não só do PMI, mas, igualmente, da consulta pública, da audiência pública e do *roadshow*.

Sobre a positivação do princípio da participação na Constituição Federal, Marcos Augusto Perez esclarece:

> (...) ainda que não contasse com nenhuma referência expressa no Texto Constitucional Brasileiro de 1988 (ao avesso do que verdadeiramente ocorre, (...)), deduziríamos a presença implícita de norma constitucional autorizante da criação de institutos de participação popular na Administração Pública, através dos princípios democráticos e do Estado de Direito, princípios básicos de organização do Estado Brasileiro, conforme definido pelo art. 1º da Constituição Federal.[51]

---

[51] PEREZ, Marcos Augusto. *A administração pública democrática*: institutos de participação popular na administração pública. Belo Horizonte: Fórum, 2004. p. 74. Para o autor, o princípio da participação popular "(...) pode ser caracterizado como: *implícito*, pois não se encontra arrolado no *caput* do art. 37 ou em qualquer norma constitucional de forma expressa, mas é desvendado a partir da combinação de diversas normas constitucionais (art. 37, §3º, art. 10, art. 29, X, entre outras); *derivado* (subprincípio), pois conectado a outros princípios constitucionais, notadamente, o *princípio do Estado de Direito*, o *princípio democrático* e o *princípio da eficiência administrativa* e *estruturante* da atividade

E segue:

(...) a participação administrativa, em termos constitucionais, representa bem mais que um emaranhado de regras esparsas autorizantes da adoção de institutos participativos em situações específicas. Trata-se, a participação administrativa, de um autêntico princípio constitucional.[52]

Lúcia Valle Figueiredo também reconhece que "(...) o desiderato constitucional (...), foi o de *transparência da Administração Pública* e com a *efetiva participação popular*, tão importante para o concerto entre administração e administrado".[53]

Um dos artigos que tratam da participação popular é o artigo 37, parágrafo 3º, da Constituição Federal, com redação conferida pela Emenda Constitucional nº 19/1998,[54] que assim consigna:

Art. 37. (...)
§3º A lei disciplinará as formas de participação do usuário na administração pública direta e indireta, regulando especialmente:

---

da Administração Pública em diversos graus, pois conduz à formação de processos de decisão e de divisão de funções". (Idem, p. 85, destaque original).

[52] PEREZ, Marcos Augusto. *A administração pública democrática*: institutos de participação popular na administração pública. Belo Horizonte: Fórum, 2004. p. 80. Destacamos.

[53] FIGUEIREDO, Lúcia Valle. Instrumentos da administração consensual: a audiência pública e sua finalidade. *Revista Eletrônica de Direito Administrativo Econômico* – REDAE, Salvador, nº 11, ago./out. 2007. Disponível em: <http://www.direitodoestado.com/revista/REDAE-11-AGOSTO-2007-LUCIA%20VALLE.pdf>. Acesso em: 22 dez. 2015. Destaque original.

[54] A partir da década de 1990, o direito à participação ganhou força e veio refletido na Emenda Constitucional 19/1988, a qual consagrou a reforma administrativa no Brasil e contribuiu para a instituição da noção de Administração Pública. Diogo de Figueiredo Moreira Neto, a este respeito, define que: "Na revisão da máquina do Estado, ou seja, do aparato prestador de serviços do Estado, incluem-se, (...) de modo especial (...) a evolução da administração pública burocrática para a administração pública gerencial. Para fazer-se uma reforma neste sentido, não se trata apenas, como poderia parecer à primeira vista, de estender a competitividade ao setor público, com vistas a reduzir o déficit público e o custo Brasil, pela adoção de novos critérios de gestão, aproveitando as experiências já acumuladas e repensadas da administração das empresas privadas, tais como os minimizadores de custos e os enfatizadores da eficiência na prestação dos serviços administrativos, mas, sobretudo, e esta me parece ser a grande ênfase política introduzida no fervilhante momento de fastígio da liberal democracia e do ressurgimento da cidadania neste fim de século, de passar a considerar o usuário do serviço prestado pelo Estado como o 'dono' do serviço, e não apenas o seu destinatário". MOREIRA NETO, Diogo de Figueiredo. Administração pública gerencial. *Revista Direito*, Rio de Janeiro, v. 2, nº 4, p. 37-44, jul./dez. 1998. Disponível em: <http://www.camara.rj.gov.br/setores/proc/revistaproc/revproc1998/revdireito1998B/est_adminpublica.pdf>. Acesso em: 6 jan. 2016. p. 37-38.

I – as reclamações relativas à prestação dos serviços públicos em geral, asseguradas a manutenção de serviços de atendimento ao usuário e a avaliação periódica, externa e interna, da qualidade dos serviços;
II – o acesso dos usuários a registros administrativos e a informações sobre atos de governo, observado o disposto no art. 5º, X e XXXIII;
III – a disciplina da representação contra o exercício negligente ou abusivo de cargo, emprego ou função na administração pública.

Das três hipóteses mencionadas nos incisos, apenas uma foi regulamentada por lei específica. Trata-se da Lei nº 12.527/2011 (Lei de Acesso à Informação).

Ao prescrever o direito de participação, a Constituição Federal está indicando um direito subjetivo[55] e, como sabemos,

> (...) as normas constitucionais definidoras de direitos – isto é, de direitos subjetivos constitucionais – investem os seus beneficiários em situações jurídicas imediatamente desfrutáveis a serem efetivadas por prestações positivas ou negativas, exigíveis do Estado ou de outro eventual destinatário da norma.[56]

Portanto, ainda que inexista lei que regulamente o direito de participação, a eficácia do artigo 37, parágrafo 3º, da Constituição Federal, é plena.[57] O legislador pode exercer mediante lei um

---

[55] "Abreviando uma longa discussão, entende-se por direito subjetivo o poder de ação, assente no direito objetivo, e destinado à satisfação de um interesse. Mais relevante (...) é assinalar as características essenciais dos direitos subjetivos, a saber: a) a ele corresponde sempre um dever jurídico por parte de outrem; b) ele é violável, vale dizer, pode ocorrer que a parte que tem o dever jurídico, que deveria entregar determinada prestação, não o faça; c) violado o dever jurídico, nasce para o seu titular uma pretensão, podendo ele servir-se dos mecanismos coercitivos e sancionatórios do Estado, notadamente por via de uma ação judicial". BARROSO, Luís Roberto. *Curso de Direito Constitucional Contemporâneo*: os conceitos fundamentais e a construção do novo modelo. 2. ed. São Paulo: Saraiva, 2010. p. 222. Ou, ainda, nas palavras de Luiz Alberto David Júnior e Vidal Serrano Nunes: "(...) a expressão direitos públicos subjetivos, embora indique que sejam direitos intrínsecos ao indivíduo, limita a sua abrangência às relações estabelecidas entre este e o Poder Público, deixando de agregar em seu significado os deveres coletivos ou o propósito de limitação do poder econômico (...)". ARAÚJO, Luiz Alberto David; NUNES JÚNIOR, Vidal Serrano. *Curso de Direito Constitucional*. 13. ed. São Paulo: Saraiva, 2009. p. 109.

[56] BARROSO, Luís Roberto. *Curso de Direito Constitucional Contemporâneo*: os conceitos fundamentais e a construção do novo modelo. 2. ed. São Paulo: Saraiva, 2010. p. 223.

[57] Fazemos referência aqui à clássica classificação proposta por José Afonso da Silva, para quem as normas constitucionais de eficácia plena são "(...) todas as normas que, desde a entrada em vigor da Constituição, produzem todos os seus efeitos essenciais (ou têm a possibilidade de produzi-los), todos os objetivos visados pelo legislador constituinte,

poder-dever para ampliar ou limitar o direito de participação, mas a lacuna legal não implica a impossibilidade do exercício deste direito. Tal raciocínio vale tanto para o exercício dos direitos expressamente previstos nos incisos e ainda não regulamentados por lei específica (reclamações e representação), tal como para as demais hipóteses de participação, mesmo que não expressamente previstas nos incisos em comento.

Assim, em que pese a especificidade das formas de participação popular exemplificadas nos incisos do artigo 37, parágrafo 3º, o *caput* deste parágrafo é amplo e compreensivo. Ele contempla a participação dos futuros usuários de uma utilidade pública na própria formatação do modo como ela será concebida, implantada e explorada, para que tal participação não seja reativa (por meio de reclamações, acesso a registros ou representações), mas proativa, colaborando na forma de participação integradora.

Um exemplo da amplitude do parágrafo 3º é a Lei nº 13.019/2014,[58] que cuida do regime jurídico das parcerias entre a Administração Pública e as organizações da sociedade civil e reconheceu, assim como o Decreto nº 8.243/2014[59] (publicado meses antes da Lei), a participação social enquanto direito do cidadão e a necessidade de integrar os mecanismos de participação social.

Outro exemplo é a Lei nº 11.922/2009, que, no seu artigo 2º, delegou aos entes federados a regulamentação do PMI. Da mesma maneira, o parágrafo 4º do artigo 31 da Lei nº 13.303/2016 determina que o PMI utilizado nas empresas estatais deverá observar determinado regulamento.[60]

---

porque este criou, desde logo, uma normatividade para isto suficiente, incidindo direta e imediatamente sobre a matéria que lhe constitui objeto". SILVA, José Afonso da. *Aplicabilidade das normas constitucionais*. 7. ed. São Paulo: Malheiros, 2009. p. 82.

[58] A Lei foi editada com o objetivo de suprir o déficit normativo que as parcerias voluntárias enfrentavam, aperfeiçoar o ambiente jurídico e institucional das organizações da sociedade civil e aprimorar suas relações de parceria com o Estado. Recentemente, o diploma foi modificado em vários pontos pela Lei nº 13.204, de 14 de dezembro de 2015, e pela Lei nº 13.800, de 4 de janeiro de 2019.

[59] O Projeto de Decreto Legislativo de Sustação de Atos Normativos do Poder Executivo nº 1491/2014, remetido ao Senado Federal em outubro de 2014, busca sustar a aplicação do Decreto nº 8.243, de 24 de maio de 2014, que instituiu a Política Nacional de Participação Social e o Sistema Nacional de Participação Social.

[60] Como veremos no subcapítulo 2.1.3.1, não são apenas estas leis que fazem menção ao PMI, mas destacamos os diplomas pois eles tratam expressamente da regulamentação do procedimento.

Como se vê, nem as parcerias objeto da Lei nº 13.019/2014, tampouco o PMI, objeto do artigo 2º da Lei nº 11.922/2009, estão listados dentre os exemplos dos incisos do artigo 37, parágrafo 3º, da Constituição Federal, e ainda assim são regulamentados por lei (diretamente ou por meio da delegação a outros entes).

Portanto, em linha com o que ensina Marcos Augusto Perez, podemos entender que os institutos de participação popular:[61]

(...) possibilitam aos administrados, diretamente, ou através de representantes escolhidos especificamente para este fim, tomar parte na deliberação, na execução ou no controle das atividades desenvolvidas pela Administração Pública, com o objetivo de tornar mais eficiente a atuação administrativa por meio: 1. Da colaboração entre a sociedade e a Administração; 2. Da busca da adesão ou do consentimento do administrado em relação às iniciativas público-administrativas; 3. Da instituição de procedimentos que visem à consensualidade entre administrados e Administração e, afinal, 4. Da maior abertura e transparência dos processos decisórios.[62]

Neste contexto, não restam dúvidas de que os PMI, assim como as consultas públicas, as audiências públicas e os *roadshows* são manifestações das diferentes feições do princípio da participação popular tomado em seu sentido amplo, na medida em que

---

[61] Paulo Modesto propõe diferenciar a "participação administrativa" da "participação popular" nos seguintes termos: "A *participação administrativa*, ou a participação no âmbito da administração, [considerada em sentido amplo], corresponde a todas as *formas de interferência de terceiros na realização da função administrativa do Estado*. Mas participação *popular* na administração pública é conceito necessariamente mais restrito: trata-se da *interferência no processo de realização da função administrativa do Estado, implementada em favor de interesses da coletividade, por cidadão nacional ou representante de grupos sociais nacionais, estes últimos se e enquanto legitimados a agir em nome coletivo*". MODESTO, Paulo. Participação popular na administração pública: mecanismos de operacionalização. *Revista Eletrônica de Direito do Estado*, Salvador, nº 2, abr./jun. 2005. Disponível em: <http://www.direitodoestado.com/revista/REDE-2-ABRIL-2005-PAULO%20MODESTO.pdf>. Acesso em: 7 jan. 2016. Destaque original.

[62] MOREIRA NETO, Diogo de Figueiredo. Administração pública gerencial. *Revista Direito*, Rio de Janeiro, v. 2, nº 4, p. 37-44, jul./dez. 1998. Disponível em: <http://www.camara.rj.gov.br/setores/proc/revistaproc/revproc1998/revdireito1998B/est_adminpublica.pdf>. Acesso em: 6 jan. 2016. p. 37-38; PEREZ, Marcos Augusto. A audiência pública no direito administrativo brasileiro. In: FORTINI, Cristina; IAVENGA, Míriam Mabem (Org.). *Mecanismos de controle interno e sua matriz constitucional*: um diálogo entre Brasil e Argentina. Belo Horizonte: Fórum, 2012. p. 101-116. p. 101-102.

são instrumentos que "(...) visam instruir o pleno exercício da democracia, nos Estados contemporâneos (...)".[63] Porém, como alerta Paulo Modesto:

> É ingenuidade supor que o incremento da participação popular na administração pública possa ser isolado da questão da participação popular nos demais setores do Estado ou reduzido a uma questão meramente jurídica, relacionada unicamente à definição de *instrumento normativos de participação* [destaque original]. *A participação popular é sobretudo uma questão política, relacionada ao grau de desenvolvimento e efetivação da democracia. O aparato jurídico é incapaz de induzir a participação popular; mais ainda, frequentemente cumpre papel inverso, dificultando a participação, estabelecendo mecanismos de neutralização e acomodação extremamente sutis.*[64]

Em linha com este raciocínio, Luigi Bobbio explica que "(...) a democracia participativa particularmente exposta à contraposição entre concessões procedimentais (ou melhor, processuais) e democracia participativa estaria na capacidade de ela realmente habilitar um diálogo entre concessões substanciais (...)".[65] Questiona se a *autenticidade* da relação entre cidadãos e instituições que resultasse na *alteração de fato do estado das coisas* (*e.g.*, alterações dos pressupostos do modelo econômico ou freio dos grandes interesses de mercado para alcançar justiça social) ou se, ao contrário, os objetivos da democracia participativa estariam atingidos "(...) se todos os sujeitos sociais envolvidos tiverem se expressado, informado-se e sido considerados – independentemente dos resultados concretos que ela [a participação] alcançar".[66]

---

[63] PEREZ, Marcos Augusto. *A administração pública democrática*: institutos de participação popular na administração pública. Belo Horizonte: Fórum, 2004. p. 71.

[64] MODESTO, Paulo. Participação popular na administração pública: mecanismos de operacionalização. *Revista Eletrônica de Direito do Estado*, Salvador, nº 2, abr./jun. 2005. Disponível em: <http://www.direitodoestado.com/revista/REDE-2-ABRIL-2005-PAULO%20MODESTO.pdf>. Acesso em: 7 jan. 2016. Destacamos.

[65] BOBBIO, Luigi. Dilemmi della democrazia participativa. *Rivista Democrazia e Diritto*, nº 4, p. 11-26, 2006. Disponível em: <http://www.francoangeli.it/riviste/Scheda_Rivista.aspx?IDArticolo=30582&id Rivista=116>. Acesso em: 22 dez. 2015. p. 12. Tradução livre. No original: "La democrazia participativa è particolarmente esposta ala contrapposizione tra concezioni procedurali (o meglio: processuali) e concezioni sostanziali".

[66] BOBBIO, Luigi. Dilemmi della democrazia participativa. *Rivista Democrazia e Diritto*, nº 4, p. 11-26, 2006. Disponível em: <http://www.francoangeli.it/riviste/Scheda_Rivista.aspx?IDArticolo=30582&id Rivista=116>. Acesso em: 22 dez. 2015. p. 13. Tradução livre.

No contexto da democracia participativa, especialmente quando concebida em seu aspecto substancial (e não procedimental) – ou seja, como um instrumento de "(...) libertação das coações do mercado (...)"[67] –, o PMI poderia parecer um instrumento de participação paradoxal, na medida em que é justamente o mercado o ator mais ativo nestes procedimentos.

Porém, para além do fato de ser a participação um direito de todos os administrados (o que inclui, por óbvio, os agentes do mercado), há que se lembrar que há ao menos um outro instrumento de participação popular – qual seja, a consulta pública – necessariamente presente durante o processo de elaboração dos contratos de PPP, com a vocação de influenciar as decisões com os interesses dos demais atingidos pela futura concessão.

Tem-se, portanto, que os instrumentos de participação estudados neste trabalho são complementares, na medida em que se prestam a viabilizar os anseios de diferentes grupos, por diferentes meios.

Tais ferramentas decorrem, de fato, da nova cidadania no Estado social, que, nas palavras de Fábio Konder Comparato, consiste em "(...) fazer com que o povo se torne parte principal do processo de seu desenvolvimento e promoção: é a ideia de participação".[68]

O PMI, assim como a consulta pública, a audiência pública e o *roadshow* não são instrumentos com a natureza de ferramentas reativas, tais quais as previstas nos incisos I a III do parágrafo 3º do artigo 37 da Constituição Federal. Ao contrário, alçam o administrado à condição de agente que interfere de maneira proativa nos rumos da Administração Pública. Como lembra Gustavo Henrique Justino de Oliveira:

> No que tange à realidade institucional brasileira, a junção da noção de democracia à de Estado de direito, levada a efeito pela atual Constituição, muito mais que estabelecer um qualificativo do modo de ser do nosso

---

No original: "Una partecipazione è buona se tutti i soggetti sociali coinvolti hanno avuto modo di esprimersi, di informarsi e di contare – independentemente dai risultati concreti che essa [partecipazione] consegue".

[67] Neste sentido, ver MAGNAGHI, Alberto. Dalla partecipazione all'autogoverno dela comiunità locale: verso il federalismo municipale solidale. *Democrazia e Diritto*, nº 3, p. 134-150. Apud BOBBIO, Luigi. Dilemmi della democrazia participativa. *Rivista Democrazia e Diritto*, nº 4, p. 11-26, 2006. Disponível em: <http://www.francoangeli.it/riviste/Scheda_Rivista.aspx?IDArticolo=30582&idRivista=116>. Acesso em: 22 dez. 2015. p. 13.

[68] COMPARATO, Fábio Konder. *Direito público*: estudos e pareceres. São Paulo: Saraiva, 1996. p. 10.

Estado Federal, foi responsável pela atribuição aos cidadãos de um direito de primeiríssima grandeza, de importância inquestionável: o direito de participação nas decisões estatais.[69]

A noção de cidadão colaborador em muito se adapta, de fato, ao que aqui se propugna, enquanto agente atuante, que coopera na gestão da coisa pública, marca da Administração Pública contemporânea.

Neste compasso, Odete Medauar explica que "(...) no âmbito das matrizes clássicas do Direito Administrativo, a participação liga-se à identificação do interesse público de modo compartilhado com a população".[70]

Por meio da participação dos administrados na identificação dos interesses públicos, confere-se maior legitimidade e aderência às escolhas realizadas pela Administração. Assim, os mecanismos de participação popular ora tratados acabam por contribuir para uma atuação administrativa mais eficiente, especificamente no âmbito das concessões, e, consequentemente, ajudam a concretizar os direitos fundamentais dos cidadãos.

2.1.2.2 Direito de petição

Não é novidade afirmar que o PMI encontra seu fundamento no direito de petição, previsto no artigo 5º, inc. XXXIV, letra *a*, da Constituição Federal, que assim dispõe:

> Art. 5º Todos são iguais perante a lei, sem distinção de qualquer natureza, garantindo-se aos brasileiros e aos estrangeiros residentes no País a inviolabilidade do direito à vida, à liberdade, à igualdade, à segurança e à propriedade, nos termos seguintes:
> XXXIV – *são a todos assegurados*, independentemente do pagamento de taxas:
> a) *o direito de petição aos Poderes Públicos em defesa de direitos* ou contra ilegalidade ou abuso de poder; (...). (Destacamos).

---

[69] OLIVEIRA, Gustavo Henrique Justino de. As audiências públicas e o processo administrativo brasileiro. *Revista de Informação Legislativa*, Brasília, ano 34, nº 135, p. 271-282, jul./set. 1997. p. 274.

[70] MEDAUAR, Odete. *Direito administrativo em evolução*. São Paulo: Revista dos Tribunais, 1992. p. 216.

Livia Wanderley de Barros Maia Vieira e Rafael Roque Garofano aduzem que a ausência de previsão sobre PMI, considerando que nem todos os entes federativos regulamentaram o instituto, resulta "(...) na apreciação das sugestões dos interessados como um exercício do direito de petição, sem qualquer observância de formalidades ou de prazos (...)".[71]

Da mesma forma, Guilherme Fredherico Dias Reisdorfer afirma que o direito de petição é sempre assegurado ao interessado, para que possa apresentar estudos de forma espontânea.[72] Tal posicionamento é igualmente adotado por Augusto Neves Dal Pozzo ao tratar das propostas não solicitadas[73] e expressamente reconhecido pela Lei nº 13.334/2016, que, no art. 12, inciso IV, admite a possibilidade de a Administração Pública receber, graciosamente, sugestões de projetos para integrar o programa federal intitulado "Programa de Parcerias de Investimentos".[74]

Reconhecemos que o direito de petição pode estar presente no ato inaugural do PMI, quando um administrado apresentar um pedido para desenvolver estudos ou, ainda, estudos em andamento ou concluídos. Porém, entendemos que este direito se exaure no direito de obter respostas sobre a produção destes estudos. Caso

---

[71] VIEIRA, Lívia Wanderley de Barros Maia; GAROFANO, Rafael Roque. Procedimentos de manifestação de interesse (PMI) e de propostas não solicitadas (PNS): os riscos e os desafios da contratação na sequência de cooperação da iniciativa privada. Revista Brasileira de Infraestrutura – RBINF, Belo Horizonte, ano 1, nº 2, p. 183-211, jul./dez. 2012. p. 10.

[72] REISDORFER, Guilherme F. Dias. Soluções contratuais público-privadas: os procedimentos de manifestação de interesse (PMI) e as propostas não solicitadas (PNS). In: JUSTEN FILHO, Marçal; SCHWIND, Rafael Wallback (Coords). Parcerias público-privadas: reflexões sobre os 10 anos da Lei nº 11.079/2004. São Paulo: Revista dos Tribunais, 2015. p. 177-206. p. 189. A Medida Provisória nº 727, de 12 de maio de 2016, buscou regulamentar o exercício do direito de petição no artigo 13, dispondo que "A administração pública titular poderá abrir procedimento preliminar para subsidiar a definição de características básicas de empreendimentos, podendo quaisquer interessados apresentarem, independentemente de autorização, seus projetos, levantamentos, investigações ou estudos, sendo vedado qualquer ressarcimento na forma do art. 21 da lei 8.987, de 1995". Note-se que havia ali uma preocupação em diferenciar estudos preliminares dos estudos desenvolvidos nos termos do art. 21 da Lei nº 8.987/1995. Porém, a discussão perde relevo na medida em que a Lei nº13.334/2016 não absorveu o dispositivo.

[73] DAL POZZO, Augusto Neves. Procedimento de manifestação de interesse e o planejamento estatal de infraestrutura. Fórum de Contratação e Gestão Pública – FCGP, Belo Horizonte, ano 13, nº 150, jun. 2014. Disponível em: <http://bid.editoraforum.com.br/bid/PDI0006.aspx?pdiCntd=119928>. Acesso em: 24 nov. 2015. p. 32.

[74] "Art. 12. Para a estruturação dos projetos que integrem ou que venham a integrar a PPI, o órgão ou entidade competente poderá, sem prejuízo de outros mecanismos previstos na legislação: (...) IV – receber sugestões de projetos, sendo vedado qualquer ressarcimento; (...)."

autorizada a produção dos estudos (ou caso acolhidos os estudos já produzidos sem autorização prévia), este direito de petição se convolará numa relação de contrato atípico (conforme buscaremos demonstrar no subcapítulo 2.1.3.1.1), que se desenvolve muito mais baseado em um princípio geral de participação popular na Administração Pública do que propriamente no direito de petição.

De toda forma, cumpre-nos assinalar que, ao falar de direito de petição em sede de PMI, estamos a falar de defesa de direitos. Isto porque, como se depreende da norma constitucional, o direito de petição pode ser utilizado (i) em defesa de direitos, (ii) contra ilegalidade ou (iii) contra abuso de poder. Ao dizer que o PMI está fundado no direito de petição, não estamos diante das últimas duas hipóteses de realização do direito de petição. Resta-nos, portanto, identificar quais são estes direitos e quem são seus portadores.

Para elucidar estas questões, partimos da constatação de que, normalmente, os estudos de um PMI são desenvolvidos por empresas privadas, interessadas na futura concessão. Tanto é assim que o artigo 31 da Lei nº 9.074/1995 traduz-se em uma permissão expressa para que os autores ou responsáveis economicamente pela elaboração dos projetos de uma concessão e permissão de serviços públicos ou uso de bem público *possam participar da licitação*. Identificamos assim, um dos portadores do direito de petição, quais sejam, os potenciais licitantes.

Nestes casos, os principais direitos das empresas privadas que, a nosso ver, estariam sendo tutelados por meio do peticionamento para instauração do PMI, são: o direito à participação, como vimos no subcapítulo 2.1.2.1; o direito à eficiência no agir da Administração Pública; e o direito inerente à livre iniciativa de fomentar e criar mercados.

Explica-se: ao elaborar estudos de concessões, os privados interessados têm a oportunidade de sugerir ao poder público estruturas seguras de contratação, compreendendo adequada alocação de riscos[75] e sistemas de garantias satisfatórios.

---

[75] Embora a alocação de riscos seja muitas vezes associada às vantagens ou inovações das PPP, ela tem a sua origem na Lei nº 8.987/1995, de modo que também nos contratos de concessão comum é desejável prever um compartilhamento de riscos eficiente e racional. Sobre o tema ver PEREZ, Marcos Augusto. *O risco no contrato de concessão de serviço público*. Belo Horizonte: Fórum, 2006. p. 129-133.

Diante do "(...) histórico pouco positivo do Estado brasileiro no cumprimento de seus compromissos (...)",[76] o uso de mecanismos para assegurar a boa contratação, entre público e privado, traduz-se em uma das formas de assegurar o efetivo exercício da atividade econômica daqueles que se relacionam com o Estado. Na medida em que estudos de qualidade são fundamentais para a decisão empresarial de investir ou não em projetos de concessão, permitir que empresas participem de sua elaboração acaba por ser uma forma de fomentar mercados e trazer mais eficiência para as contratações, ainda que por via indireta.

Sob a ótica das futuras concessionárias, o PMI é uma atividade-meio que pode permitir o bom exercício das suas atividades-fim.[77] Nesse contexto, parece-nos razoável pressupor que os direitos das empresas privadas que estão sendo tutelados por meio do peticionamento em sede de PMI são o direito à participação, à eficiência na Administração Pública e à criação de mercados.

Nesse passo, importa frisar que:

> (...) em princípio, nada obsta que segmentos sociais e particulares em geral submetam à avaliação da Administração Pública projetos de interesse público. Ao contrário, vivemos em um contexto que revela um "Estado ativador", que, a partir de certas técnicas e procedimentos, busca incentivar o envolvimento da iniciativa privada com projetos de interesse público.[78]

É dizer, qualquer pessoa, física ou jurídica (e não somente empresas privadas, potenciais licitantes), pode, em tese, desenvolver

---

[76] MARQUES NETO, Floriano de Azevedo; SCHIRATO, Vitor Rhein (Coords.). *Estudos sobre a lei das parcerias público-privadas*. Belo Horizonte: Fórum, 2001. p. 11.

[77] Mesmo cientes da polêmica e da ineficácia da diferenciação das atividades-meio e das atividades-fim para muitas finalidades, optamos por seguir adiante com esta classificação pois (i) mesmo o critério colegial e quase intuitivo é suficiente para o desenvolvimento do raciocínio que ora se apresenta e, sobretudo, (ii) porque não adentraremos no tema da terceirização de atividades. Para uma análise sofisticada sobre esta classificação e suas implicações nas terceirizações da Administração Pública, ver GARCIA, Flávio Amaral. A relatividade da distinção atividade-fim e atividade-meio na terceirização aplicada à administração pública. *Revista Eletrônica sobre a Reforma do Estado* – RERE, Salvador, nº 19, set./nov. 2009. Disponível em: <http://www.direitodoestado.com/revista/RERE-19-SETEMBRO-2009-FLAVIO-AMARAL.pdf>. Acesso em: 19 nov. 2015. Embora o Enunciado nº 331, do Tribunal Superior do Trabalho, já tenha sido revisto, as considerações do autor permanecem atuais.

[78] REISDORFER, Guilherme F. Dias. Soluções contratuais público-privadas: os procedimentos de manifestação de interesse (PMI) e as propostas não solicitadas (PNS). In: JUSTEN FILHO, Marçal; SCHWIND, Rafael Wallback (Coords). *Parcerias público-privadas*: reflexões sobre os 10 anos da Lei nº 11.079/2004. São Paulo: Revista dos Tribunais, 2015. p. 177-206. p. 189-190.

estudos que sejam de seu interesse. Na prática, estudos técnicos de uma concessão destinada à promoção da habitação social podem, por exemplo, ser oferecidos por associações representativas. Ali, provavelmente o direito que se buscaria tutelar em primeiro plano é o direito à moradia digna. Os estudos de uma PPP destinada à conservação de parques estaduais, por sua vez, poderiam ser oferecidos por uma organização não governamental vocacionada a garantir o direito ao meio ambiente saudável, e assim por diante.[79]

Não se ignora que estudos preparatórios são custosos e que seu ressarcimento, incerto, repele participação ampla no PMI; por estes fatores, na maioria das vezes, as empresas privadas são os únicos agentes com condições de financiá-los e, por isso, acabam sendo os agentes mais presentes em PMI.

Ademais, foram escolhas do legislador (i) assegurar expressamente a participação das pessoas que desenvolveram os estudos na licitação, indicando uma preferência por aproximar do Poder Público futuros licitantes (e não organizações ou associações representativas, por exemplo) nesse estágio dos estudos e (ii) determinar um mecanismo de ressarcimento incerto para remuneração dos estudos.

---

[79] Outro ator que merece destaque no cenário analisado é a Estruturadora Brasileira de Projetos S.A. (EBP), empresa privada de capital fechado criada em 2008, constituída por oito instituições financeiras brasileiras e pelo Banco de Desenvolvimento Econômico e Social (BNDES) com o objetivo de "(...) desenvolver, com imparcialidade e transparência, projetos que contribuam para o desenvolvimento econômico e social brasileiro, criando oportunidades de investimento para o setor privado". Disponível em: <http://www.ebpbrasil.com/ebp2014/web/conteudo_pti.asp?idioma=0&conta=45&tipo=52318>. Acesso em: 18 nov. 2015. Destaca-se este ator por quatro motivos. Primeiro, pelo seu perfil: é uma empresa que apoia governos na estruturação de projetos, mas que previu em seu estatuto social a vedação de participação nas licitações que venham a ser realizadas fazendo uso dos estudos por ela estruturados; ademais, exige que os terceiros por ela contratados para a elaboração dos estudos não participem das correspondentes licitações. Segundo, por ser a única empresa de que se tem notícia constituída com este perfil no Brasil. Terceiro, pelo fato de a sua existência nos obrigar a repensar alguns paradigmas na análise do PMI; quando estamos a tratar dos agentes no PMI, temos de considerar que não há somente futuros concessionários, empresas tradicionais do mercado de consultoria e demais administrados interessados na elaboração do projeto – há também uma empresa com características peculiares, vocacionada para atuar com independência e imparcialidade. Quarto, pelo fato de a sua atuação ter dado ensejo às principais (dentre as escassas) decisões sobre o tema do PMI. No caso da EBP, os direitos geralmente tutelados por meio do peticionamento em sede de PMI (direito à participação, à eficiência na Administração Pública e à criação de mercados) acabam por coincidir exatamente com a sua atividade-fim: produção de estudos para o Poder Público.

Note-se que o texto constante do artigo 21 da Lei nº 8.987/95 tem origem na consolidação, proposta pela Comissão de Economia, Indústria e Comércio da Câmara dos Deputados, das contribuições ao Projeto de Lei nº 179/90, de autoria do então senador Fernando Henrique Cardoso. Na ocasião de apresentação do primeiro substitutivo, mais precisamente em 21 de maio de 1992, o deputado relator José Carlos Aleluia, explicitou a necessidade de criar mecanismos de atração dos investimentos privados em obras públicas. Vejamos:

> (...) queremos enfatizar que, sem perder de visa o interesse do Estado e o bem-estar público, é *crucial que se criem mecanismos de atração de capitais privados*, de forma a complementar as exigências dos investimentos nacionais em infraestrutura. É vital para o futuro do País que o Estado, individualmente ou através de terceiros, reequipe e modernize os serviços públicos, sem o que tornar-se-á difícil vislumbrar qualquer chance de retomada do crescimento econômico de forma sustentada.[80]

Um dos mecanismos propostos foi, justamente, a previsão do ressarcimento de estudos produzidos mediante autorização do Poder Concedente. Na época, não havia (assim como ainda não há) um mercado consolidado de consultorias dispostas a assumir os riscos do ressarcimento dos estudos que produzissem. Portanto, entendemos que tal dispositivo era endereçado à iniciativa privada; esta, sim, em condições de arcar com eventual prejuízo decorrente do não aproveitamento dos estudos. E, para não deixar dúvidas de que o incentivo à produção dos estudos era direcionado aos potenciais licitantes, o art. 31 da Lei 9.074/1995 expressamente permitiu a participação dos autores dos estudos na licitação.

Em que pese o mote para a admissão do PMI no ordenamento – qual seja, a atração do mercado privado para a elaboração de estudos –, é importante não reduzir o alcance do instrumento nem perder de vista os direitos que potencialmente podem ser assegurados por meio do seu uso.

---

[80] Relatório disponível em: <http://www.camara.gov.br/proposicoesWeb/prop_mostrarinte gra?codteor=1143821&filename=Dossie+-PL+202/1991>. Acesso em: 01 abr 2018.

Nesse sentido, Gustavo Henrique Carvalho Schiefler, em exercício teórico, destaca uma forma de promoção de maior participação no PMI, conforme se observa a seguir:

> Embora pareça um contrassenso com o seu objetivo de desonerar os cofres públicos, nada impede que a Administração Pública desenvolva linhas de financiamento de estudos e projetos para Procedimento de Manifestação de Interesse a serem requeridas justamente pelos particulares dispostos a defender os interesses dos usuários, fomentando a participação democrática dessa parcela de interesses que não dispõe de recursos econômicos em mesma medida que os particulares interessados em empreender a concessão.[81]

Ou seja, quando se fala que o *PMI está fundado no direito de petição*, estamos a falar, na verdade, de diversos direitos que podem vir a ser tutelados por meio do peticionamento de estudos ao poder público.

Note-se, por fim, que a identificação do PMI com o direito de petição se deu não somente em sede doutrinária, mas também em sede jurisprudencial, especificamente no relatório do voto do ministro do Tribunal de Contas da União (TCU), Weder de Oliveira, no bojo do Acórdão nº 1.155/2014 do Processo TC nº 012.687/2013-8.[82] Embora tecendo críticas à situação analisada no acórdão, que envolvia a EBP, o ministro reconhece que o particular pode obter uma autorização junto ao Poder Público para desenvolvimento dos estudos mediante o exercício do direito de petição. Se não, vejamos:

> 29. A manifestação da EBP alberga outra premissa inexata: a de que a autorização de que cuida o art. 21 da Lei 8.987/1995 prescinde de prévio chamamento público para sua regularidade. Ampara-se a EBP

---

[81] SCHIEFLER, Gustavo Henrique Carvalho. *Procedimento de manifestação de interesse (PMI)*: solicitação e apresentação de estudos e projetos para a estruturação de concessões comuns e parcerias público-privadas. 2013. 500 f. Dissertação (Mestrado em Direito) – Centro de Ciências Jurídicas, Programa de Pós-Graduação em Direito, Universidade Federal de Santa Catarina, Florianópolis, 2013. p. 206.

[82] O processo TC nº 012.687/2013-8 é o que mais debateu aspectos relacionados ao PMI no âmbito do TCU. Ele foi originado por uma denúncia oferecida pelo deputado Augusto Rodrigues Coutinho de Melo, recebida como representação, em função de supostas irregularidades contidas na Portaria nº 83/2013, emitida pela Secretaria de Portos da Presidência da República (SEP/PR), que autorizou a Estruturadora Brasileira de Projetos (EBP) a desenvolver estudos para subsidiar licitações de portos organizados e arrendamentos portuários. Em razão da relevância dos debates ali travados, recorreremos aos posicionamentos dos ministros e da Corte diversas vezes ao longo deste estudo. Entretanto, a EBP possuía estrutura bastante peculiar e por isso o referido Acórdão deve ser lido com cautela.

em perspectiva singela, arguindo que *qualquer particular poderia obter, mediante simples direito de petição, uma "autorização" junto ao Poder Público para desenvolver projetos* – e, portanto, o chamamento público resultaria despiciendo (peça 61, p. 15).

30. Embora o cândido cenário bosquejado pela EBP seja plausível, a presente representação ocupa-se de situação bastante diversa, em que se apura a eventual ocorrência de favorecimento de ente público à empresa privada, mediante fornecimento de informações antecipadas e prazos consequentemente estendidos, conduta viabilizada justamente pela falta de chamamento público tempestivo. (Destacamos).[83]

A "singeleza" apontada pelo ministro sobre a perspectiva apresentada pela EBP em relação ao artigo 21 da Lei nº 8.987/1995, no sentido de ser prescindível prévio chamamento público para sua regularidade, não retira a validade jurídica do diploma. Tanto é assim que o próprio ministro expressamente reconhece que o direito de petição daria a qualquer particular a possibilidade de obter uma autorização junto ao poder público para desenvolver projetos, independentemente da existência de um chamamento público.[84]

Temos, portanto, que o direito à petição é um dos fundamentos constitucionais para a instauração do procedimento de manifestação de interesse.

2.1.2.3 Autonomia administrativa contratual

Em linha com o que entende Guilherme Fredherico Dias Reisdorfer, além do direito de petição, também identificamos na

---

[83] TCU. Acórdão nº 1.155/2014, nos autos do TC nº 012.687/2013-8. Plenário. Relator: ministro Weder de Oliveira. Sessão de 7 de maio de 2014. Disponível em: <http://www.tcu.gov.br/Consultas/Juris/Docs/ judoc/Acord/20140522/AC_1155_15_14_P.doc.>. Acesso em: 10 dez. 2015. P. 5 do relatório. Note-se que contra este acórdão foi interposto pedido de reexame, ao qual foi negado provimento (Processo TC nº 012.687/2013-8. Acórdão nº 2.732/2015. Plenário. 8, Relator: Walton Alencar Rodrigues, Data da sessão: 28 de outubro de 2015. Disponível em: <http://www.tcu.gov.br/Consultas/Juris/Docs/judoc/Acord/20151103/AC_2732_43_15_P.doc.>. Acesso em: 7 jan. 2015).

[84] O voto do ministro Weder Oliveira foi vencido no julgamento em questão, portanto, nem todas as suas colocações prevaleceram no Acórdão. No que diz respeito especificamente ao direito de petição, ora analisado, o entendimento do Ministro não fora expressamente refutado; ao contrário, entendemos que o direito de petição como um dos fundamentos do PMI foi implicitamente reconhecido no Ácórdão, já que este recomenda a regulamentação da realização de estudos.

autonomia administrativa relacionada à atividade contratual um dos fundamentos constitucionais do PMI. Neste sentido, o autor explica que

> O direito brasileiro estabelece diversas regras atinentes à licitação e ao conteúdo dos contratos administrativos. Essa sistemática, salvo exceções expressas e específicas (como regramento do art. 9º da Lei 8.666) não impede a interlocução da Administração com particulares.
>
> *Embora não haja no direito brasileiro uma cláusula geral de autonomia administrativa contratual tal como ocorre em outros países, parece possível extrair do nosso sistema compreensão que aponta para resultado similar, no sentido de que a Administração não depende de autorização expressa para adotar práticas e técnicas que, conquanto não previstas na legislação, não são com elas incompatíveis.* Soma-se a isso o fato de haver *competência privativa da União Federal apenas para a edição de normas gerais no tocante à licitação – e não em relação a técnicas contratuais ou às formas de estruturação dos contratos que serão licitados, que podem ser criadas inclusive no âmbito administrativo das várias esferas federativas.*
>
> Essas premissas, aplicadas ao objeto do presente estudo, implicam afirmar que *não se afigura necessária uma autorização legal prévia para que a Administração Pública desenvolva interlocução prévia com a sociedade ou agentes privados específicos a respeito dos projetos que pretende contrata*r. Não há, salvo casos expressos, vedação à adoção desse modo de atuação, pois não existe determinação geral para que o exercício das funções administrativas seja unilateral e infenso ao diálogo com seus destinatários. Ao contrário, parece possível extrair de um sistema norteado pelo regime democrático a possibilidade de diálogo entre as esferas estatal e privada, desde que tal não se traduza em violação aos princípios fundamentais (como impessoalidade e moralidade) da atividade administrativa.[85]

Os interessantes apontamentos trazidos pelo autor, reconhecendo a autonomia contratual da Administração aplicada ao PMI, ganham força especialmente quando destacamos a complexidade de demandas e a existência de um ambiente inclinado à maior consensualidade como fenômenos da atuação administrativa contemporânea.

---

[85] REISDORFER, Guilherme F. Dias. Soluções contratuais público-privadas: os procedimentos de manifestação de interesse (PMI) e as propostas não solicitadas (PNS). In: JUSTEN FILHO, Marçal; SCHWIND, Rafael Wallback (Coords). *Parcerias público-privadas*: reflexões sobre os 10 anos da Lei nº 11.079/2004. São Paulo: Revista dos Tribunais, 2015. p. 177-206. p. 189. Destacamos.

A complexidade de demandas foi um dos fatores que levou à evolução do *contrato administrativo à administração contratual*,[86] e essa passagem é fundamental para compreender o contexto em que se inserem as discussões sobre os instrumentos de participação dos administrados nos contratos de PPP e, especialmente, o PMI. Conforme explica Floriano de Azevedo Marques Neto:

> Há inegável aumento na complexidade das relações contratuais de que participa o poder público. A busca por soluções de financiamento das utilidades públicas (decorrência menos da crise fiscal, e mais da crescente demanda pelo provimento de direitos fundamentais), leva a uma busca de arranjos contratuais criativos e inovadores, o que pressiona por novas formas de relacionamento contratual.[87]

Assim é que, para dar conta de seu papel empresário, o Estado precisa superar o uso dos modelos contratuais tradicionais "(...) impondo a necessidade de modelos mais flexíveis, adaptáveis às múltiplas circunstâncias da atuação estatal"[88] e, consequentemente, abrir espaço para uma nova *contratualidade administrativa*.[89]

Quando admitimos que *a Administração não depende de autorização expressa para adotar práticas e técnicas que, conquanto não previstas na legislação, não são com elas incompatíveis*, estamos reconhecendo que, dentro dos limites da discricionariedade, está o poder de ação dos gestores para firmar avenças voltadas ao atingimento dos objetivos impostos na Carta Maior, ainda que não exista no ordenamento previsão expressa sobre o tipo de contrato a ser firmado.

---

[86] Tomamos emprestado o título do artigo de Floriano de Azevedo Marques Neto, que, com a habitual lucidez, trata das novas configurações da contratualidade administrativa. MARQUES NETO, Floriano de Azevedo. Do Contrato administrativo à administração contratual. *Boletim Governet de Licitações e Contratos*, Curitiba, nº 64, p. 726-731, 2010.

[87] MARQUES NETO, Floriano de Azevedo. Do Contrato administrativo à administração contratual. *Boletim Governet de Licitações e Contratos*, Curitiba, nº 64, p. 726-731, 2010. p. 730.

[88] MARQUES NETO, Floriano de Azevedo. Do Contrato administrativo à administração contratual. *Boletim Governet de Licitações e Contratos*, Curitiba, nº 64, p. 726-731, 2010. p. 730.

[89] Para um estudo aprofundado sobre as manifestações da contratualidade administrativa, ver GAROFANO, Rafael Roque. *Contratualidade administrativa*: abrangência e complexidade do fenômeno contratual da administração pública. Rio de Janeiro: Lumen Juris, 2015, especialmente o capítulo III, "Manifestações da contratualidade dos diversos campos de atuação estatal", p. 121 e 226. Sobre os novos ajustes firmados pelo Poder Público, ver também MEDAUAR, Odete. Notas sobre a contratualização na atividade administrativa. *Revista de Contratos Públicos*, ano 1, mar./ago. 2012.

Trata-se de uma leitura ampla do princípio da legalidade[90] e do reconhecimento da ideia de personificação do Estado, que confere a ele a possibilidade de contrair direitos e obrigações, sem estar sujeito ao que Floriano de Azevedo Marques Neto precisamente sintetiza como "maldição do regime único":

> Para mim, a questão aqui não reside na existência ou não de um regime jurídico específico para atos e negócios jurídicos travados pelo poder público. O problema está em pretender submeter, em cada segmento do direito administrativo, a um único regime, a um único e uniforme tratamento. (...). Tal unicidade é a origem de várias mazelas. Impede a modulação de regime em virtude da finalidade da ação administrativa. Obsta a maior eficiência da máquina pública. Tende a tornar todas as relações de que participa o Estado relações de autoridade, marcadas pelo poder extroverso, em detrimento dos direitos dos administrados.[91]

O artigo 22, inciso XXVII, da Constituição Federal, ao determinar que compete privativamente à União legislar sobre *normas gerais de licitação e contratação*, está fixando que cabe a ela legislar sobre o *regime geral dos contratos*, sejam eles decorrentes da lei civil ou de um regime excepcional, como os administrativos. Isso, aliás, já consta das leis federais. Entretanto, o mencionado artigo não fixa que cabe à União determinar *o que pode* ou *o que não pode* ser contratado pelos gestores públicos e, menos ainda, fixa que cabe à União legislar detalhadamente sobre todos os arranjos possíveis para contratar tais utilidades.

Portanto, os contratos firmados pelos gestores públicos estarão sujeitos às normas especiais dos contratos administrativos, ou ao regime geral de contratos do direito civil. Essas são as *normas gerais de contratação* a que o artigo 22, inciso XXVII, da Constituição Federal. faz referência, e que devem ser observadas por todas as

---

[90] Para Lúcia Valle Figueiredo, no estágio de evolução do nosso Estado de Direito, "(...) o princípio da legalidade é muito mais amplo. Legalidade significa estar de acordo com a Constituição e com os princípios vetoriais do ordenamento jurídico". FIGUEIREDO, Lúcia Valle. Instrumentos da administração consensual: a audiência pública e sua finalidade. *Revista Eletrônica de Direito Administrativo Econômico* – REDAE, Salvador, nº 11, ago./out. 2007. Disponível em: <http://www.direitodoestado.com/revista/REDAE-11-AGOSTO-2007-LUCIA%20VALLE.pdf>. Acesso em: 22 dez. 2015.

[91] MARQUES NETO, Floriano de Azevedo. Do Contrato administrativo à administração contratual. *Boletim Governet de Licitações e Contratos*, Curitiba, nº 64, p. 726-731, 2010. p. 728-729.

esferas da Administração Pública. Porém, o objeto a ser contratado e os moldes da contratação podem e devem ficar a cargo do servidor, observados, é claro, os parâmetros gerais mencionados.

Há, enfim, uma multiplicidade tal de tipos de contratos dos quais o poder público pode ser parte com o que se torna impossível reduzi-los a um só regime, com características estanques.[92]

Em outras palavras: nem todo contrato firmado pela Administração Pública será bilateral, sinalagmático e contraprestacional. Menos ainda necessariamente precedido por licitação. Diz-se isso pois não há quem negue a possibilidade de o Poder Público contratar a concepção de um projeto de PPP, mas há quem tenha dificuldade em conceber que a avença sobre a qual se desenvolve o PMI (a famosa "autorização" do artigo 21 da Lei nº 8.987/1995) pode ser considerada uma espécie de contrato administrativo, ainda que atípico, mesmo que não se traduza em um contrato sinalagmático comutativo.

De mais a mais, como vimos, para atender à complexidade de demandas, a Administração precisa ser criativa em seus arranjos contratuais. Além disso, precisa perseguir ações mais aderentes aos anseios da sociedade. Nesse contexto, embora esteja longe de ser método uno e inequívoco para a atuação do administrador, a consensualidade se mostra cada vez mais um mecanismo juridicamente viável e eficaz de promoção das finalidades públicas. Nesse sentido, Vitor Rhein Schirato e Juliana Bonacorsi de Palma assinalam que:

> O modelo de atuação administrativa marcado pelo viés autoritário e pela unilateralidade abre vez às formas concertadas de ação, então consideradas mais adequadas ao ambiente de parcerias que se apresenta tanto na prestação de serviços públicos por particulares quanto no próprio campo regulatório.[93]

---

[92] De mais a mais, com as precisas colocações de Alexandre do Santos Aragão, podemos assinalar que os contratos, além de não estarem sujeitos a um só regime, sequer precisam estar expressamente previstos em lei para serem firmados entre Administração e Administrado: "(...) não se pode olvidar que as leis não são as únicas fontes de direitos e de obrigações. O ordenamento jurídico deixa espaço livre de autonomia para os sujeitos jurídicos estabelecerem voluntariamente vínculos entre si, com obrigações oriundas, não da lei, mas do acordo de vontades". ARAGÃO, Alexandre Santos de. A consensualidade no direito administrativo: acordos regulatórios e contratos administrativos. *Boletim de licitações e contratos*, São Paulo, v. 19, nº 9, p. 827-840, set. 2006. p. 836.

[93] SCHIRATO, Vitor Rhein; PALMA, Juliana Bonacorsi de. Consenso e legalidade: vinculação da atividade administrativa consensual ao direito. *Revista Brasileira de Direito Público – RBDP*, Belo Horizonte, ano 7, nº 27, out./dez. 2009. p. 4.

Embora não seja de todo desconhecida pelo Direito Administrativo brasileiro (o Decreto-Lei nº 3.365/1941 já estabelecia o instituto da desapropriação amigável), são recentes as manifestações entre os juristas brasileiros sobre a dita atuação consensual da Administração Pública – ou, ainda, sobre essa visão do Direito Administrativo.

Fernando Dias Menezes de Almeida destaca que, recentemente,

> (...) pode-se constatar, com parte substancial da doutrina, que se tem vivido, no Brasil e também ao menos no dito Mundo Ocidental, um reforço da busca por parte da Administração, ao desenvolver suas ações, do estabelecimento de consenso com os indivíduos (...).[94]

Conforme afirma Juliana Bonacorsi de Palma,

> Em sentido amplíssimo, a atuação consensual também é verificada nos casos em que a Administração abre seu procedimento para que o administrado participe, como nas hipóteses dos instrumentos participativos, audiência pública e consultas públicas.[95]

Portanto, adotado esse sentido amplíssimo, podemos reconhecer nos instrumentos objeto deste estudo, inclusive no PMI, instrumentos consensuais. Porém, como a própria autora adverte, estes instrumentos estão longe de ser típicos acordos integrativos. Correspondem, isto sim, "(...) a acordos firmados entre Administração Pública e particulares com vistas a modelar a decisão administrativa final – invariavelmente imperativa e unilateral –, sem a substituir (...)"[96] e sua principal função "(...) consiste na determinação da *discricionariedade administrativa*, de modo que o conteúdo do ato final seja informado pelo acordo de vontades entre Administração Pública e particulares".[97]

---

[94] ALMEIDA, Fernando Dias Menezes. *Teoria do contrato administrativo*: uma abordagem histórico-evolutiva com foco no direito brasileiro. 2011. 400 f. Tese (Livre-Docência em Direito) – Faculdade de Direito, Universidade de São Paulo, São Paulo, 2011. p. 334-335.

[95] PALMA, Juliana Bonacorsi de. *Sanção e acordo na administração pública*. São Paulo: Malheiros, 2015. p. 111.

[96] PALMA, Juliana Bonacorsi de. Governança pública nas parcerias público-privadas: o caso da elaboração consensual de projetos de PPP. In: JUSTEN FILHO, Marçal; SCHWIND, Rafael Wallback (Coords.). *Parcerias público-privadas*: reflexões sobre os 10 anos da Lei nº 11.079/2004. São Paulo: Revista dos Tribunais, 2015. p. 113-142. p. 127.

[97] PALMA, Juliana Bonacorsi de. Governança pública nas parcerias público-privadas: o caso da elaboração consensual de projetos de PPP. In: JUSTEN FILHO, Marçal; SCHWIND,

E, conforme bem sintetizado por Juliana Bonacorsi de Palma,

> (...) são diversos os benefícios do reconhecimento das demandas, sugestões, interesses, dados e informações oriundos da iniciativa privada à modelagem do projeto de PPP, como a internalização de inovações técnicas e a diminuição de potenciais conflitos durante a execução do contrato de concessão. No entanto, *se os tipos ideais de PMI ou PNS têm como produto final um projeto consensual de PPP, com natureza de acordo integrativo, no Brasil tais projetos continuam refletindo uma decisão administrativa tomada de modo unilateral e imperativa pelo Poder Público*.[98]

Tal constatação decorre da análise da experiência prática brasileira dos PMI feita pela autora, na qual constatou o seguinte:

> (...) a elaboração de projetos de PPP aberta à participação da iniciativa privada não pode ser considerada consensual: o excessivo formalismo, a ausência de previsão normativa expressa de direito de resposta e, consequentemente, a falta de etapa de negociação, fazem do particular interessado uma relevante fonte de tabelas, dados, sugestões de redação, anexos e estudos técnicos. Ou seja, não se verifica efetiva negociação sobre os termos do projeto de PPP e da correspondente licitação, mas apenas instrução do processo interno de licitação para que o Poder Público tome as decisões de modo centralizado, como sempre desenvolveu.[99]

É dizer, o PMI está longe de ser um acordo integrativo, ou um instrumento tipicamente consensual, mas reconhecemos no seu uso uma vertente da consensualidade no Direito Administrativo brasileiro.

Nesse sentido também se manifesta Flávio Amaral Garcia, que vê no PMI a concretização dos princípios da consensualidade e

---

Rafael Wallback (Coords.). *Parcerias público-privadas*: reflexões sobre os 10 anos da Lei nº 11.079/2004. São Paulo: Revista dos Tribunais, 2015. p. 113-142. p. 127. Destaque original.

[98] PALMA, Juliana Bonacorsi de. Governança pública nas parcerias público-privadas: o caso da elaboração consensual de projetos de PPP. In: JUSTEN FILHO, Marçal; SCHWIND, Rafael Wallback (Coords.). *Parcerias público-privadas*: reflexões sobre os 10 anos da Lei nº 11.079/2004. São Paulo: Revista dos Tribunais, 2015. p. 113-142. p. 140. Destacamos.

[99] PALMA, Juliana Bonacorsi de. Governança pública nas parcerias público-privadas: o caso da elaboração consensual de projetos de PPP. In: JUSTEN FILHO, Marçal; SCHWIND, Rafael Wallback (Coords.). *Parcerias público-privadas*: reflexões sobre os 10 anos da Lei 11.079/2004. São Paulo: Revista dos Tribunais, 2015. p. 113-142. p. 140.

da legitimidade.[100] Lívia Wanderley de Barros Maia Vieira e Rafael Roque Garofano vão na mesma linha para afirmar que

> As Manifestações de Interesse e as Propostas Não Solicitadas representam, (...), expressa manifestação de consensualidade e de participação da iniciativa privada na Administração Pública, o que permite uma atuação mais próxima, mais dialógica e mais parceira do setor privado, tudo em busca de um melhor atendimento do interesse público.[101]

Vera Monteiro, por sua vez, também reconhece a existência de um elemento de consenso, típico do modelo concessório, na autorização para o autor do projeto básico participar do processo competitivo que levará à celebração de contrato de concessão.[102]

Portanto, embora o PMI não possa ser definido como um instrumento tipicamente consensual, entendemos que o procedimento reflete um momento de maior consensualidade entre a Administração e os administrados.

2.1.2.4 Outros princípios aplicáveis

Flávio Amaral Garcia oferece uma interessante leitura do PMI, explicando por que

---

[100] GARCIA, Flávio Amaral. A participação do mercado na definição do objeto das parcerias público-privadas: o procedimento de manifestação de interesse. *Revista de Direito Público da Economia* – RDPE, Belo Horizonte, ano 11, nº 42, abr./jun. 2013. p. 3.

[101] VIEIRA, Livia Wanderley de Barros Maia; GAROFANO, Rafael Roque. Procedimentos de manifestação de interesse (PMI) e de propostas não solicitadas (PNS): os riscos e os desafios da contratação na sequência de cooperação da iniciativa privada. *Revista Brasileira de Infraestrutura* – RBINF, Belo Horizonte, ano 1, nº 2, p. 183-211, jul./dez. 2012. p. 192.

[102] "Como consequência da ideia acima, surge outro elemento de consenso (típico do modelo concessório), qual seja, a autorização para o autor do projeto básico participar do processo competitivo que levará à celebração de contrato de concessão. Enquanto a Lei nº 8.666/1993 proibiu-a peremptoriamente (para evitar tratamento privilegiado na licitação – art. 9º, I), a Lei nº 8.987/1995, ao permitir buscar projetos e soluções junto à iniciativa privada, admitiu a participação do autor do projeto básico (se ele existir, claro) na futura licitação (art. 31 da Lei nº 9.074/1995). Afinal, como o particular ficará responsável pelo negócio durante longo período, é lógico permitir-lhe participar da decisão técnica que condicionará a execução do contrato, transferindo-lhe parcela (se não a integralidade) da responsabilidade pelas escolhas efetuadas. Neste caso, a remuneração do autor do projeto básico pode vir antes ou depois da celebração do contrato de concessão (art. 21 da Lei 8.987/1995)". MONTEIRO, Vera. *A caracterização do contrato de concessão após a edição da Lei nº 11.079/2004*. 2009. 226 f. Tese (Doutorado em Direito) – Faculdade de Direito, Universidade de São Paulo, São Paulo, 2009. p. 189-190.

(...) a PMI ou MIP não viola nenhum princípio constitucional ou setorial da Administração Pública, estando em linha de coerência com os princípios da indisponibilidade do interesse público, moralidade, isonomia, licitação e eficiência. O que pode acarretar algum vício é a sua indevida aplicação, risco que é inerente a qualquer instituto.[103]

De fato, há na nossa Carta Constitucional vários princípios além do da participação e do da autonomia contratual, anteriormente abordados, que se aplicam ao que se configurou como PMI na nossa praxe administrativa. Sobre cada um deles há vastíssima produção doutrinária e diversos posicionamentos jurisprudenciais. Por isso, não adentraremos a discussão das nuances de cada um, mas trataremos de suas características na medida em que elas forem necessárias ao embasamento das discussões que serão desenvolvidas.

Nesse sentido, não devemos olvidar os princípios positivados no artigo 37 da Constituição Federal (legalidade, moralidade, publicidade, impessoalidade e, após a Emenda nº 19/1998, eficiência) e os demais aplicáveis às atividades da Administração Pública, previstos expressa ou implicitamente na Carta Maior e, muitas vezes, decorrentes diretamente da acepção de estado democrático de direito, dentre os quais: o princípio da confiança legítima, da economia processual, da igualdade, da imparcialidade, da lealdade, da motivação, da oficialidade, da proporcionalidade, da razoabilidade, da transparência, do respeito ao devido processo.

Merece destaque ainda o princípio da boa-fé, um dos principais orientadores do desenvolvimento do PMI. Nos ambientes onde reina a desconfiança entre agentes públicos e privados, como quase sempre se constata em nossa realidade, os termos "boa-fé", "confiança mútua" ou "cooperação entre as partes" parecem carregar, intrinsecamente, um tom jocoso. Mas, na prática, o que se verifica é a impossibilidade de formular (e, ademais, de executar) contratos de PPP ignorando esses postulados.

---

[103] GARCIA, Flávio Amaral. A participação do mercado na definição do objeto das parcerias público-privadas: o procedimento de manifestação de interesse. *Revista de Direito Público da Economia* – RDPE, Belo Horizonte, ano 11, nº 42, abr./jun. 2013. p. 9.

A realidade nos faz constatar que a relação presente no PMI deve estar imbuída de boa-fé e do senso de cooperação mútua e alimentar a expectativa de ambas as partes quanto à continuidade do vínculo.

Ademais, não seria novidade afirmar que as negociações conduzidas com base na cooperação e na boa-fé mútuas geram contratos mais eficazes e vantajosos para os envolvidos. Em contrário, a insatisfação é sempre uma constante.[104]

Portanto, podemos concluir que o PMI encontra seus fundamentos constitucionais no direito à participação, no direito de petição, na autonomia administrativa contratual e orienta-se pelos princípios aplicáveis às atividades administrativas mencionados neste subcapítulo 2.1.2.4.

2.1.3 Leis aplicáveis

2.1.3.1 Leis de Concessão; Lei de PPP; Lei nº 11.922/09; Lei nº 13.303/2016 e a Lei de Processo Administrativo

Inobstante a existência dos fundamentos constitucionais que, a nosso ver, já seriam suficientes para viabilizar o uso do PMI, alguns permissivos legais para a interação entre administrados e a Administração durante a elaboração de contratos de PPP[105]

---

[104] São interessantes as colocações de Roger Isher, William Ury e Bruce Patton sobre o impacto dos aspectos humanos nas negociações, que pode ser tanto útil quanto desastroso: "O processo de se chegar a um acordo pode levar a um comprometimento psicológico em favor de um resultado mutuamente satisfatório. Uma relação de trabalho em que confiança, entendimento, respeito e amizade sejam construídos ao longo do tempo pode tornar cada nova negociação mais tranquila e eficiente. E o desejo inerente das pessoas de se sentirem bem consigo mesmas, além de sua preocupação sobre o que os outros pensarão sobre elas, geralmente pode torná-las mais sensíveis aos interesses de outros negociadores". FISHER, Roger; URY, William; PATTON, Bruce. *Como chegar ao sim*: como negociar acordos sem fazer concessões. 2. ed. Rio de Janeiro: Solomon, 2014. p. 20-21.

[105] Lembrando que tal afirmação decorre do recorte metodológico deste trabalho, posto que, a rigor, tal interação via PMI pode se dar em diversos tipos de contratos administrativos. Tanto é assim que os permissivos legais são, inclusive, anteriores a 2004 – ano de publicação da Lei de PPP.

encontram-se positivados no ordenamento desde 1995, nos artigos 21 da Lei nº 8.987[106] e 31 da Lei nº 9.074.[107]

Porém, diante da vedação prevista nos incisos I e II do artigo 9º da Lei nº 8.666/1993, poucos eram os interessados em apresentar projetos para o posterior aproveitamento em licitações. Tais dispositivos, ainda em vigor,[108] preveem que *não poderão* participar, direta ou indiretamente, da licitação ou da execução de obra ou serviço e do fornecimento de bens a eles necessários, (i) o autor do projeto, básico ou executivo, pessoa física ou jurídica; (ii) empresa, isoladamente ou em consórcio, responsável pela elaboração do projeto básico ou executivo ou da qual o autor do projeto seja dirigente, gerente, acionista ou detentor de mais de 5% (cinco por cento) do capital com direito a voto ou controlador, responsável técnico ou subcontratado. Entretanto, no mais das vezes, os interessados em desenvolver os estudos são também interessados em participar das licitações.

Assim, o artigo 21 da Lei nº 8.987/1995 e, especialmente, o artigo 31 da Lei nº 9.074/1995, tornaram-se importantes referências de permissivos,[109] não só facultando a participação daqueles responsáveis pelos estudos (incluindo projetos básicos e executivos) na licitação, como também prevendo o ressarcimento dos custos pelo trabalho desenvolvido.

Porém, é certo que a edição da Lei nº 11.079/2004 foi importante para estimular a interação entre os futuros parceiros da concessão. Nesse sentido, Danilo Tavares da Silva observa que:

> A coleta de estudos, os levantamentos e os projetos aptos a ensejar a licitação de uma concessão já era oportunizada pela Lei nº 8.987/95 que,

---

[106] "Art. 21. Os estudos, investigações, levantamentos, projetos, obras e despesas ou investimentos já efetuados, vinculados à concessão, de utilidade para a licitação, realizados pelo poder concedente ou com a sua autorização, estarão à disposição dos interessados, devendo o vencedor da licitação ressarcir os dispêndios correspondentes, especificados no edital."

[107] "Art. 31. Nas licitações para concessão e permissão de serviços públicos ou uso de bem público, os autores ou responsáveis economicamente pelos projetos básico ou executivo podem participar, direta ou indiretamente, da licitação ou da execução de obras ou serviços."

[108] Há projetos de lei que visam alterar estes dispositivos.

[109] "A rigor, estes dispositivos legais apenas refletem o duplo fundamento jurídico existente para a instituição destes procedimentos". REISDORFER, Guilherme F. Dias. Soluções contratuais público-privadas: os procedimentos de manifestação de interesse (PMI) e as propostas não solicitadas (PNS). In: JUSTEN FILHO, Marçal; SCHWIND, Rafael Wallback (Coords). *Parcerias público-privadas*: reflexões sobre os 10 anos da Lei nº 11.079/2004. São Paulo: Revista dos Tribunais, 2015. p. 177-206. p. 189.

em seu art. 21, possibilita ao poder concedente autorizar a realização dessas tarefas pelos particulares. Todavia, a adoção do modelo das PPPs fez acentuar a percepção de que a atribuição dessa espécie de encargo aos agentes privados interessados em contratar tende a aumentar a eficiência produtiva do futuro contrato na medida em que estimula o possível executor do contrato a pensar em soluções técnicas com que terá que conviver ao longo da execução da avença.[110]

Sem dúvida, a Lei de PPP foi relevante, mas certamente não foi suficiente para fazer com que os agentes públicos e privados se sentissem suficientemente seguros para interagir desenvolvendo os projetos de PPP nos moldes de um PMI. Os permissivos legais existentes, embora a nosso ver mais que suficientes para orientar a ação da Administração, eram bastante genéricos e

> (...) sem direcionamento claro sobre como agir, ele [gestor público] teme sofre as consequências de entendimento eventualmente conflitante do controlador. Em outras palavras, a ausência de determinação prévia do conteúdo de sua ação implica em desconforto para o gestor.[111]

Ao invés de a ausência de regulamentação ser interpretada como vetor de flexibilidade,[112] ela é interpretada como vetor de paralização.

É curioso notar que a autonomia administrativa para atuar amparada somente nos termos do artigo 21 da Lei nº 8.987/1995 é reconhecida até mesmo no voto vencido do ministro Weder de Oliveira no Acórdão nº 1.155/2014 do Processo TC nº 012.687/2013-8:

> *A opção da SEP/PR foi legítima porque estava amparada em permissivo legal.*
> No entanto, ao escolher este caminho, a SEP/PR trouxe para si o ônus

---

[110] SILVA, Danilo Tavares. Licitação na Lei nº 11.079/04. In: MARQUES NETO, Floriano de Azevedo; SCHIRATO, Vitor Rhein (Coord.). *Estudos sobre a Lei das Parcerias Público-Privadas*. Belo Horizonte: Fórum, 2011. p. 71-96. p. 75.

[111] REIS, Tarcila; JORDÃO, Eduardo. A experiência brasileira de MIPS e PMIS: três dilemas da aproximação público-privada na concepção de projetos. In: JUSTEN FILHO, Marçal; SCHWIND, Rafael Wallback (Coords.). *Parcerias público-privadas*: reflexões sobre os 10 anos da Lei nº 11.079/2004. São Paulo: Revista dos Tribunais, 2015. p. 207-232. p. 210.

[112] "A flexibilidade do procedimento não é defeito, mas condição necessária à estruturação de projetos. Conviver com ela e responder por suas consequências é oportunidade de conferir ao gestor público um papel mais ativo e determinante na aproximação com a iniciativa privada". REIS, Tarcila; JORDÃO, Eduardo. A experiência brasileira de MIPS e PMIS: três dilemas da aproximação público-privada na concepção de projetos. In: JUSTEN FILHO, Marçal; SCHWIND, Rafael Wallback (Coords.). *Parcerias público-privadas*: reflexões sobre os 10 anos da Lei 11.079/2004. São Paulo: Revista dos Tribunais, 2015. p. 207-232. p. 211.

de disciplinar o processo de autorização, máxime porque a autorização prevista no referido artigo 21 não foi regulamentada por decreto presidencial de caráter geral. É de todo lógico que este disciplinamento necessariamente contemplasse: os meios e prazos de chamamento público dos interessados na produção dos estudos; os requisitos exigidos das empresas interessadas; a fixação do conteúdo dos estudos; a definição do processo de seleção; os critérios de avaliação a serem aplicados; os parâmetros de custos a serem ressarcidos, inclusive com a previsão de aproveitamento parcial ou da junção de dois ou mais estudos; os procedimentos para contestar os resultados da avaliação e escolha.[113]

Entretanto, o próprio ministro, em seguida, critica os parâmetros escolhidos pela Secretaria Especial dos Portos – no seu entendimento, eles estariam demasiadamente influenciados pelas diretrizes dadas pela EBP – e recomenda, no voto vencido, que se orientem os órgãos da Administração Pública a não emitirem novas autorizações antes de ser editada a regulamentação do art. 21 da Lei nº 8.987/1995.

É verdade que o Acórdão não acolhe a posição do ministro relator, sugerindo a aplicação subsidiária do Decreto Federal nº 5.977/2006 (então vigente, mas não aplicável diretamente ao caso[114]) para emissão de futuras autorizações até que sobreviesse a nova regulamentação.

Porém, diante de posições desencorajadoras da autonomia administrativa contratual por vezes vocalizadas nos órgãos de controle, apesar de entendermos que "(...) a inexistência de regras bem definidas, ao invés de configurar um problema, consiste em traço essencial das manifestações de interesse",[115] não poderíamos

---

[113] TCU. Acórdão nº 1.155/2014, nos autos do TC nº 012.687/2013-8. Plenário. Relator: ministro Weder de Oliveira. Sessão de 7 de maio de 2014. Disponível em: <http://www.tcu.gov.br/Consultas/Juris/Docs/judoc/Acord/20140522/AC_1155_15_14_P.doc.>. Acesso em: 10 dez. 2015, em especial o voto do ministro Weder de Oliveira. Destacamos.

[114] O caso em tela tratava de estudos para concessão e arrendamento, não PPP; e daí surgiu a discussão, no TCU, sobre a aplicação subsidiária do Decreto Federal nº 5.977/2006, voltado à regulamentação do artigo 3º, *caput* e parágrafo primeiro da Lei de PPP (neste sentido, ver acórdão nº 112/2012/Plenário), também às autorizações que fossem emitidas para outras modalidades de contratação. Este aspecto do debate está superado em razão da emissão do novo Decreto Federal, que abrange expressamente a regulamentação de estudos para a estruturação de empreendimentos objeto de concessão ou permissão de serviços públicos, de parceria público-privada, de arrendamento de bens públicos ou de concessão de direito real de uso.

[115] REIS, Tarcila; JORDÃO, Eduardo. A experiência brasileira de MIPS e PMIS: três dilemas da aproximação público-privada na concepção de projetos. In: JUSTEN FILHO, Marçal;

esperar que o gestor público saísse em jornada quixotesca para viabilizar projetos, comprando todos os riscos que pudessem decorrer de uma interação mal interpretada com os administrados, especialmente com as empresas privadas.

Foi necessária, então, a edição do artigo 2º da Lei nº 11.922/2009, para superar os entraves da interação administração-administrados. Prevê, *in litteris*:

> Ficam os Poderes Executivos da União, dos Estados, do Distrito Federal e dos Municípios autorizados a estabelecer normas para regular procedimento administrativo, visando a estimular a iniciativa privada a apresentar, por sua conta e risco, estudos e projetos relativos à concessão de serviços públicos, concessão de obra pública ou parceria público-privada.[116]

Importante catalisador para a iniciativa privada produzir estudos no âmbito de PMI, somente após sua publicação observou-se uma verdadeira difusão de regramentos atinentes à participação da iniciativa privada para o desenho de projetos de concessão.

Há quem entenda que tal dispositivo veio a cumprir uma lacuna jurídica que existiria no regime do PMI. Nesse sentido, Juliana Bonacorsi de Palma, embora reconheça a contribuição do artigo 21 da Lei nº 8.987/1995 e do artigo 31 da Lei nº 9.074/1995 para a estruturação do PMI no Brasil, entende que "(...) tais preceitos, porém, não conferem permissivo genérico à adoção do PMI pelos entes federados (...)",[117] sendo "(...) imprescindível (...) a efetiva regulamentação do PMI para sua utilização na modelagem de projetos de PPP (...)".[118] Segundo a autora, isso poderia ser verificado em função do artigo 2º da Lei nº 11.922/2009:

SCHWIND, Rafael Wallback (Coords.). *Parcerias público-privadas*: reflexões sobre os 10 anos da Lei nº 11.079/2004. São Paulo: Revista dos Tribunais, 2015. p. 207-232. p. 210.

[116] A Lei nº 11.922/2009 é fruto da conversão da Medida Provisória nº 445/2008, editada para aplacar os efeitos das restrições no acesso ao crédito para diversos agentes econômicos – notadamente para aqueles que atuam no ramo da construção civil – que o país enfrentava. O artigo 2º não constava da Medida Provisória e sua exposição de motivos não faz qualquer menção aos estudos.

[117] PALMA, Juliana Bonacorsi de. Governança pública nas parcerias público-privadas: o caso da elaboração consensual de projetos de PPP. In: JUSTEN FILHO, Marçal; SCHWIND, Rafael Wallback (Coords.). *Parcerias público-privadas*: reflexões sobre os 10 anos da Lei 11.079/2004. São Paulo: Revista dos Tribunais, 2015. p. 113-142. p. 122.

[118] PALMA, Juliana Bonacorsi de. Governança pública nas parcerias público-privadas: o caso da elaboração consensual de projetos de PPP. In: JUSTEN FILHO, Marçal; SCHWIND,

Diante do art. 22, XXVII, da CF, que estabelece a competência privativa da União para legislar sobre normas gerais de licitação e contratos administrativos, os Estados protelaram a regulamentação do PMI até haver sinal claro, e formal, sobre a constitucionalidade dos Estados em disporem sobre PMI.[119]

A matéria estaria, portanto, sujeita à reserva de norma, e o artigo 2º, da Lei nº 11.922/2009, funcionaria "(...) como efeito permissivo genérico à prática do PMI pelos entes federados mediante regulamentação específica (...)".[120]

Fazemos leitura diversa dos limites impostos pela reserva de norma do artigo 22, inciso XXVII, da Constituição Federal. Como anotado, o uso do PMI era pouco difundido antes de 2009 por razões que não são propriamente jurídicas. Explica-se: não há dúvidas de que compete privativamente à União legislar sobre: *normas gerais de licitação* e *contratação* e, no que diz respeito às parcerias público-privadas, tal competência foi exercida mediante a publicação da Lei nº 11.079/2004.

Ali, a União listou o que deverá ser observado pela Administração Pública na chamada "fase interna" da licitação. Condicionou a abertura do processo licitatório a diversos requisitos. Entre eles, como vimos, há a necessidade de a autoridade competente responsável pela contratação publicar um ato que justifique a escolha por uma PPP para oferecer determinada utilidade. Tal ato, por sua vez, deverá ser fundamentado em estudos técnicos. Em nenhum momento, entretanto, a Lei de PPP se ocupou em dizer *como* os estudos devem ser desenvolvidos. O mais próximo que chegou disso foi fazer a remissão aos artigos 21 da Lei nº 8.987/1995 e 31 da Lei nº 9.074/1995.

Portanto, em 2004, a União determinou que a Administração promovesse estudos antes da contratação de PPP, e deixou claro que estes poderiam ser desenvolvidos com o apoio dos futuros licitantes.

Rafael Wallback (Coords.). *Parcerias público-privadas*: reflexões sobre os 10 anos da Lei nº 11.079/2004. São Paulo: Revista dos Tribunais, 2015. p. 113-142. p. 123.

[119] PALMA, Juliana Bonacorsi de. Governança pública nas parcerias público-privadas: o caso da elaboração consensual de projetos de PPP. In: JUSTEN FILHO, Marçal; SCHWIND, Rafael Wallback (Coords.). *Parcerias público-privadas*: reflexões sobre os 10 anos da Lei nº 11.079/2004. São Paulo: Revista dos Tribunais, 2015. p. 113-142. p. 136.

[120] PALMA, Juliana Bonacorsi de. Governança pública nas parcerias público-privadas: o caso da elaboração consensual de projetos de PPP. In: JUSTEN FILHO, Marçal; SCHWIND, Rafael Wallback (Coords.). *Parcerias público-privadas*: reflexões sobre os 10 anos da Lei nº 11.079/2004. São Paulo: Revista dos Tribunais, 2015. p. 113-142. p. 123.

Não quis o legislador federal indicar as *normas gerais de contratação* desses estudos. Apenas indicou aos gestores públicos que poderiam contar com potenciais licitantes para tanto. Essas diretrizes parecem-nos mais que suficientes para orientar a ação da Administração, ou seja, para possibilitar que o poder público organize seu quadro e desenvolva estudos por meio de PMI, com observância a todos os princípios de atuação que são inerentes à sua atuação. Pensar o contrário é dizer que, se o artigo 2º, da Lei nº 11.922/2009, não tivesse sido publicado, a Administração Pública estaria de mãos atadas até hoje, podendo desenvolver estudos de PPP apenas às suas expensas e com seu pessoal, em que pesem o direito de petição, a autonomia administrativa contratual, o princípio da participação popular e a existência das Leis nº 8.987/1995 e nº 9.074/1995.

De mais a mais, a Constituição previu o direito à participação como um direito subjetivo do administrado no artigo 37, parágrafo 3º. A norma, como vimos no subcapítulo 2.1.2.1, tem eficácia imediata. Então, ainda que não existisse nenhuma lei tratando especificamente do PMI, seu uso estaria absolutamente respaldado em norma constitucional.

Enfim, fossem estes argumentos insuficientes, teríamos ainda que pensar qual seria a utilidade dos artigos 21 da Lei nº 8.987/1995 e 31 da Lei nº 9.074/1995, não fosse justamente possibilitar o uso dos PMI ou, numa leitura mais positivista, possibilitar às normas infralegais maior detalhamento de importantes aspectos relativos ao PMI.[121]

Nesse sentido também se posiciona Guilherme Fredherico Dias Reisdorfer, para quem:

> (...) de acordo com a legislação vigente não seria necessária a disciplina regulamentar prévia para que as diversas esferas estatais fizessem uso do PMI e das PNS. É possível que esses procedimentos sejam utilizados ainda que não existam regras gerais a respeito deles. Nesse caso, as regras poderiam ser estabelecidas em cada caso – inclusive com a importação de regras já existentes e vigentes em outras esferas como parâmetro. O fundamental é que esses procedimentos sejam regidos

---

[121] GROTTI, Dinorá Adelaide Musetti; SAADI, Mário. O procedimento de manifestação de interesse. In: JUSTEN FILHO, Marçal; SCHWIND, Rafael Wallback (Coords.). *Parcerias público-privadas*: reflexões sobre os 10 anos da Lei nº 11.079/2004. São Paulo: Revista dos Tribunais, 2015. p. 153-176. p. 155.

por regras expressas, mas não é necessário que estas regras estejam previamente dispostas em regulamentos, eis a disciplina que norteará o procedimento pode ser definida no edital de chamamento.[122]

De mais a mais, para o autor, o emprego sistemático do PMI se deu a partir do final do ano de 2005:

(...) época em que a Companhia de Saneamento Básico do Estado de São Paulo – SABESP lançou um Procedimento de Manifestação de Interesse para elaborar o projeto de parceria público-privada do Sistema Produtor Alto Tietê, com o objetivo de desenvolver estudos técnicos, econômicos e financeiros para a ampliação da capacidade de estação de tratamento e construção de adutoras do sistema produtor de água e outras utilidades. O procedimento deu origem à Concorrência Internacional SABESP CSS 6.651/06 e influenciou a propagação do instituto pela Administração Pública brasileira. À época, inexistia regulamento legal do instituto pelo Estado de São Paulo, sendo que todas as regras atinentes ao procedimento foram delimitadas especialmente para a ocasião.[123]

Nesse sentido, vale notar que os estados de Alagoas,[124] Distrito Federal,[125] Minas Gerais,[126] Pernambuco,[127] Rio Grande do Sul[128] e Sergipe[129] já haviam regulamentado a matéria antes da edição da

---

[122] REISDORFER, Guilherme F. Dias. Soluções contratuais público-privadas: os procedimentos de manifestação de interesse (PMI) e as propostas não solicitadas (PNS). In: JUSTEN FILHO, Marçal; SCHWIND, Rafael Wallback (Coords). *Parcerias público-privadas*: reflexões sobre os 10 anos da Lei nº 11.079/2004. São Paulo: Revista dos Tribunais, 2015. p. 177-206. p. 191.

[123] SCHIEFLER, Gustavo Henrique Carvalho. *Procedimento de manifestação de interesse (PMI)*: solicitação e apresentação de estudos e projetos para a estruturação de concessões comuns e parcerias público-privadas. 2013. 500 f. Dissertação (Mestrado em Direito) – Centro de Ciências Jurídicas, Programa de Pós-Graduação em Direito, Universidade Federal de Santa Catarina, Florianópolis, 2013. p. 174.

[124] Decreto nº 4.067, de 17 de outubro de 2008. Revogado pelo Decreto nº 16.879, de 30 de novembro de 2011.

[125] Decreto nº 28.196, de 16 de agosto de 2007, que já se encontra revogado. Atualmente, as regras do PMI estão dispostas no Decreto nº 39.613/2019.

[126] O Decreto nº 44.565/2007 prevê o uso do PMI não só para PPP, mas também para concessões comuns e permissões.

[127] Resolução Normativa nº RN/GCPE-001/2007, publicado no DOPE de 8 de novembro de 2007.

[128] Resolução nº 001/2008, do Conselho Gestor do Programa de Parcerias Público-Privadas do estado do Rio Grande do Sul (CGPPP/RS), publicado no DOERS nº 174, de 9 de setembro de 2008. Revogada pela Resolução nº 002/2013, posteriormente revogada pela Resolução nº 004/2018.

[129] Trata-se da Resolução nº 01/2008, editada pelo Conselho Gestor do Programa Estadual de PPP de Sergipe. Disponível em: <http://edi.bnb.gov.br/content/aplicacao/desenvolvimento_em_acao/projeto_ppp/docs/resolucao_01_de_06_de_junho_de_2008.pdf>. Acesso em: 13 nov. 2015.

Lei nº 11.922/2009.[130] No âmbito da administração federal, o Decreto nº 5.977/2006 também é anterior à Lei em comento.

Assim, temos certo que o papel do artigo 2º da Lei nº 11.922/2009 foi muito mais no sentido de dar conforto aos agentes públicos para regulamentar e desenvolver o PMI do que propriamente um permissivo genérico necessário para o desenvolvimento da regulamentação sobre o procedimento.

Entretanto, independentemente da posição que se assuma nesse ponto, o fato é que a Lei nº 11.922/2009 impulsionou as regulamentações e pareceu afastar a sombra da proibição do artigo 9º, inciso I, da Lei nº 8.666/1993, estimulando o mercado a colaborar mais ativamente com a Administração nos PMI.

No mesmo sentido, a Lei nº 13.303/2006, no artigo 31, parágrafo 4º, ao trazer novas regras de contratações para as empresas estatais, ampliou expressamente a possibilidade de utilização do PMI, afastando as limitações da Lei nº 8.666/1993.

Reproduzindo o que já previam os artigos 21 da Lei nº 8.987/1995 e o artigo 31 da Lei nº 9.074/1995, o parágrafo 5º do artigo 31 da Lei das Estatais determina que, no caso de PMI, "o autor ou financiador do projeto poderá participar da licitação para a execução do empreendimento, podendo ser ressarcido pelos custos aprovados pela empresa pública ou sociedade de economia mista caso não vença o certame (...)".

Ou seja, nem as vedações da Lei nº 8.666/1993 nem aquelas constantes do artigo 44 da Lei nº 13.303/2006[131] se aplicam caso as empresas públicas ou sociedades de economia mista optem por desenhar seus contratos com a participação do mercado, apoiados

---

[130] Há quem identifique o Decreto nº 48.867/2004 como o primeiro regulamento a respeito do PMI. Não é este o nosso entendimento (neste sentido, ver SANTOS NETO, Raul Dias dos. Procedimento de manifestação de interesse e concurso: análise do Projeto de Lei do Senado nº 75/2014. *Revista Brasileira de Infraestrutura* – RBINF, v. 7, p. 99-118, 2015. p. 15). No estado de São Paulo, mencionado decreto instituiu o Programa de Parcerias Público-Privadas, porém foi o Decreto n º 57.289, de 30 de agosto de 2011, que regulamentou o PMI.

[131] "Art. 44. É vedada a participação direta ou indireta nas licitações para obras e serviços de engenharia de que trata esta Lei: I – de pessoa física ou jurídica que tenha elaborado o anteprojeto ou o projeto básico da licitação; II – de pessoa jurídica que participar de consórcio responsável pela elaboração do anteprojeto ou do projeto básico da licitação; III – de pessoa jurídica da qual o autor do anteprojeto ou do projeto básico da licitação seja administrador, controlador, gerente, responsável técnico, subcontratado ou sócio, neste último caso quando a participação superar 5% (cinco por cento) do capital votante."

em PMI, ainda que se trate de obras e serviços de engenharia. Isso porque, embora o artigo 44 proíba a participação de projetistas em licitações nas hipóteses elencadas em seus incisos, ele é uma norma geral. O artigo 31 do mesmo diploma, por sua vez, é uma norma especial.

Ademais, cumpre registrar que a atuação da Administração e dos administrados durante o PMI também é balizada pela Lei nº 9.784/1999 (Lei de Processo Administrativo). Ali estão disposições capitais para orientar o uso do instrumento, mitigar seus principais riscos, bem como para orientar a ação dos agentes públicos e privados na ausência de regulamentação sobre determinadas situações que possam ser experimentadas durante o procedimento.[132]

Não restam dúvidas quanto à sua aplicação, afinal,

> (...) como o próprio nome sugere, o procedimento de manifestação de interesse tem natureza processual, tratando-se de efetivo processo administrativo em espécie. Como tal, a ele são aplicáveis as Leis Gerais de Processo Administrativo correspondente a cada ente federado.[133]

No mesmo sentido, Mário Márcio Saadi Lima explica que:

> (...) o PMI é forma de exercício de determinada competência pela Administração Pública: a de realização de atividades e decisões concernentes ao lançamento de licitações para concessões. Esse é o mesmo objetivo de leis gerais sobre procedimentos administrativos: o de regular o regime jurídico das decisões administrativas. Assim, em nossa opinião, as normas da Lei de Processo Administrativo são extensíveis aos procedimentos de manifestação de interesse em âmbito federal.[134]

---

[132] A diferenciação entre *processo* e *procedimento* possuía certa relevância quando a doutrina se filiava à vetusta tese de que inexistia processo no âmbito administrativo, discussão superada pela Constituição da República de 1988, de tal sorte que fazer longa digressão sobre eventual diferenciação entre *processo* e *procedimento* revela-se fora do escopo deste trabalho. Faremos diversas referência ao processo administrativo (de elaboração de contratos, de licitação) sem que isto implique a constatação de algum conflito de interesses nos termos do artigo 5º, inciso LV, da Constituição Federal.

[133] PALMA, Juliana Bonacorsi de. Governança pública nas parcerias público-privadas: o caso da elaboração consensual de projetos de PPP. In: JUSTEN FILHO, Marçal; SCHWIND, Rafael Wallback (Coords.). *Parcerias público-privadas*: reflexões sobre os 10 anos da Lei nº 11.079/2004. São Paulo: Revista dos Tribunais, 2015. p. 113-142. p. 124.

[134] LIMA, Mário Marco Saadi. *O procedimento de manifestação de interesse à luz do ordenamento jurídico brasileiro*. Belo Horizonte: Fórum, 2015. p. 92.

Ainda sobre a aplicação da Lei de Processo Administrativo nas atividades da Administração, é definitiva a lição de Carlos Ari Sundfeld e Jacintho Arruda Câmara:

> A Administração Pública Federal conta com lei própria para disciplinar seus processos administrativos. Trata-se da Lei nº 9.784, de 29 de janeiro de 1999, a Lei de Processo Administrativo Federal. (...). Há de se presumir que, *sempre que cabível, as previsões ali constantes incidem sobre o exercício da função administrativa em geral*. Vale ainda ressaltar que, embora a lei em exame seja destinada a disciplinar o processo decisório da Administração Federal (art. 1º), o Judiciário vem reconhecendo sua aplicabilidade, de modo subsidiário, quando entes administrativos de outras esferas federativas (estaduais e municipais) não contam com disciplina legal sobre a matéria. *As normas presentes nesse diploma, portanto, transcendem à aplicação aos entes de nível federal, podendo ser vistas como diretrizes gerais da atuação administrativa no direito brasileiro*.[135]

É na Lei de Processo Administrativo que encontraremos respostas para os principais questionamentos que surgem durante o uso do PMI. Por isso, não faremos um levantamento exaustivo dos artigos e incisos aplicáveis ao procedimento. Assim como os princípios, eles serão evocados ao longo deste trabalho, para ajudar a construir as respostas às perguntas apresentadas.

Por ora, basta fazer dois registros. Primeiro, o artigo 2º prevê expressamente alguns dos princípios que já apresentamos (legalidade, finalidade, motivação, razoabilidade, proporcionalidade, moralidade, ampla defesa, contraditório, segurança jurídica, interesse público e eficiência) e que outros podem ser identificados no texto, implicitamente ou não (impulso oficial, formalismo moderado, oficialidade, gratuidade e verdade material). Segundo, registra-se também que é essa lei que define quem serão os legitimados para agir no PMI (e durante todo o processo administrativo de elaboração do contrato de PPP) e quais são os seus direitos e deveres.

Por fim, vale registrar, neste capítulo dedicado à legislação aplicável ao PMI, o tratamento ao tema que se pode extrair da Lei nº 13.334, de 13 de setembro de 2016, que criou o Programa de Parcerias de Investimentos (PPI). Referida diploma incorporou a possibilidade de

---

[135] SUNDFELD, Carlos Ari; CÂMARA, Jacintho Arruda. O dever de motivação na edição de atos normativos pela Administração Pública. Revista de Direito Administrativo & Constitucional – A&C, Belo Horizonte, v. 45, p. 55-73, jul./set. 2011. p. 60-61. Destacamos.

desenvolvimento de PMI para a modelagem dos projetos enquadrados ou enquadráveis no referido programa governamental, seja por prever expressamente, no inciso III, a possibilidade de abertura de chamamento público para a estruturação de projetos – que poderá se dar nos moldes de um PMI –, seja porque o *caput* do art. 12 flexibiliza a atuação da Administração, ao admitir que o órgão ou entidade competente pelo desenho dos projetos faça uso de "outros mecanismos previstos na legislação", para além dos previstos em seus incisos. Vejamos:

> Art. 12. Para a estruturação dos projetos que integrem ou que venham a integrar o PPI, o órgão ou entidade competente poderá, *sem prejuízo de outros mecanismos previstos na legislação*:
> I – utilizar a estrutura interna da própria administração pública;
> II – contratar serviços técnicos profissionais especializados;
> III – *abrir chamamento público*;
> IV – receber sugestões de projetos, sendo vedado qualquer ressarcimento; ou
> V – celebrar diretamente com o Fundo de Apoio à Estruturação de Parcerias – FAEP contrato de prestação de serviços técnicos profissionais especializados. (Destacamos).

Temos, portanto, que o PMI é um dos instrumentos à disposição do gestor público para possibilitar o desenvolvimento (i) dos empreendimentos públicos de infraestrutura em execução ou a serem executados por meio de contratos de parceria celebrados pela administração pública direta e indireta da União; (ii) dos empreendimentos públicos de infraestrutura que, por delegação ou com o fomento da União, sejam executados por meio de contratos de parceria celebrados pela administração pública direta ou indireta dos Estados, do Distrito Federal ou dos Municípios; e (iii) das demais medidas do Programa Nacional de Desestatização a que se refere a Lei nº 9.491, de 9 de setembro de 1997, enquadrados ou enquadráveis no PPI, nos termos previstos no art. 1º e incisos da Lei nº 13.334/2016.

2.1.3.1.1 Natureza jurídica da autorização para desenvolvimento de estudos

A compreensão da natureza da autorização prevista no artigo 21 da Lei nº 8.987/1995 é fundamental para assimilar as principais características desta figura e não desvirtuar ou limitar o seu uso.

Veremos que a referida autorização foi identificada como uma manifestação das atividades de regulação estatal, uma autorização administrativa típica e também como um contrato de prestação de serviços comum. Entretanto, para nós, mais acertado é reconhecer neste instrumento um contrato administrativo atípico.

O ministro Benjamin Zymler entende que o fundamento constitucional da autorização em comento estaria no artigo 170, parágrafo único, da Constituição Federal, e seria, portanto, uma *manifestação das atividades de regulação estatal* sobre as atividades econômicas. Reconhece, abstratamente, a existência de uma "razão de interesse público" no desenvolvimento dos estudos do PMI a justificar a regulação estatal sobre o domínio econômico. Se não, vejamos:

> (...) ressalto que se trata de uma autorização cuja base constitucional se encontre no artigo 170, parágrafo único, da Carta Política (...). Esta afirmação encontra respaldo no fato de [a elaboração de estudos por empresa de consultoria, *in casu*, a EBP] *tratar-se do exercício de uma atividade econômica, consistente na realização de serviços técnicos*, sob conta e risco do particular, *a qual depende de lei porque existe um interesse público envolvido*.[136]

Assim, o ministro perfilha que a autorização do artigo 21 da Lei nº 8.987/1995 decorre do exercício da atividade de regulação estatal, fundamentada no artigo 170, parágrafo único, da Constituição Federal.

Esta construção – que não foi expressamente acolhida pelo TCU, embora o voto do ministro tenha sido o condutor do Acórdão –, não nos parece acertada por alguns motivos.

Primeiro, no campo teórico não conseguimos encontrar os pressupostos básicos que justifiquem a intervenção do Estado na ordem econômica nos casos de elaboração de estudos para concessão.

Como bem explica Floriano de Azevedo Marques Neto, a regulação,[137] num sentido amplo, é

---

[136] Voto do ministro Benjamin Zymler no Acórdão nº 1.155/2014, nos autos do TC nº 012.687/2013-8. Plenário. Relator: ministro Weder de Oliveira. Sessão de 7 de maio de 2014. Disponível em: <http://www.tcu.gov.br/Consultas/Juris/Docs/judoc/Acord/20140522/AC_1155_15_14_P.doc.>. Acesso em: 10 dez. 2015. p. 74. Destacamos.

[137] Como aponta o autor "(...) o conceito de regulação estatal se transmuta por força da mudança nos padrões de relacionamento entre Estado e Sociedade, pela ampliação dos

(...) a atividade estatal mediante a qual o Estado condiciona, restringe, normatiza ou incentiva a *atividade econômica, de modo a* preservar a sua existência, assegurar o seu equilíbrio interno ou *atingir objetivos públicos determinados,* como a proteção de hiposuficiências ou a consagração de políticas públicas.[138]

No caso do PMI, onde exatamente deveria recair a regulação estatal? Sobre a atividade em si ou sobre os comportamentos e estruturas existentes? Para responder a estas perguntas, fundamental identificar qual é exatamente o interesse público[139] que se quer proteger. Isto não foi explicitado no voto, mas presumimos que seja, justamente, o interesse de garantir a produção de bons estudos para a concessão de utilidades públicas, associado ao legítimo interesse de fomentar oportunidades de exercer atividades econômicas perante a Administração Pública. Então, a regulação recairia sobre a atividade em si (convenhamos, a estrutura de mercado de consultoria e demais interessados no desenvolvimento de estudos não justificaria a regulação estatal). Pois bem. E em que medida a expedição de uma autorização seria eficiente para garantir a produção de bons estudos? Uma averiguação prévia da real capacidade do interessado de produzir

---

campos de atuação regulatória estatal e mesmo pela introdução de fortes instrumentos de atuação estatal sobre as relações econômicas (...)". MARQUES NETO, Floriano de Azevedo. A nova regulamentação dos serviços públicos. *Revista Eletrônica de Direito Administrativo Econômico*, Salvador, nº 1, fev. 2005. Disponível em: <http://www.direitodoestado.com.br/artigo/floriano-de-azevedo-marques-neto/a-nova-regulamentacao-dos-servicospublicos>. Acesso em: 25 nov. 2015.

[138] MARQUES NETO, Floriano de Azevedo. *Regulação e poder de polícia no setor de gás*. Disponível em: <http://www.migalhas.com.br/arquivo_artigo/art_13_12.htm>. Acesso em: 25 nov. 2015. Destacamos.

[139] Sobre o debate acerca da "supremacia do interesse público", ver ÁVILA, Humberto Bergmann. Repensando o "princípio da supremacia do interesse público sobre o particular". *Revista Trimestral de Direito Público*, v. 24, p. 159-180, 1998; OSÓRIO, Fabio Medina. Existe uma supremacia do interesse público sobre o privado no direito administrativo? *Revista de Direito Administrativo*, nº 220, p. 69-107, 2000. p. 53-92; JUSTEN FILHO, Marçal. Conceito de interesse público e "personalização" do direito administrativo. *Revista Trimestral de Direito Público*, São Paulo, nº 26, 1999; MARQUES NETO, Floriano de Azevedo. *Regulação estatal e interesses públicos*. São Paulo: Malheiros, 2002; os artigos reunidos em SARMENTO, Daniel (Org.). *Interesse público versus interesse privado*: desconstruindo o princípio de supremacia do interesse público. Rio de Janeiro: Lumen Juris, 2007 (onde consta, inclusive, o mencionado artgo de Humberto Bergmann ÁVILA, publicado originalmente em 1998); e os artigos reunidos em DI PIETRO, Maria Sylvia Zanella; RIBEIRO; Carlos Vinícius Alves Ribeiro (Coords.). *Supremacia do interesse público e outros temas relevantes do direito administrativo*. São Paulo: Atlas, 2011.

estudos pode ser útil em alguma medida, mas a autorização não confere sequer garantia de que os estudos serão entregues por aquele que tenha se qualificado. Ademais, parece-nos que a melhor forma de se alcançar bons estudos é por meio da ampla participação e da capacitação do corpo técnico para analisar as contribuições recebidas, e não por meio da restrição da participação.

Segundo, no ordenamento jurídico brasileiro não há lei determinando que o desenvolvimento de estudos de concessão deverá ser condicionado a uma autorização por parte do poder público, a ponto de excepcionar a regra constitucional do livre exercício de atividade econômica prevista no artigo 170, parágrafo único, da Constituição Federal, que só poderia ser exercido mediante autorização.

Nem se cogite dizer que a Lei nº 8.987/1995, por força do seu artigo 21, seria esta lei. Ele não determina que o desenvolvimento dos estudos deverá se dar apenas mediante autorização. Predica apenas que, caso estes estudos venham a ser aproveitados pela Administração, o vencedor da licitação deverá ressarcir os dispêndios correspondentes.

Da mesma forma, o artigo 31 da Lei nº 9.074/1995 apenas autoriza os autores ou responsáveis economicamente pelos estudos a participar da licitação, mas não cria nenhum condicionamento para o desenvolvimento destes estudos.

O artigo 2º da Lei nº 11.922/2009, por sua vez, incentiva que os entes federados regulamentem o PMI, mas sequer fixa diretrizes para a Administração autorizar o desenvolvimento dos estudos.

Note-se que o teor destas leis é completamente diverso daquelas voltadas a regular a atividade econômica, como, por exemplo, a Lei nº 10.826/2003, que dispõe sobre registro, posse e comercialização de armas de fogo, ou as Leis nº 6.360/1976 e nº 9.782/1999, que tratam das autorizações e demais requisitos para o exercício de atividades empresariais na área de saúde.

Na mesma linha dos dispositivos mencionados, o art. 12, nos incisos III e IV, da Lei nº 13.334/2016, prevê, respectivamente, a possibilidade de a Administração receber estudos de particulares para o Programa de Parceria de Investimentos, mediante chamamento público, ou mediante doação sem encargos, e não determina que uma autorização para tanto seja necessária.

Ou seja, os potenciais interessados em atuar no âmbito de uma PMI podem desenvolver seus estudos e projetos, em regra,[140] sem qualquer necessidade de uma autorização.[141] Tendo desenvolvido, podem publicar, divulgar, oferecer estes estudos a quem seja. Não carecem de qualquer autorização para isto, afora aquelas naturalmente incidentes sobre atividades profissionais específicas, como no caso da habilitação para elaborar projetos de engenharia ou estudos jurídicos. O que os interessados buscam com um pedido de autorização para estudos não é a capacitação ou habilitação para exercer atividade econômica. Buscam, isto sim, estabelecer um vínculo especial com a Administração Pública, visando basicamente (i) ter acesso a eventuais informações necessárias ao melhor desenvolvimento destes estudos e (ii) um compromisso de que tais estudos, quando entregues, serão pelo menos apreciados ou analisados pela Administração, sem,

---

[140] Algumas exceções são previstas na Constituição Federal. Neste sentido, destaca-se que são monopólio da União, nos termos do artigo 177, (i) a pesquisa e a lavra das jazidas de petróleo e gás natural e outros hidrocarbonetos fluidos (inciso I); (ii) a pesquisa, a lavra, o enriquecimento, o reprocessamento, a industrialização e o comércio de minérios e minerais nucleares e seus derivados (inciso V). A Carta Magna dispõe também, no artigo 176, parágrafo 1º, que "A pesquisa e a lavra de recursos minerais (...) somente poderão ser efetuados mediante autorização ou concessão da União, no interesse nacional, por brasileiros ou empresa constituída sob as leis brasileiras e que tenha sua sede e administração no País, na forma da lei, que estabelecerá as condições específicas quando estas atividades se desenvolverem em faixa de fronteira ou terras indígenas". Determina, ainda, que compete (i) à União "exercer monopólio estatal sobre a pesquisa, a lavra, o enriquecimento e reprocessamento, a industrialização e o comércio de minérios nucleares e seus derivados" (artigo 21, inciso XXIII); (ii) comumente à União, Estado, Distrito Federal e Municípios "registrar, acompanhar e fiscalizar as concessões de direitos de pesquisa e exploração de recursos hídricos e minerais em seus territórios" (artigo 23, inciso XI); (iii) exclusivamente ao Congresso Nacional "autorizar, em terras indígenas (...) a pesquisa e lavra de riquezas minerais" (artigo 49, inciso XVI). Define também que as cooperativas de atividade garimpeira "(...) terão prioridade na autorização ou concessão para a pesquisa e lavra dos recursos e jazidas de minerais garimpáveis, nas áreas onde estejam atuando, e naquelas fixadas de acordo com o artigo 21, XXV, na forma da lei". (Artigo 174, parágrafo 4º).

[141] Neste sentido, manifestam-se também Maurício Portugal Ribeiro e Lucas Navarro Prado. Para os autores: "(...) perceba-se que evidentemente não é preciso qualquer autorização para que os particulares promovam investigações e realizem estudos sobre projetos de interesse público". RIBEIRO, Maurício Portugal; PRADO, Lucas Navarro. *Comentários à Lei de PPP – Parceria Público-Privada*: fundamentos econômicos-jurídicos. São Paulo: Malheiros, 2010. p. 332. Em linha com este entendimento, ver ainda, BELSITO, Bruno Gazzaneo. *O procedimento de manifestação de interesse/PMI na estruturação de contrato de concessão*: exame crítico e proposta de aperfeiçoamento do instrumento no direito brasileiro. 2015. 319 f. Dissertação (Mestrado em Direito) – Faculdade de Direito, Universidade do Estado do Rio de Janeiro, Rio de Janeiro, 2015. p. 216; e SCHIEFLER, Gustavo Henrique Carvalho. *Procedimento de manifestação de interesse (PMI)*. Rio de Janeiro: Lumen Juris, 2014. p. 282.

contudo, a obrigação de que serão eles acatados e se tornarão projetos do Poder Público.

São estes, entre outros, os argumentos que nos fazem olhar com desconfiança para a importação da ideia de regulação estatal ao ambiente do PMI.

Portanto, entendemos que a autorização à qual o artigo 21 da Lei nº 8.987/1995 faz referência não encontra o seu fundamento no artigo 170, parágrafo único, da Constituição Federal, na medida em que (i) não há lei voltada a regulamentar o exercício do desenvolvimento de estudos em PMI enquanto atividade econômica e (ii) não há pressuposto teórico capaz de embasar a sujeição das atividades de desenvolvimentos de estudos ao regime de regulação estatal.

Poder-se-ia cogitar também que a natureza do vínculo estabelecido entre a Administração e o particular no PMI é o de uma *autorização administrativa comum*, já que o artigo 21 da Lei nº 8.987/1995 fala em estudos "(...) vinculados à concessão, de utilidade para a licitação, realizados pelo poder concedente ou com a sua autorização (...)".

Entretanto, as características que têm acompanhado a emissão dos atos que formalizam a avença não se identificam plenamente com aquelas das acepções clássicas[142] de autorização administrativa, quais sejam: discricionariedade, precariedade e unilateralidade.

Na sua origem, a autorização em comento é um ato discricionário, na medida em que a Administração não está obrigada a aceitar um pedido do particular para realizar um PMI. Porém, uma vez autorizada a sua realização, perde-se este aspecto de discricionariedade, pois, ao expedir a autorização, gera-se a legítima expectativa do particular postulante de que os estudos por ele desenvolvidos serão ao menos analisados pela Administração. Daí por que podemos dizer que não permanece esta discricionariedade *ex post* na emissão da autorização.

---

[142] Neste sentido, Maria Sylvia Zanella Di Pietro: "1. Num primeiro sentido, designa o *ato unilateral e discricionário* pelo qual a Administração faculta ao particular o desempenho de atividade material ou a prática de ato que, sem este consentimento, seriam legalmente proibidos. 2. Na segunda acepção, autorização é o *ato unilateral e discricionário* pelo qual o Poder Público faculta ao particular o uso privativo de bem público, a título precário. 3. Na terceira acepção, autorização é o *ato administrativo unilateral e discricionário* pelo qual o Poder Público delega ao particular a exploração de serviço público, a título precário". DI PIETRO, Maria Sylvia Zanella. *Direito administrativo*. 27. ed. São Paulo: Atlas, 2014. p. 237-238. Destacamos.

O seu objeto é justamente permitir que o particular desenvolva uma atividade que, se não autorizada, ele não poderia fazer, ou, se fizesse, não se prestaria ao que se presta.

O vínculo que se estabelece entre Administração e particular é, contudo, precário, posto que a autorização pode ser revogada a qualquer momento e não ensejará pagamentos a título de indenização caso os estudos não sejam aproveitados.

Porém, a autorização de que trata o artigo 21 da Lei nº 8.987/1995 não é propriamente um ato unilateral. Quando a Administração concede a autorização para desenvolver estudos no âmbito do PMI, ela cria também deveres para si.

Explica-se: o engajamento público é fundamental para o desenvolvimento de um projeto aderente às necessidades da Administração Pública, então, quando a autoridade pública confere a autorização, é esperado que os seus agentes estejam disponíveis para dialogar com os autorizatários durante o PMI e para oferecer, sempre que possível, as informações necessárias para uma modelagem adequada aos propósitos da concessão que se pretende realizar.

Ou seja, ao conferir a autorização para desenvolver estudos, a Administração está garantindo ao administrado o direito de participar das atividades de elaboração do contrato de concessão de forma qualificada. E esta participação só pode ser efetiva se houver espaço para o diálogo com o setor público no processo administrativo de elaboração do contrato.

Portanto, em atenção aos princípios da eficiência, da economicidade, da cooperação mútua, da boa-fé e, ainda, em atenção ao dever de cooperação instrutória prevista no artigo 37, da Lei de Processo Administrativo,[143] ao expedir a autorização, a Administração Pública assume deveres. Geralmente eles se traduzem na obrigação de fornecer informações, de analisar os estudos e de emitir uma decisão justificando a adoção, total ou parcial, ou a rejeição dos estudos apresentados. Outros deveres podem ser

---

[143] "Art. 37. Quando o interessado declarar que fatos e dados estão registrados em documentos existentes na própria Administração responsável pelo processo ou em outro órgão administrativo, o órgão competente para a instrução proverá, de ofício, a obtenção dos documentos ou das respectivas cópias."

estipulados pelos termos da autorização (*e.g.* prazos para oferta de respostas).

Assim, a autorização em comento é um ato discricionário na sua origem. Após emitida, assume caráter bilateral, inobstante ter natureza precária.

De mais a mais, afasta-se por completo o enquadramento da autorização sob comento como uma autorização administrativa comum se tomarmos por base o conceito trazido por Odete Medauar, para quem:

> A autorização apresenta-se como ato administrativo discricionário e precário, pelo qual a Administração consente no exercício de certa atividade; portanto, inexiste direito subjetivo à atividade.[144]

Não é o que se observa no caso em tela. O direito subjetivo ao desenvolvimento dos estudos de concessão existe, pois, como vimos, não há lei que imponha exceção à regra do livre desenvolvimento desta atividade econômica.

Portanto, a autorização sob comento nem é necessária para garantir o direito ao desenvolvimento de estudos, nem se caracteriza como ato unilateral. Ou seja, não se trata de uma autorização administrativa típica se vista sob seu prisma material, nem sob seu prisma formal.

Entretanto, admitindo uma modulação do regime jurídico dos atos administrativos, no sentido de superar o "(...) conceito preconcebido de 'autorização' no Direito Administrativo brasileiro (...)", como propõe Jacintho Arruda Câmara,[145] podemos entender

---

[144] MEDAUAR, Odete. *Direito administrativo moderno*. 12. ed. São Paulo: Revista dos Tribunais, 2012. p. 338.

[145] Jacintho Arruda Câmara é um dos porta-vozes das críticas à concepção clássica do conceito de autorização: "Há uma definição fortemente arraigada na cultura jurídica nacional, segundo a qual, por autorização, quer-se designar um 'ato administrativo de natureza discricionária e precária', que pode ser extinto (revogado) de maneira unilateral, sem que proporcione qualquer direito em favor do autorizado. (...) Ao se falar de autorização na seara do direito administrativo, é comum relacioná-la a ideia de instrumento precário e de natureza discricionária. Noutros termos, isto significa dizer que, na visão tradicional reproduzida pela maioria dos autores, este instrumento somente seria expedido se fosse conveniente ou oportuno ao interesse público, na avaliação do administrador responsável (daí seu caráter discricionário). Ademais, não conferiria ao autorizatário a mínima estabilidade, podendo ser revogada a qualquer tempo, sem que este tivesse direito a indenização (traço que marcaria sua precariedade). Autorização, para

que a autorização para o desenvolvimento dos estudos é uma *autorização atípica*, dado o seu caráter contratual.

Porém, a atipicidade desta autorização é justamente o que nos leva a caracterizá-la como um contrato administrativo atípico. Vejamos. Utilizando os conceitos clássicos empregados pela doutrina brasileira para definir os *contratos administrativos*, certamente a avença sobre a qual se desenvolve o PMI não poderia ser enquadrada como um deles. Afinal, não se trata de um contrato comutativo (as prestações, embora existam bilateralmente, não são equivalentes), não há contrapartida (ao menos, não certa), não há fixação legal de prazo para a entrega dos estudos, nem há garantia de equilíbrio econômico-financeiro ou penalidades em caso de descumprimento.

Neste sentido, o voto do ministro Benjamin Zymler, que utiliza os parâmetros tradicionais da definição de contrato administrativo para diferenciar as autorizações emitidas com fulcro no artigo 21 da Lei nº 8.987/1995:

> Cabe destacar, no caso em tela, a inexistência de um contrato formal, até mesmo porque os trabalhos da empresa que elaborará os projetos podem não ser aproveitados, hipótese em que não haverá pagamentos ao agente privado. *A inexistência destes pagamentos caracteriza uma diferença fundamental entre autorização e contrato administrativo, uma vez que a rescisão desta avença impõe ao Estado a obrigação de ressarcir o contratado pelas despesas já efetuadas, sob pena de ocorrer enriquecimento sem causa da Administração Pública*.[146]

---

a doutrina administrativista brasileira, é basicamente isso. Qualquer outra figura, mesmo que criada por lei, que empregue a expressão com sentido diverso, passa a ser vista como 'equivocada', desvirtuadora do 'verdadeiro' sentido do instituto. Nesta condição, o termo 'autorização' estaria fadado a ter por objeto situações triviais, de menor relevo econômico. Só lhe seriam relegados os temas que se prestassem a ficar sob o arbítrio da autoridade de plantão, que suportassem o risco iminente de extinção sem motivo específico, que não conferissem qualquer garantia ao beneficiário. Entre os instrumentos administrativos de outorga de direitos, seria a autorização o mais reles". CÂMARA, Jacintho Arruda. As autorizações da Lei Geral de Telecomunicações e a Teoria Geral do Direito Administrativo. *Revista de Direito de Informática e Telecomunicações* – RDIT, Belo Horizonte, ano 2, nº 3, p. 5568, jul./dez. 2007. Floriano de Azevedo Marques Neto também robustece a crítica ao destacar aspecto de determinadas autorizações que colocam em xeque as concepções aparentemente pacíficas sobre o instrumento em MARQUES NETO, Floriano de Azevedo. *Bens públicos*: função social e exploração econômica – o regime jurídico das utilidades públicas. Belo Horizonte: Fórum, 2009. p. 335-339.

[146] TCU. Acórdão nº 1.155/2014, nos autos do TC 012.687/2013-8. Plenário. Relator: ministro Weder de Oliveira. Sessão de 07/05/2014. Disponível em: <http://www.tcu.gov.br/Consultas/Juris/Docs/judoc/ Acord/20140522/AC_1155_15_14_P.doc.>. Acesso em: 10 dez. 2015, p. 76 do voto do ministro Benjamin Zymler. Destacamos.

O entendimento do ministro parece ter sido implicitamente acolhido no Acórdão, pois ali o PMI é tido como uma autorização desprovida de regulamentação.

De fato, é absolutamente razoável não identificar a avença de que estamos tratando dos contratos típicos de prestação de serviço, tais quais previstos no artigo 37, inciso XXI, da Constituição Federal. Entretanto, não é a inexistência de pagamento do Estado ao particular que descaracteriza a autorização para o desenvolvimento dos estudos como um contrato.

Em sede doutrinária, Bruno Gazzaneo Belsito também diferencia a autorização do artigo 21 da Lei nº 8.987/1995 dos contratos públicos especialmente em função da inexistência de um procedimento formal de licitação (ou de inexigibilidade ou de dispensa).[147] Para o autor:

> O entendimento que parece ser o mais preciso é o de que, apesar do caráter bastante inovador de algumas disposições, a relação entre o ente público e particulares autorizados estabelecida no PMI não corresponde a um vínculo jurídico contratual e, por isso, não atrai o regramento previsto na Lei nº 8.666/1993.[148]

Porém, um contrato não é caracterizado como público em função da existência de licitação, então, a autorização não pode ser descaracterizada como contrato público em função da inexistência de licitação.

Portanto, temos que a autorização do artigo 21 da Lei nº 8.987/1995 não se trata de contrato administrativo típico, pois a Administração não está buscando um serviço que será para ela ou por ela apropriado. Não assume obrigação comutativa de pagar pelo que lhe for entregue. Nem mesmo a atividade em apreço é

---

[147] BELSITO, Bruno Gazzaneo. *O procedimento de manifestação de interesse/PMI na estruturação de contrato de concessão*: exame crítico e proposta de aperfeiçoamento do instrumento no direito brasileiro. 2015. 319 f. Dissertação (Mestrado em Direito) – Faculdade de Direito, Universidade do Estado do Rio de Janeiro, Rio de Janeiro, 2015. p. 202. A ausência de estabilidade de vínculo também seria, para o autor, um elemento diferenciador das autorizações e contratos públicos.

[148] BELSITO, Bruno Gazzaneo. *O procedimento de manifestação de interesse/PMI na estruturação de contrato de concessão*: exame crítico e proposta de aperfeiçoamento do instrumento no direito brasileiro. 2015. 319 f. Dissertação (Mestrado em Direito) – Faculdade de Direito, Universidade do Estado do Rio de Janeiro, Rio de Janeiro, 2015. p. 225.

erigida pela ordem jurídica como de titularidade estatal, como ocorre com os serviços públicos tradicionais. Logo, estamos diante de uma modalidade contratual atípica, diversa dos contratos administrativos tradicionais referidos no artigo 37, inciso XXI, da Constituição Federal, mas situados dentro dos contratos da Administração Pública.

Os contratos que o Poder Público pode firmar hodiernamente, como vimos no subcapítulo 2.1.2.3, são de uma multiplicidade tal que se torna impossível reduzi-los a um só regime, com características estanques.[149] Nem todo contrato administrativo será remunerado pelo Poder Público por meio de uma contraprestação pecuniária. Da mesma forma, nem todo contrato para a elaboração de estudos será um contrato de prestação de serviço sujeito ao regime de licitação previsto na Lei nº 8.666/1993.

Daí decorre, inclusive, o entendimento no sentido de ser desnecessário realizar o procedimento formal de licitação previsto no artigo 37, inciso XXI, da Constituição Federal, para autorizar o desenvolvimento de estudos. Nesta perspectiva, o Acórdão nº 2.732/2015 recentemente confirmou o entendimento do Tribunal de Contas da União no sentido de que "(...) não há ilegalidade no afastamento do dever de licitar quando o Poder Público decide pelo emprego da autorização prevista no artigo 21, da Lei 8.987/95 (...)".[150]

Entre as tendências desta nova contratualidade administrativa, Floriano de Azevedo Marques Neto destaca a multiplicação das hipóteses de contratos de cooperação, a utilização mais recorrente

---

[149] MARQUES NETO, Floriano de Azevedo. Do Contrato administrativo à administração contratual. *Boletim Governet de Licitações e Contratos*, Curitiba, nº 64, p. 726-731, 2010.
[150] TCU, nos autos do TC nº 012.687/2013-8. Plenário. 8, Relator: Walton Alencar Rodrigues. Data da sessão: 28 de outubro de 2015. Disponível em: <http://www.tcu.gov.br/Consultas/Juris/Docs/judoc/ Acord/20151103/AC_2732_43_15_P.doc.>. Acesso em: 7 de janeiro de 2015. Concordamos com a conclusão apresentada pelo Tribunal mas não com a *ratio decidendi*. No relatório consta: "Embora a licitação seja o procedimento formal caracterizado pela ampla competição entre os interessados, ela não é obrigatória em todos os casos, havendo situações nas quais outros fatores motivam o estabelecimento, no texto normativo, de previsões de contratação direta, sem que se possa falar em irregularidade. Desta forma, mesmo o fato de o contrato administrativo ser o instrumento primordial pelo qual o Estado estabelece relação jurídica com particular e de a licitação ser o procedimento pelo qual a administração seleciona este particular dentre os possíveis interessados não permite afirmar, de plano, que o artigo 21, da Lei 8.987/1995 seja simplesmente inconstitucional. Ademais, o fato de não haver uma regulação específica para o artigo 21, da Lei nº 8.978/1995, também não torna o dispositivo em questão inconstitucional".

dos contratos por desempenho (em que o particular se vincula a metas de desempenho, ensejadoras inclusive de remuneração variável) e a maior flexibilidade na alocação de riscos, com deslocamento de maior parcela de riscos para o particular.[151]

A avença firmada entre o particular e a Administração para o desenvolvimento do PMI carrega muitas destas características: é um contrato de cooperação e com a maior parte do risco alocada para o particular, na medida em que o ressarcimento dos estudos dependerá do seu aproveitamento (aproveitamento que sequer depende apenas da qualidade dos estudos produzidos, embora ela possa ser em algumas situações definidora para a decisão de prosseguir com a licitação). Ademais, na autorização em comento, não há, propriamente, uma previsão de remuneração do particular: este será apenas (e eventualmente) ressarcido pelos estudos produzidos, o que reforça o caráter de atipicidade desta contratação.

Por estas razões, vemos na autorização conferida com base no artigo 21 da Lei nº 8.987/1995 um contrato administrativo atípico. O fundamento constitucional desta autorização (ou deste contrato atípico) está no princípio da autonomia administrativa contratual.

Vislumbramos dois modos para a formalização deste vínculo. A primeira consiste na elaboração de um contrato que traduza as especificações para o desenvolvimento do estudo constantes do instrumento convocatório divulgado pela Administração (ou constantes do pedido de autorização formulado pelo administrado, caso estejamos diante de uma situação em que não exista Chamamento). Neste caso, podem também ser descritos ou detalhados direitos e deveres que não tenham sido suficientemente explicitados nos documentos inaugurais, como, por exemplo: a regulação do exercício do dever de cooperação mútua, as sanções ou indenizações em caso de descumprimento das obrigações assumidas, os prazos para a entrega dos estudos, entre outros.

A segunda, mais simples e corriqueira, consiste na formalização do vínculo como um contrato de adesão. Nesta hipótese, a Administração simplesmente emite a autorização e as regras para

---

[151] MARQUES NETO, Floriano de Azevedo. Do Contrato administrativo à administração contratual. *Boletim Governet de Licitações e Contratos*, Curitiba, nº 64, p. 726-731, 2010. p. 730.

o desenvolvimento dos estudos estipuladas no Chamamento ou no pedido de autorização que passam a ser vinculantes entre as partes. Temos, portanto, que a autorização do art. 21 da Lei nº 8.987/1995 não é voltada à regulação estatal e nem é uma autorização na acepção clássica.[152] Trata-se, isto sim, de uma autorização com natureza contratual, ou, simplesmente, de um contrato administrativo atípico que se presta a conferir acesso a um bem público específico: a oportunidade de fomentar projetos na Administração Pública, o que corresponde a vários interesses dos particulares, tais como os de criar mercados, acervar informações, oferecer alternativas para problemas de infraestrutura e demais utilidades deficitárias.

2.1.3.2 Regulamentação federal

Até 2015, o PMI era regulamentado, no âmbito da Administração Federal, pelo Decreto nº 5.977/2006. Entretanto, o Decreto nº 8.428/2015 veio a substitui-lo após a recomendação feita pelo Plenário do Tribunal de Contas da União no Acórdão nº 1.155/2014.[153]

Na ocasião, os ministros recomendaram à Casa Civil que avaliasse "(...) a necessidade de regulamentar o artigo 21 da Lei 8.987/1995, estabelecendo diretrizes gerais para a atuação dos diversos órgãos que possam utilizar a prerrogativa de autorizar a elaboração de estudos de viabilidade de projetos de concessão de serviços públicos".[154]

---

[152] Neste sentido, mesmo Bruno Gazzaneo Belsito, reconhece que "(...) o termo 'autorização' acabou sendo apropriado na redação do art. 21 de uma forma não usual, ensejando um uso vulgar do termo ou, de uma forma mais sutil, uma autorização *sui generis*". BELSITO, Bruno Gazzaneo. *O procedimento de manifestação de interesse/PMI na estruturação de contrato de concessão*: exame crítico e proposta de aperfeiçoamento do instrumento no direito brasileiro. 2015. 319 f. Dissertação (Mestrado em Direito) – Faculdade de Direito, Universidade do Estado do Rio de Janeiro, Rio de Janeiro, 2015. p. 219.

[153] TCU. Acórdão nº 1.155/2014, nos autos do TC nº 012.687/2013-8. Plenário. Relator: ministro Weder de Oliveira. Sessão de 7 de maio de 2014. Disponível em: <http://www.tcu.gov.br/Consultas/Juris/ Docs/judoc/Acord/20140522/AC_1155_15_14_P.doc.>. Acesso em: 10 dez. 2015.

[154] Também foi recomendado que a Casa Civil orientasse os órgãos da Administração Pública a, caso pretendessem emitir novas autorizações antes de ser editada a regulamentação do artigo 21, da Lei nº 8.987/1995, adotar as disposições do Decreto nº 5.977/2006.

Naturalmente, uma regulamentação da União só pode ser direcionada à Administração Federal, e não aos "diversos órgãos" de qualquer esfera federativa, que pudessem fazer uso do PMI, como poderia parecer. Isto não se coadunaria com os limites de competência impostos pelo nosso ordenamento no âmbito constitucional e legal.

Ademais, importa notar que o TCU, ao mesmo tempo em que recomendou à União a fixação de diretrizes do PMI, determinou à Secretaria Especial dos Portos (SEP/PR) que, com base na sua competência legal, regulamentasse "(...) os procedimentos relacionados às autorizações para realização de estudos sobre arrendamentos portuários e concessões",[155] deixando algumas dúvidas sobre o que entende ser o correto regime de competência para tratar da matéria.

Entretanto, o fato é que a União obedeceu às recomendações do TCU, publicou um novo decreto e, como era de se esperar, alguns entes federativos começaram a alterar suas regulamentações para compatibilizá-las com as novas diretrizes federais – embora isto não fosse necessário.

À luz do Decreto Federal nº 5.977/2006, já revogado, Juliana Bonacorsi de Palma acertadamente denunciava que "(...) no modelo brasileiro, o PMI não pode ser considerado instrumento consensual".[156] Embora não fosse esta voz uníssona entre os estudiosos do tema,[157] para a autora "A *posição consumeirista* do Poder Público (...)"[158] podia ser depreendida especialmente dos

---

[155] TCU. Acórdão nº 1.155/2014, nos autos do TC nº 012.687/2013-8. Plenário. Relator: ministro Weder de Oliveira. Sessão de 7 de maio de 2014. Disponível em: <http://www.tcu.gov.br/Consultas/Juris/Docs/judoc/Acord/20140522/AC_1155_15_14_P.doc.>. Acesso em: 10 dez. 2015. p. 87.

[156] PALMA, Juliana Bonacorsi de. Governança pública nas parcerias público-privadas: o caso da elaboração consensual de projetos de PPP. In: JUSTEN FILHO, Marçal; SCHWIND, Rafael Wallback (Coords.). *Parcerias público-privadas*: reflexões sobre os 10 anos da Lei nº 11.079/2004. São Paulo: Revista dos Tribunais, 2015. p. 113-142. p. 135.

[157] Como demonstramos no subcapítulo 2.1.2.3, há autores que já concebiam o PMI como instrumento consensual, mesmo à luz do Decreto nº 5.977/2006. É verdade, entretanto, que os critérios deles não são os mesmos daqueles utilizados por Juliana Bonacorsi de Palma.

[158] PALMA, Juliana Bonacorsi de. Governança pública nas parcerias público-privadas: o caso da elaboração consensual de projetos de PPP. In: JUSTEN FILHO, Marçal; SCHWIND, Rafael Wallback (Coords.). *Parcerias público-privadas*: reflexões sobre os 10 anos da Lei nº 11.079/2004. São Paulo: Revista dos Tribunais, 2015. p. 113-142. p. 135. Destaque original.

artigos 9º, parágrafo 1º; artigo 11, *caput*; e artigo 3º do Decreto Federal nº 5.977/2006.

Comparando os dispositivos mencionados com o novo decreto federal para verificar se houve mudança sensível no panorama, concluímos que o Decreto nº 8.428/2015 trouxe importantes aperfeiçoamentos, mas não mudanças substanciais a ponto de podermos, a partir de então, considerar o PMI um instrumento tipicamente consensual.

No que diz respeito à *marcada unilateralidade na condução do procedimento*, temos que a redação que substituiu o artigo 9º, parágrafo 1º, do Decreto Federal nº 5.977/2006, é praticamente idêntica, de modo que também no novo diploma podemos entender que o particular é apenas convidado a se manifestar no procedimento para fins de complementação de dados e informações – não há, efetivamente, uma interação horizontal.[159]

Já em relação à *impossibilidade de oposição de recurso* sobre o mérito da decisão de avaliação e seleção – outro ponto determinante para a qualificação do PMI como um instrumento não consensual, conforme levantado por Juliana Bonacorsi de Palma, temos que o artigo 11 do antigo decreto[160] não encontra correspondente no novo diploma. Este silencia sobre o tema.

---

[159] A redação do antigo Decreto nº 5.977/06 determinava que "Art. 9º A avaliação e a seleção dos projetos, estudos, levantamentos e investigações apresentados serão realizadas por comissão integrada pelos membros do Grupo Executivo da CTP e representantes indicados pelos órgãos setoriais. §1º Caso os projetos, estudos, levantamentos ou investigações apresentados necessitem de maiores detalhamentos ou correções, *a Secretaria-Executiva do CGP abrirá prazo para reapresentação*". (Destacamos). O mesmo espírito foi mantido no Decreto nº 8.428/15: "Art. 9º A avaliação e a seleção de projetos, levantamentos, investigações e estudos apresentados serão efetuadas por comissão designada pelo órgão ou pela entidade solicitante. §1º *O órgão ou a entidade solicitante poderá, a seu critério, abrir prazo para reapresentação* de projetos, levantamentos, investigações e estudos apresentados, caso necessitem de detalhamentos ou correções, que deverão estar expressamente indicados no ato de reabertura de prazo". (Destacamos).

[160] O artigo 11 dispunha que "A avaliação e a seleção dos projetos, estudos, levantamentos e investigações no âmbito da comissão não se sujeitam a recursos na esfera administrativa quanto ao seu mérito". Sobre este artigo, também Guilherme Fredhercio Dias Reisdorfer tecia acirrada crítica: "A incidência do devido processo administrativo passa também pela admissibilidade de impugnação dos atos praticados pelo órgão ou entidade que promova a licitação. Porém, esta premissa não tem sido observada em alguns casos. Como se vê do art. 11 do Dec. nº 5.977 (...). Trata-se solução que não se coaduna com o regime aplicável ao PMI. Afigura-se questionável que norma infralegal venha a restringir o direito ao recurso administrativo, ainda mais quando tal faculdade se encontra consagrada de forma ampla pela Lei federal nº 9.784/1999". REISDORFER, Guilherme F. Dias. Soluções contratuais

Tendo o PMI natureza processual, e sendo a avaliação um ato administrativo sujeito ao regime geral de controle,[161] entendemos que o recurso administrativo é cabível e a reposta a ele, um direito do administrado.

O "excessivo formalismo" verificado por Juliana Bonacorsi de Palma no trato do particular no âmbito do PMI, registrado anteriormente no artigo 3º[162] e, agora, no artigo 5º do novo

---

público-privadas: os procedimentos de manifestação de interesse (PMI) e as propostas não solicitadas (PNS). In: JUSTEN FILHO, Marçal; SCHWIND, Rafael Wallback (Coords). *Parcerias público-privadas*: reflexões sobre os 10 anos da Lei n 11.079/2004. São Paulo: Revista dos Tribunais, 2015. p. 177-206. p. 201. A expressa previsão sobre a impossibilidade de ingresso de recurso administrativo contra a escolha da pessoa jurídica ou física que fornecerá os estudos no PMI também foi objeto de análise por parte de Mário José Pace Júnior, que dedicou sua monografia ao tema. (PACE JÚNIOR, Mário José. *O processo de manifestação de interesse – PMI e o devido processo legal (Lei nº 11.079/04 e Decreto nº 5.977/06)*. 2013. 82 f. Monografia (Especialização em Direito Administrativo) – Coordenadoria Geral de Especialização, Aperfeiçoamento e Extensão, Pontifícia Universidade Católica de São Paulo, São Paulo, 2013). O autor entende que o antigo decreto, ao proibir o recurso administrativo, "(...) nada fez do que prever o óbvio (...)" (p. 75), na medida em que o mérito da decisão ao qual alude o art. 11 do antigo decreto estaria totalmente ligado à conveniência e à oportunidade do ato administrativo. Para o autor, sempre seria possível recorrer aos aspectos formais da decisão e "(...) até para que não pairassem incertezas sobre a legalidade do Regulamento do PMI, seria melhor que não houvesse tal redação, limitando o ingresso do Recurso Administrativo, quanto ao mérito. Pelo contrário, o ideal é que o regulamento tivesse a previsão de ingresso do Recurso Administrativo, com a estipulação de oportunidades e prazos, sob pena de dar uma conotação autoritária para os atos decisórios" (p. 76).

[161] "Tanto a aplicação dos critérios que norteiam a decisão quanto a sua motivação serão – como ocorre em relação a qualquer ato administrativo e nos mesmos limites – objeto de controle, tanto administrativo quanto jurisdicional". REISDORFER, Guilherme F. Dias. Soluções contratuais público-privadas: os procedimentos de manifestação de interesse (PMI) e as propostas não solicitadas (PNS). In: JUSTEN FILHO, Marçal; SCHWIND, Rafael Wallback (Coords). *Parcerias público-privadas*: reflexões sobre os 10 anos da Lei n} 11.079/2004. São Paulo: Revista dos Tribunais, 2015. p. 177-206. p. 202.

[162] "Art. 3º As pessoas físicas ou jurídicas da iniciativa privada que pretendam apresentar projetos, estudos, levantamentos ou investigações deverão protocolizar, na Secretaria Executiva do CGP, requerimento de autorização no qual constem as seguintes informações: I – qualificação completa do interessado, especialmente nome, identificação (cargo, profissão ou ramo de atividade), endereço físico e eletrônico, números de telefone, fax e CPF/CNPJ, a fim de permitir o posterior envio de eventuais notificações, informações, erratas e respostas a pedidos de esclarecimentos; II – demonstração da experiência do interessado na realização de projetos, estudos, levantamentos ou investigações similares aos solicitados; III – indicação da solicitação do CGP que baseou o requerimento; IV – detalhamento das atividades que pretendem realizar, considerando o escopo dos projetos, estudos, levantamentos ou investigações definidos na solicitação, inclusive com a apresentação de cronograma que indique as datas de conclusão de cada etapa e a data final para a entrega dos trabalhos. §1º Qualquer alteração na qualificação do interessado deverá ser imediatamente comunicada à Secretaria Executiva do CGP. §2º Serão recusados requerimentos de autorização que não tenham sido previamente solicitados pelo CGP ou que tenham sido apresentados em desconformidade com o escopo da solicitação."

diploma,[163] manteve-se. O Decreto nº 8.428/2015, aliás, ampliou algumas exigências aos particulares. Não nos parece, entretanto, que as exigências ali verificadas sejam de fato excessivas. Muitas delas se prestam apenas para fins de cadastro; outras, para facilitar a interação entre os agentes durante o PMI.

Certamente não foi objetivo do Decreto Federal nº 8.428/2015 imprimir ao PMI a natureza de um acordo integrativo ou inaugurar um novo modo de celebrar contratos com a Administração, oriundos de experimentos tipicamente contratuais; porém, o novo diploma trouxe alguns avanços em direção ao aperfeiçoamento do procedimento.

Embora tenha, por um lado, mantido diversos procedimentos previstos no seu antecessor e incorporado regras de legalidade questionável,[164] por outro, o Decreto Federal nº 8.428/2015

---

[163] "Art. 5º O requerimento de autorização para apresentação de projetos, levantamentos, investigações ou estudos por pessoas físicas ou jurídicas de direito privado conterá as seguintes informações: I – qualificação completa, que permita a identificação da pessoa física ou jurídica de direito privado e a sua localização para eventual envio de notificações, informações, erratas e respostas a pedidos de esclarecimentos, com: a) nome completo; b) inscrição no Cadastro de Pessoa Física – CPF ou no Cadastro Nacional de Pessoa Jurídica – CNPJ; c) cargo, profissão ou ramo de atividade; d) endereço; e e) endereço eletrônico; II – demonstração de experiência na realização de projetos, levantamentos, investigações e estudos similares aos solicitados; III – detalhamento das atividades que pretende realizar, considerado o escopo dos projetos, levantamentos, investigações e estudos definidos na solicitação, inclusive com a apresentação de cronograma que indique as datas de conclusão de cada etapa e a data final para a entrega dos trabalhos; IV – indicação de valor do ressarcimento pretendido, acompanhado de informações e parâmetros utilizados para sua definição; e V – declaração de transferência à administração pública dos direitos associados aos projetos, levantamentos, investigações e estudos selecionados. §1º Qualquer alteração na qualificação do interessado deverá ser imediatamente comunicada ao órgão ou à entidade solicitante. §2º A demonstração de experiência a que se refere o inciso II do *caput* poderá consistir na juntada de documentos que comprovem as qualificações técnicas de profissionais vinculados ao interessado, observado o disposto no §4º. §3º Fica facultado aos interessados a que se refere o *caput* se associarem para apresentação de projetos, levantamentos, investigações e estudos em conjunto, hipótese em que deverá ser feita a indicação das empresas responsáveis pela *interlocução com a administração pública e indicada a proporção da repartição do eventual valor de*vido a título de ressarcimento. §4º O autorizado, na elaboração de projetos, levantamentos, investigações ou estudos, poderá contratar terceiros, sem prejuízo das responsabilidades previstas no edital de chamamento público do PMI."

[164] É o que acontece, por exemplo, com o artigo 18, que prevê a possibilidade de vedar a participação, na licitação, dos "autores" ou "responsáveis economicamente" pelos projetos, levantamentos, investigações e estudos apresentados no PMI, em clara afronta aos artigos 21 da Lei nº 8.987/1995 e 31 da Lei nº 9.074/1995, segundo nosso entendimento. Há outros pontos do artigo que suscitam dúvidas, mas deixamos para um próximo estudo, pois uma análise pormenorizada do novo decreto federal exigiria outra dissertação.

trouxe notáveis inovações, entre as quais destacamos (i) a regulamentação mais clara dos limites do diálogo que pode (e deve) ser mantido entre os setores público e privado *durante* a elaboração dos estudos preparatórios de concessões; (iii) a previsão expressa de que os PMI não estão restritos à elaboração de projetos de PPP; (iii) a eliminação de qualquer dúvida que pudesse pairar sobre a possibilidade de privados provocarem a abertura de PMI; (iv) a fixação de parâmetros mínimos para a publicação do chamamento público.[165]

O reconhecimento expresso da necessidade de constante diálogo entre os agentes públicos e privados, desde a elaboração dos estudos *até a publicação do edital*,[166] foi um dos maiores ganhos que o Decreto Federal nº 8.428/2015 ofereceu.[167] Embora a interação entre os agentes públicos e privados sempre tenha sido indispensável para a adequada formalização dos estudos e possua amparo legal, contar com uma previsão que expressamente autorize esta prática, no âmbito do PMI, pode contribuir para

---

[165] Para uma análise dos critérios de seleção dos interessados que podem constar dos chamamentos públicos, ver REISDORFER, Guilherme F. Dias. Soluções contratuais público-privadas: os procedimentos de manifestação de interesse (PMI) e as propostas não solicitadas (PNS). In: JUSTEN FILHO, Marçal; SCHWIND, Rafael Wallback (Coords). *Parcerias público-privadas*: reflexões sobre os 10 anos da Lei nº 11.079/2004. São Paulo: Revista dos Tribunais, 2015. p. 177-206. p. 197-198.

[166] Este limite não é dado expressamente pelo novo decreto, porém, após a publicação do edital, parece-nos inconcebível que as empresas privadas que participaram da elaboração dos estudos (e que podem, portanto, ter se tornado licitantes) auxiliem a alteração dos documentos do projeto para atender às demandas decorrentes, por exemplo, de impugnações, esclarecimentos ou de comandos dos órgãos de controle. Em princípio, este raciocínio não se aplicaria a estudos que tivessem sido desenvolvidos por pessoas que não se tornassem licitantes após a publicação do edital.

[167] Neste sentido, merecem destaques os artigos 8º ("O Poder Público poderá realizar reuniões com a pessoa autorizada e quaisquer interessados na realização de chamamento público, sempre que entender que possam contribuir para a melhor compreensão do objeto e para a obtenção de projetos, levantamentos, investigações e estudos mais adequados aos empreendimentos de que trata o art. 1º") e os parágrafos 5º e 6º do artigo 15 ("Art. 15 Concluída a seleção dos projetos, levantamentos, investigações ou estudos, aqueles que tiverem sido selecionados terão os valores apresentados para eventual ressarcimento, apurados pela comissão. §5º Concluída a seleção de que trata o *caput*, a comissão poderá solicitar correções e alterações dos projetos, levantamentos, investigações e estudos sempre que tais correções e alterações forem necessárias para atender a demandas de órgãos de controle ou para aprimorar os empreendimentos de que trata o art. 1º §6º Na hipótese de alterações prevista no §5º, o autorizado poderá apresentar novos valores para o eventual ressarcimento de que trata o *caput*.").

trazer mais transparência e segurança jurídica a esta interação. Afinal, muitas vezes é necessário um "reforço positivista" para que o agente público faça, sem medo e às claras, aquilo que sempre esteve autorizado a fazer.

No mesmo sentido, a autorização para que os privados realizem alterações nos estudos após a sua "primeira" entrega trouxe conforto para os agentes públicos, permitindo, assim, que os projetos sejam aperfeiçoados com a mesma *expertise* para contemplar as alterações que se façam necessárias, em decorrência, por exemplo, das audiências ou consultas públicas ou das recomendações de órgãos de controle.[168] Estas práticas, embora corriqueiras (e legítimas), não eram autorizadas expressamente por lei, e os atores agiam como se estivessem sob o manto da irregularidade.

Outro ganho trazido pelo novo decreto foi a previsão expressa de que o PMI não está restrito às PPP. Esta restrição era objeto, à época, de acertadas críticas pelos estudiosos do tema, conforme se depreende das colocações de Caio de Souza Loureiro:

> Muito embora a regulamentação do PMI esteja quase que totalmente voltada às PPPs, é necessário que o instituto também seja aplicado nas concessões comuns. Não apenas por haver autorização legislativa neste sentido, mas também porque a limitação apenas ao universo das PPPs restringe demasiadamente os benefícios do PMI. É bom lembrar, inclusive, que um determinado projeto que tenha sido concebido inicialmente como uma PPP acabe se mostrando viável e mais oportuno como uma concessão comum, a partir da evolução dos estudos de viabilidade, de modo que seria absurdo abdicar dos estudos já elaborados apenas porque o projeto não será contratado como uma PPP, e sim como uma concessão comum.[169]

---

[168] "§6º O edital de chamamento público poderá condicionar o ressarcimento dos projetos, levantamentos, investigações e estudos à necessidade de sua atualização e de sua adequação, até a abertura da licitação do empreendimento, em decorrência, entre outros aspectos, de: I – alteração de premissas regulatórias e de atos normativos aplicáveis; II – recomendações e determinações dos órgãos de controle; ou III – contribuições provenientes de consulta e audiência pública."

[169] LOUREIRO, Caio de Souza. *Procedimento de manifestação de interesse (PMI)*: avanços e necessidades. Disponível em: <http://www.migalhas.com.br/dePeso/16,MI148799,61044-Procedimentodemanifestaçãodeinteresse+PMI+avanços+e+necessidades>. Acesso em: 23 nov. 2015.

O novo decreto prevê que os PMI podem ser utilizados em projetos de concessão ou permissão de serviços públicos, arrendamento de bens públicos ou concessão de direito real de uso.[170] [171] Esta mudança representa um avanço.

Ademais, o antigo Decreto Federal nº 5.977/2006 previa que todos os estudos de PPP deveriam ser promovidos pelo Comitê Gestor de PPP federais (CGP), engessando, assim, a atuação dos demais entes da Administração Federal. O diploma anterior, ora revogado, determinava ainda a recusa de requerimentos de autorização de estudos que não tivessem sido previamente solicitados pelo CGP. Agora, o novo diploma elimina qualquer dúvida sobre a possibilidade de privados provocarem a abertura de PMI.

Embora sempre tenha sido juridicamente viável que o particular apresentasse estudos à Administração, o fato é que a regulamentação do exercício deste direito confere mais segurança aos atores envolvidos na elaboração de projetos.

Enfim, destaca-se também a fixação de parâmetros mínimos para a publicação do chamamento público no artigo 4º. Embora não sejam primordiais para a realização de um PMI, é certo que as diretrizes conferem conforto ao gestor público, especialmente àqueles que se paralisam diante da ausência de comandos expressos, e também ajudam a diminuir algumas dúvidas e inseguranças durante o procedimento, pois o tratamento de diversas questões já estará anunciado no próprio chamamento.

Parece-nos que o Decreto Federal nº 8.428/2015 reúne alguns artigos capazes de melhorar o ambiente das contratações, mas várias questões que podem trazer entraves ao uso do PMI seguem sem resposta. Não é possível extrair, por exemplo, as regras

---

[170] "Art. 1º Este Decreto estabelece o Procedimento de Manifestação de Interesse – PMI a ser observado na apresentação de projetos, levantamentos, investigações ou estudos, por pessoa física ou jurídica de direito privado, com a finalidade de subsidiar a administração pública na estruturação de empreendimentos objeto de concessão ou permissão de serviços públicos, de parceria público-privada, de arrendamento de bens públicos ou de concessão de direito real de uso."

[171] Importa notar que o decreto também estipulou que a ele não se submetem (i) os procedimentos previstos em legislação específica, inclusive os previstos no artigo 28 da Lei nº 9.427/96; e (ii) projetos, levantamentos, investigações e estudos elaborados por organismos internacionais dos quais o país faça parte e por autarquias, fundações públicas, empresas públicas ou sociedades de economia mista.

sobre a responsabilização por falhas nos estudos adotados pela Administração, ou, ainda, o grau de formalização que deve ser dado aos encontros mantidos entre o Poder Público e o privado durante o PMI. Buscaremos analisar algumas destas questões nos capítulos seguintes. Outras tantas seguirão em aberto.

2.1.3.3 Regulamentações estaduais e municipais

No que diz respeito às legislações estaduais, realizamos uma pesquisa[172] em todos os estados brasileiros a fim de identificar as regulamentações de PMI existentes, com o propósito de criar uma base de dados para subsidiar as análises desenvolvidas neste estudo.

Neste sentido, localizamos a regulamentação do PMI dos estados de Alagoas,[173] Bahia,[174] Ceará,[175] Espírito Santo,[176] Goiás,[177] Mato Grosso,[178] Mato Grosso do Sul,[179] Minas Gerais,[180] Pará,[181] Paraíba,[182] Paraná,[183] Pernambuco,[184] Piauí,[185] Rio de Janeiro,[186]

---

[172] Esforço semelhante foi feito por Mário Márcio Saadi Lima, mais especificamente no anexo 2 – aspectos de atos normativos estaduais e distrital a respeito do procedimento de manifestação de interesse. LIMA, Mário Marco Saadi. *O procedimento de manifestação de interesse à luz do ordenamento jurídico brasileiro*. Belo Horizonte: Fórum, 2015.
[173] Decreto nº 16.879, de 30 de novembro de 2011.
[174] Decreto nº 16.522, de 30 de dezembro de 2015.
[175] Decreto nº 30.328, de 27 de setembro de 2010, alterado pelo Decreto nº 30.646, de 14 de setembro de 2011.
[176] Decreto nº 2.889, de 1º de novembro de 2011, alterado pelo Decreto nº 3138-R, de 26 de outubro de 2012.
[177] Decreto nº 7.365, de 9 de junho de 2011.
[178] Decreto nº 926, de 28 de dezembro de 2011.
[179] Decreto nº 14.360/2015.
[180] Decreto nº 44.565, de 3 de julho de 2007.
[181] Decreto nº 1.242, de 16 de março de 2015.
[182] Decreto nº 33.249, de 28 de agosto de 2012, e Resolução nº 01/2012-CGPB, de 23 de novembro de 2012.
[183] Decreto nº 6.823, de 21 de dezembro de 2012.
[184] Resolução nº 001, de 6 de fevereiro de 2006, do Comitê Gestor do Programa Estadual de Parceria Público-Privada (CGPE) e Resolução nº 001, de 20 de setembro de 2007, da Secretaria de Planejamento e Gestão.
[185] Decreto nº 16.002, de 22 de abril de 2015.
[186] Decreto nº 45.294, de 24 de junho de 2015.

Rio Grande do Norte,[187] Rio Grande do Sul,[188] Rondônia,[189] Santa Catarina,[190] São Paulo,[191] Sergipe[192] e Distrito Federal.[193] [194]

Por ora, importa registrar que elas trazem procedimentos bem diversos entre si, adotam nomenclaturas próprias para designar o que aqui chamamos de PMI, mas buscam, todas, incentivar a participação dos administrados na elaboração dos contratos de PPP. Vale dizer também que algumas regulamentações estaduais estão sendo revisitadas à luz do Decreto Federal nº 8.428/2015.

No que diz respeito às legislações municipais, em um País com mais de 5.500 municípios, não poderíamos proceder a uma varredura de toda a legislação. Selecionamos, como recorte inicial de pesquisa, a análise da regulamentação de PMI nas capitais dos quatro estados mais populosos do país. Três delas possuem regulamentação de PMI, a saber: Belo Horizonte,[195] Salvador[196] e São Paulo.[197] O município do Rio de Janeiro, apesar de fazer amplo uso do PMI, não possui norma que regulamente o procedimento. Entretanto, os chamamentos públicos deste município costumam seguir as mesmas diretrizes, de modo que podemos concluir que há uma praxe consolidada na Administração Municipal, sobre a qual discorreremos no subcapítulo 2.17.

---

[187] Decreto nº 25.422, de 11 de agosto de 2015.

[188] Resolução nº 02/2013, do Conselho Gestor do Programa de Parcerias Público-Privadas do Estado do Rio Grande do Sul (CGPPP/RS), e Lei nº 12.234/2005, na forma da Lei nº 14.686/2015.

[189] Decreto nº 16.559, de 05 de março de 2012.

[190] Decreto nº 962, de 08 de maio de 2012. Para um estudo mais aprofundado, ver SCHIEFLER, Gustavo Henrique Carvalho. A regulamentação e a utilização do Procedimento de Manifestação de Interesse no estado de Santa Catarina: comentários a respeito do Decreto Estadual nº 962/2012. *Portal Jurídico Investidura*, Florianópolis, 9 ago. 2012. Disponível em: <investidura.com.br/biblioteca-juridica/artigos/ direito-administrativo/264755[1]>. Acesso em: 16 nov. 2015.

[191] Decreto nº 61.371, de 21 de julho de 2015.

[192] Resolução nº 01, de 6 de junho de 2008, do Conselho Gestor do Programa Estadual de Parcerias Público-Privadas do Sergipe.

[193] Decreto nº 39.613, de 3 de janeiro de 2019.

[194] Por meio do uso de ferramentas de pesquisa disponíveis na internet, até 31de março de de 2018 não localizamos regulamentações de PMI nos seguintes estados: Acre, Amapá, Amazonas, Maranhão, Roraima e Tocantins.

[195] Decreto nº 14.052, de 5 de agosto de 2010, e Decreto nº 14.657, de 21 de novembro de 2011.

[196] Decreto nº 23.936, de 17 de maio de 2013.

[197] Decreto nº 57.678, de 4 de maio de 2017.

Ademais, a exemplo do que ocorre na esfera estadual, percebe-se o impacto do Decreto Federal nº 8.428/2015 também nas regulamentações em âmbito municipal. Nota-se, por exemplo, que as regulamentações de São Luís,[198] Maceió[199] e Goiânia[200] foram publicadas após a edição do novo decreto federal.

2.1.4 Conteúdo dos estudos

Os PMI geralmente buscam colher estudos técnicos de engenharia e arquitetura; de demanda; ambientais; econômico-financeiros; e jurídico-regulatórios.[201] Tudo dependerá do escopo do objeto que se pretende conceder.

Flávio Amaral Garcia bem destaca que:

> (...) a cláusula do objeto é a mais importante em qualquer processo de contratação pública, pois é nela que se materializa o atendimento ao interesse público primário.
> Definir objeto está longe de ser matéria afeta apenas à ciência do Direito; ao revés, existem diversos aspectos técnicos, financeiros e econômicos que devem ser avaliados nesta etapa da contratação pública.[202]

---

[198] Decreto nº 47.085, de 3 de junho de 2015.
[199] Decreto nº 8.096, de 8 de julho de 2015.
[200] Lei nº 9.548, de 22 de abril de 2015.
[201] Para uma análise complementar sobre a descrição dos estudos preparatórios de concessão, ver BELSITO, Bruno Gazzaneo. *O procedimento de manifestação de interesse/PMI na estruturação de contrato de concessão*: exame crítico e proposta de aperfeiçoamento do instrumento no direito brasileiro. 2015. 319 f. Dissertação (Mestrado em Direito) – Faculdade de Direito, Universidade do Estado do Rio de Janeiro, Rio de Janeiro, 2015. p. 37- 41. A não mais vigente Medida Provisória nº 727, de 12 de maio de 2016, também buscou delimitar a modelagem de projetos estruturados em termos que nos parecem suficientemente abrangentes: "Considera-se estruturação integrada o conjunto articulado e completos de atividades e serviços técnicos, incluindo estudos, projetos de engenharia, arquitetura e outros, levantamentos, investigações, assessorias, inclusive de relações públicas, consultorias e pareceres técnicos, econômico-financeiros e jurídicos, para viabilizar a liberação, a licitação e a contratação do empreendimento, segundo as melhores práticas e com transparência, podendo estes serviços incluir a revisão, aperfeiçoamento ou complementação de subsídios obtidos em trabalhos paralelos ou anteriores" (artigo 14, §2º).
[202] GARCIA, Flávio Amaral. A participação do mercado na definição do objeto das parcerias público-privadas: o procedimento de manifestação de interesse. *Revista de Direito Público da Economia* – RDPE, Belo Horizonte, ano 11, nº 42, abr./jun. 2013. p. 1-3.

No caso de uma rodovia, por exemplo, os estudos de engenharia e arquitetura podem contemplar: análise de tráfego, de capacidade e de localização das praças de pedágio; avaliação do traçado, da faixa de domínio, das obras de arte especiais, de aspectos geológicos, das estruturas de apoio ao usuário, do passivo ambiental e de interferências de rede de outras concessionárias; plano de gestão ambiental; levantamento das condições de infraestrutura implantadas; elaboração do plano de exploração;[203] identificação de novas tecnologias. É comum também que estes estudos técnicos registrem os indicadores de desempenho que devem ser utilizados pela concessionária.

Os estudos de demanda podem incluir:

> (...) tanto o levantamento do número de usuários atuais (...), dos usuários potenciais, sua capacidade e disposição de pagamento pelo serviço, comparação do serviço com outras alternativas equivalentes, para aferição de sua competitividade, projeção do crescimento de demanda e dos índices de utilização indevida (fuga ao pagamento da tarifa) do serviço.[204]

Já os estudos de avaliação econômico-financeira consistem nas análises voltadas a assegurar a viabilidade da concessão, geralmente contemplando projeções de investimentos e custos operacionais; alternativas de estruturas tarifárias; estimativa de receitas principais e acessórias; estudos de riscos; sistemas de garantia; elaboração do plano de negócios; demonstração da melhoria da eficiência no emprego dos recursos públicos; tudo em conformidade com as normas gerais estabelecidas pela Portaria do

---

[203] Exemplos extraídos de análise sobre o PMI 001/2008, cujo objetivo era convidar a iniciativa privada a contribuir para a estruturação de projetos de concessão de 16 lotes rodoviários definidos pelo estado de Minas Gerais. GUIMARÃES NETO, Mário Queiroz; BATISTA, Adrian Machado. Procedimento de Manifestação de Interesse (PMI): diálogos com a iniciativa privada. In: CONGRESSO CONSAD DE GESTÃO PÚBLICA, 3, 2010, Brasília. Anais eletrônicos. Brasília: Conselho Nacional de Secretários de Estado da Administração, 2010, Painel 44: Soluções de longo prazo em parceria com a iniciativa privada na oferta de infraestrutura de transportes. Disponível em: <http://www.escoladegoverno.pr.gov.br/ arquivos/File/Material_%20CONSAD/paineis_III_congresso_consad/painel_44/procedimento_de_manifestacao_de_interesse_dialogos_com_a_iniciativa_privada.pdf>. Acesso em: 13 set. 2015.

[204] RIBEIRO, Maurício Portugal; PRADO, Lucas Navarro. Comentários à Lei de PPP – Parceria Público-Privada: fundamentos econômico-jurídicos. São Paulo: Malheiros, 2010. p. 53.

Ministério da Fazenda/Tesouro Nacional nº 614/2006[205] e as demais normas técnicas aplicáveis.

Os estudos ambientais podem consistir em: análises de impacto socioeconômico; identificação de passivos ambientais (existentes ou projetados) ou de outros riscos ambientais; elaboração de diretrizes para o licenciamento e identificação de medidas compensatórias; elaboração de relatórios de constituição geológica; elaboração de orientações para o cumprimento das normas vigentes. Podem contemplar, ainda: sugestões de indicadores de desempenho ambientais para o contrato de PPP; ações voltadas para a restauração e a preservação dos recursos disponíveis e de vestígios de interesse científico, histórico e arqueológico; identificação de tecnologia disponível no mercado que prime pela sustentabilidade; elementos para auxiliar o andamento dos licenciamentos necessários.

Os estudos jurídico-regulatórios, por sua vez, centram-se basicamente em analisar a viabilidade do projeto em face de aspectos, como a própria expressão sugere, de cunho jurídico e regulatório. Isto implica (i) desenvolvimento de estudos sobre a legislação aplicável ao projeto, especialmente em relação aos marcos regulatórios setoriais; (ii) levantamento de precedentes; (iii) escrutínio das etapas formais necessárias à implementação do projeto, a fim de identificar possíveis entraves e formas de superação; (iv) análise, sob a ótica jurídica, do arranjo remuneratório; (vi) levantamento de alternativas para a estruturação do sistema de garantia; (vii) análise dos riscos e dos possíveis mitigadores; (viii) alternativas de sistemas de multas e penalidades; (ix) mecanismos de revisão contratual, e assim por diante. Geralmente, tais estudos resultarão nos seguintes produtos: minutas (ou termos de referência) de editais, contratos e dos instrumentos normativos necessários a garantir a segurança do projeto (minutas de lei, de decretos, de convênios de cooperação, entre outros); pareceres de viabilidade

---

[205] Vera Monteiro discorre sobre as regras gerais de contabilização fixadas na norma indicando que "O texto é técnico, de orientação para os contadores públicos e informa seu objetivo desde logo: quer transparência nas contas públicas". MONTEIRO, Vera. Três anos da Lei de Parceria Público-Privada. In: SOUZA, Mariana Campos de. (Coord.). *Parceria público-privada*: aspectos jurídicos relevantes. São Paulo: Quartier Latin, 2008. p. 226-256. p. 243.

jurídica; matriz de riscos. Especial atenção deve ser dada à matriz de riscos, pois, além de ser um produto integrador de todos os pontos sensíveis do projeto (de ordem econômica, ambiental, jurídica, de engenharia), como anota Vera Monteiro:

> A almejada estabilidade durante a execução do contrato corre o risco de restar abalada na hipótese de incompletude do contrato [especialmente nas concessões em que inexistem agências reguladoras]. *Uma boa matriz de riscos, somada a um estudo econômico-financeiro sustentável, é elemento imprescindível para que a licitação e o contrato sejam confeccionados*, e tenham condições mínimas de prever futuros conflitos e impasses, bem como os mecanismos para sua solução.[206]

Ressalte-se que, em alguns casos, a Administração Pública fixa parâmetros para a elaboração de cada um dos estudos até mesmo para que, após serem apresentados pelos interessados, possa proceder à comparação entre eles com mais facilidade. Ao mesmo tempo em que tal estratégia pode facilitar o trabalho de avaliação dos estudos, ela pode também limitar a criatividade dos administrados, que ficarão adstritos a apresentar os estudos dentro dos parâmetros solicitados pela Administração.

Portanto, entendemos que o detalhamento dos conteúdos dos estudos por parte da Administração, quando existir, deverá ser feito sem vedar a possibilidade de que novos elementos sejam apresentados no PMI e, eventualmente, ressarcidos.

Isto porque ainda mais importante do que detalhar o conteúdo do que se espera ver contemplado nos estudos é especificar os objetivos que a Administração espera ver atendidos com a concessão. Afinal, ao ter conhecimento preciso sobre as finalidades a serem perseguidas pela concessão, os privados poderão optar por soluções que impliquem o desenvolvimento de escopos não cogitados inicialmente pelos gestores públicos. Neste contexto, o fundamental é que os estudos elaborados durante o PMI tenham abrangência suficiente para comprovar a viabilidade e a economicidade da parceria que se pretende firmar.

---

[206] MONTEIRO, Vera. Três anos da Lei de Parceria Público-Privada. In: SOUZA, Mariana Campos de. (Coord.). *Parceria público-privada*: aspectos jurídicos relevantes. São Paulo: Quartier Latin, 2008. p. 226-256. p. 256. Destaque original.

Vale lembrar que o PMI é instrumento voltado a acolher a criatividade dos privados. Ele deve ser construído de modo a criar espaços para ao menos considerar as soluções provenientes dos administrados, e estas soluções também podem estar refletidas na definição do escopo dos estudos.

2.1.5 Tempo para elaboração dos estudos

Os prazos fixados para o desenvolvimento dos estudos são variáveis. Tendo por referência os PMI objeto da presente pesquisa,[207] podemos concluir que os prazos inicialmente estimados para o desenvolvimento dos estudos costumam variar de 30 a 240 dias.

Isto seria natural, considerando, sobretudo, que os objetos de concessão podem ser mais ou menos complexos e, portanto, podem demandar diferente dedicação dos consultores.

Neste sentido, o ministro Benjamin Zymler já reconheceu que

(...) o prazo para apresentação dos projetos, estudos, levantamentos ou investigações deverá ser fixado levando em conta a complexidade, as articulações e as licenças necessárias para sua implementação. O que significa dizer que o prazo será fixado caso a caso.[208]

Porém, muitas vezes o prazo sem dúvida não está atrelado à complexidade do objeto. Tal situação pode ser claramente verificada,

---

[207] Restringimos a pesquisa aos estados do Rio de Janeiro e São Paulo, e às suas respectivas capitais. Utilizamos apenas os chamamentos públicos disponíveis em sites oficiais. Os chamamentos públicos analisados, além daqueles que serão citados no corpo do texto, foram: (i) PMI do Arco Tietê / Município de São Paulo (Chamamento Público nº 01/2013/SMDU), prazo de 60 dias para análise de pré-viabilidade, (ii) PMI Metrô – linha 20 / estado de São Paulo (Chamamento Público nº 002/2012), prazo de 240 dias; (iii) PMI Maracanã / estado do Rio de Janeiro (MIP nº 01/2012/CASACIVIL), prazo de, aproximadamente, 80 dias; Porto Maravilha / Município do Rio de Janeiro (Decretos Municipais nº 26.852/2006 e nº 27.655/2007), com aproximadamente 180 dias de prazo para desenvolvimento dos estudos; PEU da Vargens / Município do Rio de Janeiro (PMI SECPAR nº 005/2015), com 60 (estudos parciais) a 120 (estudos completos) dias para apresentação de estudos.
[208] TCU. Acórdão nº 1.155/2014, nos autos do TC nº 012.687/2013-8. Plenário. Relator: ministro Weder de Oliveira. Sessão de 7 de maio de 2014. Disponível em: <http://www.tcu.gov.br/Consultas/Juris/Docs/ judoc/Acord/20140522/AC_1155_15_14_P.doc.>. Acesso em: 10 dez. 2015. p. 81. O entendimento do ministro parece ter sido implicitamente acolhido pelo Acórdão, posto que deu prosseguimento aos atos decorrentes da Portaria SEP/PR 38/2013.

por exemplo, na comparação entre os prazos inicialmente fixados pelo município do Rio de Janeiro para o estudo de um zoológico (PMI SECPAR nº 003/2015) e para a concessão de esgotamento sanitário de uma grande área do município (PMI SECPAR nº 02/2015): a entrega dos estudos, em ambos os chamamentos, foi inicialmente fixada em prazo idêntico, qual seja, 30 dias para a entrega dos primeiros estudos parciais.

É verdade que tais prazos são frequentemente prorrogados. Porém, em razão das dificuldades enfrentadas para acessar os dados oficiais, optou-se pela limitação do escopo da pesquisa à verificação dos prazos inicialmente fixados em chamamentos públicos de abertura dos PMI. Eventuais prorrogações nos prazos não estão, portanto, contempladas nos números apresentados de forma sistematizada, embora saibamos que tal prática é absolutamente corriqueira.

Em Salvador, por exemplo, o prazo inicialmente fixado para a apresentação dos estudos do Sistema Metroviário de Salvador e Lauro de Freitas[209] era de 60 dias, e pretendia-se concluir o PMI em cem dias. O PMI fora lançado em março de 2011. Entretanto, os estudos foram concluídos mais de um ano depois, e o edital de PPP somente foi lançado em abril de 2013.

Como anotam Tarcila Reis e Eduardo Jordão:

> O senso comum é de que a velocidade pública e privada são distintas e muitas vezes o gestor lança mão de PMIs com a ilusão de que, com isto, a estruturação do projeto poderá ser realizada em tempo exíguo. Na prática, esta expectativa frequentemente não se concretiza e dá lugar a prorrogações, demonstrando ao gestor que, mesmo amparado pelas empresas mais eficientes, a urgência do tempo político dificilmente é satisfeita pelo tempo necessário para estruturação de projetos de qualidade.[210]

Os jornalistas Flávia Furlan e Bruno Villas Boas, em reportagem que denuncia "o custo da burrice" de obras mal planejadas, trouxeram interessantes dados comparativos levantados pela

---

[209] PMI SEDUR nº 01/2011. Publicado no Diário Oficial do estado da Bahia referente aos dias 26 e 27 de março de 2011, na página 2 da parte 5 – licitações.

[210] REIS, Tarcila; JORDÃO, Eduardo. A experiência brasileira de MIPS e PMIS: três dilemas da aproximação público-privada na concepção de projetos. In: JUSTEN FILHO, Marçal; SCHWIND, Rafael Wallback (Coords.). *Parcerias público-privadas*: reflexões sobre os 10 anos da Lei 11.079/2004. São Paulo: Revista dos Tribunais, 2015. p. 207-232. p. 213.

Fundação Dom Cabral sobre o tempo dedicado ao planejamento dos estudos no Brasil, no Japão e na Alemanha:

> É notório o pouco esforço que costuma ser dedicado no Brasil às fases de planejamento. De acordo com o Núcleo de Infraestrutura e Logística da Fundação Dom Cabral, *a elaboração de projetos, a montagem dos cronogramas e as projeções de custos consomem cerca de 40% do tempo previsto para uma obra no Japão. Na Alemanha, metade. Para comparar, no Brasil, só um quinto do tempo é despendido com as etapas iniciais.* (...) Dados do Tribunal de Contas da União mostram que mais de um terço das fiscalizações em obras no ano passado [2014] apresentava problemas de projeto.[211]

Não é incomum observar a imposição de prazos irreais para a modelagem de projetos que acabam paralisados não em decorrência direta da burla às etapas esperadas de um bom planejamento, mas sim dos questionamentos sobre os prazos impostos nos órgãos de controle ou no Judiciário.

Aliás, observamos que, mesmo quando atendidos prazos previstos na legislação, órgãos de controle questionam sua adequação. É o caso, por exemplo, de PMIs promovidos pelo Ministério dos Transportes para implantação de ferrovias, que tiveram supostas irregularidades questionadas no Processo TC nº 028.129/2014-8.[212] Neste caso, o Acórdão nº 1.873/2016, de relatoria do ministro Walton Alencar Rodrigues, solicitou esclarecimentos acerca do

> (...) *exíguo* prazo mínimo de 20 dias, a contar da publicação do edital de chamamento, para apresentação de requerimento de autorização

---

[211] Disponível em: <http://exame.abril.com.br/revista-exame/edicoes/1086/noticias/o-custo-da-burrice>. Acesso em: Acesso em: 20 nov. 2015. Destacamos.

[212] A Corte de Contas federal mais uma vez se viu diante dos intrincados debates relativos ao PMI neste processo, que cuidou da representação a respeito de possíveis irregularidades ocorridas no âmbito de PMIs promovidos pelo Ministério dos Transportes para implantação de ferrovias. Dos acórdãos resultantes da contenda, destacamos o Acórdão nº 1.873/2016, de relatoria do Ministro Walton Alencar Rodrigues, notadamente no que dizem com os questionamentos contidos no item 9.3. Contudo, a análise das respostas decorrentes das determinações relativas ao referido item 9.3 aparentemente "será feita em instrução própria no curso do processo de levantamento (TC 023.351/2016-0)", processo este que não consta da base virtual do TCU. Embora este processo trate de autorizações emitidas a empresas privadas com estruturas tradicionais, diferentemente do Processo TC nº 012.687/2013-8, que cuidou da análise do PMI à luz de um caso concreto que, como mencionado, envolvia a EBP, não houve, aqui, o aprofundamento da discussão tal qual verificamos no Processo TC nº 012.687/2013-8, razão pela qual o leitor encontra, neste trabalho, mais referências ao Acórdão nº 1.155/2014.

(...), insuficiente, portanto, para eventuais interessados se inteirarem do objeto de estudo e apurarem os riscos e custos a ele inerentes, mormente em se tratando de estruturação de empreendimentos complexos (...).[213]

Note-se que o prazo questionado corresponde exatamente ao previsto no art. 4º, parágrafo 3º, do Decreto nº 8.428/2015[214], como prazo mínimo admissível para o desenvolvimento da referida etapa do PMI. Ainda assim, a Corte de Contas entendeu que ele seria insuficiente em função da complexidade dos estudos. É verdade que oportunamente a Secretaria Executiva do Programa de Parcerias de Investimentos da Presidência da República, o Ministério dos Transportes e a Agência Nacional de Transportes Terrestres (ANTT) poderão justificar esta escolha, e quiçá, ao final, vê-la acatada pelo Tribunal de Contas da União, porém, até que isto ocorra, o cronograma do projeto já foi prejudicado.

Imperioso, portanto, que os gestores públicos adotem postura realista quando da fixação de prazos e justifiquem suas escolhas quando da emissão de seus atos. De outro lado, nada impede que os agentes privados questionem formalmente a fixação dos prazos impostos, que advirtam o Poder Concedente para a possibilidade de entregas parciais em razão do exíguo tempo estipulado para os estudos, que peçam a revisão dos escopos ou que negociem cláusulas para dividir a responsabilidade sobre determinados escopos dos estudos. O diálogo pode e deve ser estabelecido desde cedo. Afinal, há direitos e deveres de parte a parte.

Sabemos que a agenda política muitas vezes não coincide com a agenda ideal para o planejamento de concessões, e os gestores se veem reféns de situações críticas. Nem por isso a decisão administrativa pode deixar de ser motivada. Aliás, quanto menos coerente ela aparentar ser, mais fundamentada há de ser

---

[213] TCU. Acórdão nº. 1.873/2016, nos autos do TC nº 028.129/2014-8. Plenário. Relator: ministro Walton Alencar Rodrigues. Sessão de 20 de julho de 2016. Disponível em: <https://contas.tcu.gov.br/pesquisaJurisprudencia/#/detalhamento/11/%252a/NUMACORDAO%253A1873%2520ANOACORDAO%253A2016/DTRELEVANCIA%2520desc%252C%2520NUMACORDAOINT%2520desc/false/1/false.>. Acesso em: 02 abr. 2018.

[214] "Art. 4º, §3º O prazo para apresentação de requerimento de autorização para apresentação de projetos, levantamentos, investigações ou estudos não será inferior a vinte dias, contado da data de publicação do edital."

sua motivação. E não há qualquer óbice no ordenamento jurídico para que estas decisões sejam de cunho político. Ao contrário, o corpo executivo foi eleito para tomar decisões políticas e executá-las. Necessário, portanto, que as decisões de desenvolvimento de estudos que estipulem prazos aparentemente desarrazoados sejam apresentadas com as motivações que a sustentem, e que o impacto econômico de tal decisão[215] esteja justificado em vista da finalidade que se pretende ver ali atingida (a construção de escolas dentro das metas de campanha, de hospitais dentro do ano eleitoral, de estádios para as Olimpíadas, de sistemas de mobilidade para a Copa do Mundo, etc.).

A transparência no conteúdo das decisões administrativas, especialmente as de cunho político, só vem para fortalecer a democracia, na medida em que aumenta as possibilidades de controle e de participação do administrado na formação da vontade do Estado.

2.1.6 Dinâmica do PMI

O artigo 2º da Lei nº 11.922/2009 afasta qualquer dúvida sobre a dinâmica do PMI. Ele é um *procedimento administrativo* que visa a estimular a iniciativa privada a apresentar, por sua conta e risco, estudos relativos à estruturação de projetos públicos.[216] Este procedimento pode ser regulado pelos Poderes Executivos da União, dos estados, do Distrito Federal e dos municípios e geralmente se

---

[215] Mesmo nas situações em que seja possível para a iniciativa privada produzir estudos em menos tempo, a mobilização tende a ser maior e, com isso, os custos também.

[216] "O reconhecimento da natureza procedimental do PMI termina por afirmar o princípio do contraditório no relacionamento entre Poder Público e particulares quando da elaboração de projetos de PPP. Isso significa, em termos operacionais, que se constrói efetivo debate em torno dos estudos, levantamentos e propostas apresentados pelo particular interessado visando à melhor modelagem do projeto de PPP. Tal compreensão do PMI parte novamente do pressuposto de que este procedimento não consiste em uma licitação alternativa de projetos em que a Administração não arca com os custos. O contraditório, inerente a qualquer processo conduzido pela Administração Pública, determina o *direito de resposta* do Poder Pública aos particulares (…)". PALMA, Juliana Bonacorsi de. Governança pública nas parcerias público-privadas: o caso da elaboração consensual de projetos de PPP. In: JUSTEN FILHO, Marçal; SCHWIND, Rafael Wallback (Coords.). *Parcerias público-privadas*: reflexões sobre os 10 anos da Lei 11.079/2004. São Paulo: Revista dos Tribunais, 2015. p. 113-142. p. 125. Destaque original.

inicia com uma autorização, conferida com fulcro no princípio da autonomia contratual.

O PMI pode constituir um processo autônomo, posto que nem sempre culminará em um processo licitatório.[217] Ou seja, na prática, o PMI poderá receber um número de processo administrativo e não culminar em licitação alguma ou poderá ficar integrado ao processo administrativo licitatório, junto com as outras documentações relativas à preparação da concessão (tais como aquelas previstas no artigo 10 da Lei de PPP).

De modo geral, entendemos que o PMI não tem a natureza de um procedimento propriamente competitivo, pois

> (...) a ampla participação propiciada pelo teor da Lei federal de Processo Administrativo parte do pressuposto de que o PMI consiste em efetiva arena de diálogo entre Poder Público e privado, e não mera licitação alternativa de projetos.[218]

---

[217] Causa estranhamento a afirmação proferida pelo ministro Relator Walton Alencar Rodrigues no sentido de que "Mesmo a elaboração de minutas de edital e de contrato de concessão pode ser objeto de estudos preliminares, bastando que a decisão seja, ao final, tomada pelas autoridades regulatórias, ainda que estas venham a se basear nos subsídios fornecidos pelo estudo em questão para a tomada de decisão. Juridicamente, isso *não configura que o autor do estudo terá 'participado da fase interna de licitação'*". TCU, nos autos do TC nº 012.687/2013-8. Plenário. 8, Relator: Walton Alencar Rodrigues, Data da sessão: 28 de outubro de 2015. Disponível em: <http://www.tcu.gov.br/Consultas/Juris/Docs/ judoc/Acord/20151103/ AC_2732_43_15_P.doc.>. Acesso em: 7 jan. 2015. Destaque original. Entendemos que o autor dos estudos participa – e participa ativamente – da fase interna da licitação, quando os estudos desenvolvidos em sede de PMI são aproveitados na concorrência.

[218] PALMA, Juliana Bonacorsi de. Governança pública nas parcerias público-privadas: o caso da elaboração consensual de projetos de PPP. In: JUSTEN FILHO, Marçal; SCHWIND, Rafael Wallback (Coords.). *Parcerias público-privadas*: reflexões sobre os 10 anos da Lei 11.079/2004. São Paulo: Revista dos Tribunais, 2015. p. 113-142. p. 124. Diferente, parece-nos, o regime das *unsolicited proposals* e dos diálogos concorrenciais (ou competitivos) do direito europeu. Os diálogos concorrenciais, previstos na Diretiva 2014/24/UE do Parlamento Europeu e do Conselho, de 26 de fevereiro de 2014, são, em termos gerais, processos públicos que envolvem o debate sobre a definição do escopo, das obrigações e da melhor forma de contratação. São fortemente marcados por etapas de negociação contratual (pré e pós-adjudicatórias) que "(...) todos os países integrantes da União Europeia tem o dever de implementar, em seus respectivos processos de contratação pública (...)". MOREIRA, Egon Bockmann. Licitação pública e a negociação pré-contratual: a necessidade do diálogo público-privado. *Revista de Contratos Públicos*, ano 2, nº 2, set./fev. 2013. Já as *unsolicited proposals*, no entendimento de Bruno Gazzaneo Belsito, seriam mais semelhantes ao nosso PMI justamente por se configurarem como "expedientes não concorrenciais". BELSITO, Bruno Gazzaneo. *O procedimento de manifestação de interesse/PMI na estruturação de contrato de concessão*: exame crítico e proposta de aperfeiçoamento do instrumento no direito brasileiro. 2015. 319 f. Dissertação (Mestrado em Direito) – Faculdade de Direito, Universidade do Estado do Rio de Janeiro, Rio de Janeiro, 2015. p. 112-142.

O fato de a autorização ser conferida, na maioria das vezes, sem exclusividade, não é suficiente, a nosso ver, para determinar a natureza do procedimento como *competitivo*, como faz parte dos estudiosos do tema,[219] pois isto seria reduzir toda a sua importância ao ressarcimento que, talvez, virá à tona ao final do processo. O objetivo de um PMI é (ou deve ser) mais amplo que o mero ressarcimento. Como bem observa Guilherme Fredherico Dias Reisdorfer:

> (...) instrumentos como o PMI e a PNS fundamentam-se em um conjunto de vantagens possíveis ao Poder Público. Em primeiro lugar, o recurso a estas figuras se justifica em relação da *economia de tempo e de recursos*. (...). Em segundo lugar, tais procedimentos permitem um *diagnóstico de mercado*. (...). Em terceiro lugar, estes procedimentos propiciam *maior controle sobre as interações havidas com os particulares interessados*. (...).
>
> Em síntese, estes procedimentos permitem compatibilizar os objetivos de *aperfeiçoamento da atividade administrativa e de persecução da eficiência*, de um lado, com a *institucionalização de regras e de controle sobre o diálogo* estabelecido com os particulares interessados. Não é excessivo dizer que o caráter procedimental da interlocução entre os interessados e o Poder Público constitui, enfim, um *reforço da garantia de legalidade*, na medida em que opera inclusive como *compensação da discricionariedade administrativa* usualmente característica à concepção de empreendimentos de interesse público.[220]

---

[219] Bruno Gazzaneo Belsito entende que "O PMI é um instrumento de caráter concorrencial". BELSITO, Bruno Gazzaneo. *O procedimento de manifestação de interesse/PMI na estruturação de contrato de concessão*: exame crítico e proposta de aperfeiçoamento do instrumento no direito brasileiro. 2015. 319 f. Dissertação (Mestrado em Direito) – Faculdade de Direito, Universidade do Estado do Rio de Janeiro, Rio de Janeiro, 2015. p. 303. Gustavo Henrique de Carvalho Schiefler é enfático ao afirmar que o PMI "(...) desloca a competição entre os particulares interessados em contratar com a Administração Pública a uma etapa anterior à licitação (...)". SCHIEFLER, Gustavo Henrique Carvalho. *Procedimento de manifestação de interesse (PMI)*: solicitação e apresentação de estudos e projetos para a estruturação de concessões comuns e parcerias público-privadas. 2013. 500 f. Dissertação (Mestrado em Direito) – Centro de Ciências Jurídicas, Programa de Pós-Graduação em Direito, Universidade Federal de Santa Catarina, Florianópolis, 2013. p. 197. Nesse sentido, vide também a manifestação do ministro Weder de Oliveira, para quem "A via da autorização para obtenção desses estudos é, sem nenhuma dúvida, um processo competitivo qualitativo". TCU. Acórdão nº 1.155/2014, TC nº 012.687/2013-8. Plenário. Relator: ministro Weder de Oliveira. Sessão de 7 de maio de 2014. Disponível em: <http://www.tcu.gov.br/ Consultas/Juris/Docs/judoc/Acord/20140522/AC_1155_15_14_P.doc.>. Acesso em: 10 dez. 2015. p. 47.

[220] REISDORFER, Guilherme F. Dias. Soluções contratuais público-privadas: os procedimentos de manifestação de interesse (PMI) e as propostas não solicitadas (PNS). In: JUSTEN FILHO, Marçal; SCHWIND, Rafael Wallback (Coords). *Parcerias público-privadas*: reflexões sobre os 10 anos da Lei 11.079/2004. São Paulo: Revista dos Tribunais, 2015. p. 177-206. p. 190-191. Destacamos.

Ao se fixar a ideia de que o PMI é um procedimento competitivo, a lógica para sua condução acabará viciada numa premissa que lhe é imprópria; o sopesamento dos princípios aplicáveis ao procedimento ficará baseado predominantemente na competição, em detrimento da colaboração.

Neste sentido, parece-nos ponderada a colocação do ministro Weder de Oliveira, no sentido de enxergar competição entre os estudos, e não entre as empresas:

> (...) Ainda em relação ao argumento da EBP, é bom frisar que, *realmente, "o vetor determinante para a outorga da autorização não é a competividade"*. Mas a competitividade é o aspecto mais relevante na seleção de estudos que subsidiarão os processos licitatórios de outorgas. E tais estudos, por óbvio, decorrem das autorizações que foram concedidas. Menos autorizações concedidas implicarão menos estudos e, por conseguinte, menor competição e redução do leque de opções apresentadas ao poder público.
> Ressalto: *a competitividade desejada não se dá entre empresas, mas entre diferentes estudos produzidos por várias empresas*.[221]

Entretanto, reconhecemos que este ponto de vista está longe de ser pacífico, até porque adota critérios diferentes para qualificar a natureza do procedimento. Temos para nós que, se tivermos que selecionar algum critério para determinar a natureza do procedimento em tela, o conjunto de vantagens trazidas pelo instrumento (*e.g.*: institucionalização e controle das regras de diálogo entre agentes público e privado, incremento de qualidade dos estudos de concessão e adequado diagnóstico de mercado) deve preponderar sobre a disputa pelo ressarcimento e sobre a competição que se dará entre as empresas para emplacar o aproveitamento de suas respectivas soluções. Assim, poderemos conceber a natureza do PMI como de *processo colaborativo*, e não competitivo, e direcionar o seu uso corretamente.

Neste processo colaborativo, são estabelecidas relações contratuais atípicas com um ou com mais autorizados, com vimos

---

[221] TCU. Acórdão nº 1.155/2014, nos autos do TC nº 012.687/2013-8. Plenário. Relator: ministro Weder de Oliveira. Sessão de 7 de maio de 2014. Disponível em: <http://www.tcu.gov.br/Consultas/Juris/Docs/judoc/Acord/20140522/AC_1155_15_14_P.doc.>. Acesso em: 10 dez. 2015, em especial o voto do ministro Weder de Oliveira. Destacamos.

no subcapítulo 2.1.3.1.1. Os vínculos relacionais estabelecidos dentro do PMI, entre os particulares e o Poder Concedente, terão, portanto, caráter colaborativo.

Entretanto, o que na prática se observa é que o PMI pode ser um processo competitivo de fato, porque alguns chamamentos preveem a "autorização única", conforme abordaremos no subcapítulo 2.1.7. Vale trazer o posicionamento do ministro Walton Alencar Rodrigues, que, no voto revisor proferido no bojo do Acórdão nº 1.155/2014, sofisticou o conceito tradicional de autorização. Vejamos:

> *O sentido da expressão "autorização", contido no art. 21 da Lei 8.987/95, nada tem que ver com o típico ato discricionário* [destacamos], a facultar a realização de atividades, ou a utilização de bens públicos, no interesse predominante de determinado particular.
>
> Na verdade, não seria possível apreender o sentido real do dispositivo legal sem inseri-lo no contexto em que ele será aplicado. Tampouco seria possível, atualmente, analisar isoladamente o ato administrativo, sem considerar que ele será praticado dentro de *procedimento administrativo* que, por isso mesmo, deve observar, com rigor, os ditames constitucionais.
>
> Ademais, é preciso sempre lembrar que, na atual concepção de Estado Democrático de Direito, a Constituição Federal passa a ser núcleo irradiador de toda a normatividade estatal, com forte impacto no Direito Administrativo moderno, que deixa de ter em seu núcleo o *ato administrativo* para consagrar o *processo administrativo*.[222]

Vê-se que a preocupação do ministro está em não reduzir todo o processo de manifestação de interesse a um simples ato de autorização, com o que estamos absolutamente de acordo. Preocupa-se, também, em frisar que os atos administrativos não devem ser "autistas",[223] mas sim desenvolvidos no bojo de um processo dialógico e orientado pelos princípios constitucionais.

---

[222] Acórdão nº 1.155/2014, nos autos do TC nº 012.687/2013-8. Plenário. Relator: ministro Weder de Oliveira. Sessão de 7 de maio de 2014. Disponível em: <http://www.tcu.gov.br/Consultas/ Juris/Docs/ judoc/Acord/20140522/AC_1155_15_14_P.doc>. Acesso em: 10 dez. 2015. p. 3. Destaque original. No caso em tela, o ministro concluiu pela inexistência de danos ao erário e recomendou a regulamentação da matéria, nos termos do disposto no Acórdão.

[223] Sobre o tema, ver MARQUES NETO, Floriano de Azevedo. A superação do ato administrativo autista. In: MEDAUAR, Odete; SCHIRATO, Vitor Rhein (Orgs.). *Os caminhos do ato administrativo*. São Paulo: Revista dos Tribunais, 2011. p. 89-113.

Neste sentido, o ministro Walton Alencar Rodrigues afirma que "(...) o ato administrativo (...) será praticado dentro de *procedimento administrativo* (...)".[224] Este procedimento administrativo nada mais é do que um vínculo relacional colaborativo bilateral (Administração Pública e um autorizatário) ou multilateral (Administração Pública e vários autorizatários). No subcapítulo 2.1.3.1.1, caracterizamos este vínculo como um contrato administrativo atípico (e não como processo ou procedimento), por entendermos ser mais preciso afirmar que o PMI é um processo dentro do qual se estabelece(m) uma ou várias relações contratuais atípicas (ou vínculos relacionais colaborativos).

Frisamos, por fim, a necessária distinção: uma coisa é o PMI, outra são as chamadas "autorizações". O PMI é, não restam dúvidas, a nosso ver, um procedimento de natureza colaborativa, e não competitiva. Já as autorizações são contratos administrativos atípicos estabelecidos no bojo deste procedimento e os vínculos por elas estabelecidos também têm caráter colaborativo.

2.1.7 Provocação para o PMI

O PMI pode ser inaugurado de ofício por um ato do poder público, por meio da publicação de um chamamento público ("hipótese 1"), ou a abertura do procedimento se dará a partir de uma provocação dos próprios interessados ("hipótese 2"). Esta provocação do administrado pode consistir tão somente em um pedido de autorização – acompanhado ou não de estudos preliminares – ou pode se traduzir na entrega de estudos finalizados (situação bem menos usual).

Na primeira hipótese, a Administração divulga, de ofício, um instrumento convocatório e, com base em critérios ali estabelecidos, confere as autorizações para o desenvolvimento dos estudos aos interessados. É o que se observa na maioria dos casos.[225] Nestes casos,

---

[224] Acórdão nº 1.155/2014, nos autos do TC nº 012.687/2013-8. Plenário. Relator: ministro Weder de Oliveira. Sessão de 7 de maio de 2014. Disponível em: <http://www.tcu.gov.br/Consultas/ Juris/Docs/judoc/Acord/20140522/AC_1155_15_14_P.doc>. Acesso em: 10 dez. 2015, p. 84. Destacamos.

[225] Vide, entre muitos outros exemplos, o artigo 4º do Decreto nº 16.559/2012, do estado de Rondônia: "O PMI inicia-se com a publicação, no Órgão Oficial dos Poderes do Estado, do aviso respectivo, com a indicação do objeto, do prazo de duração do procedimento, o endereço e, se

a instauração do procedimento a partir da provocação do privado não está vedada – ela apenas não foi regulamentada.

O direito de petição pode ser regulamentado, é claro, mas não ceifado. Interpretações no sentido de que apenas por meio de um chamamento público seria possível instaurar um PMI devem ser revistas à luz da Constituição Federal, que garante o direito de petição, e do artigo 5º da Lei de Processo Administrativo, que determina seu início de ofício ou a pedido de interessado.

Como destaca Vera Monteiro,[226] de fato a ausência de uma regulação maior sobre os procedimentos pode tornar árdua a via do PMI. Porém, o administrado e o Administrador podem sempre se socorrer do artigo 6º da Lei de Processo Administrativo,[227] perfeitamente aplicável aos requerimentos para desenvolvimento dos estudos, nos casos em que o tema não tiver sido regulamentado pelo ente federativo.

Não há respaldo legal ou constitucional para impedir que privados demonstrem à Administração o seu interesse em desenvolver outros estudos. A vedação legal é, aliás, no sentido contrário: em perfeita consonância com o princípio da participação, o artigo 7º da Lei de Processo Administrativo proíbe a recusa imotivada de documentos.

Passando à segunda hipótese, a Administração Pública, uma vez provocada, avaliará (i.a) a pertinência do pedido de autorização para o desenvolvimento de determinado estudo de concessão ou (ii.a) a pertinência do aproveitamento dos estudos entregues (no caso de receber estudos já amadurecidos), podendo,

---

for o caso, a respectiva página da rede mundial de computadores em que estarão disponíveis as demais normas e condições definidas, consolidadas no instrumento de solicitação".

[226] "A ausência procedimental para o recebimento de propostas e encaminhamento de estudos, até a escolha de um que possa ser tomado como promotor de um verdadeiro projeto público, tem tornado árdua essa via, que não obstante seja legítima, é de difícil tramitação". MONTEIRO, Vera. Três anos da Lei de Parceria Público-Privada. In: SOUZA, Mariana Campos de. (Coord.). *Parceria público-privada*: aspectos jurídicos relevantes. São Paulo: Quartier Latin, 2008. p. 226-256. p. 245.

[227] "Art. 6º O requerimento inicial do interessado, salvo casos em que for admitida solicitação oral, deve ser formulado por escrito e conter os seguintes dados: I – órgão ou autoridade administrativa a que se dirige; II – identificação do interessado ou de quem o represente; III – domicílio do requerente ou local para recebimento de comunicações; IV – formulação do pedido, com exposição dos fatos e de seus fundamentos; V – data e assinatura do requerente ou de seu representante."

em ambos os casos, instaurar chamamento público e possibilitar que outros interessados se engajem no desenvolvimento dos mesmos estudos.

Neste sentido, destacamos a regulamentação do Estado de São Paulo:

> Artigo 1º – Este decreto institui o procedimento a ser adotado, no âmbito da Administração Pública direta, para a apresentação, a análise e o aproveitamento de *estudos encaminhados por pessoa física ou jurídica de direito privado, espontaneamente ou mediante provocação do Poder Público*, ou por órgão ou entidade da Administração Pública estadual, com a finalidade de subsidiar esta última na estruturação de parcerias. (Decreto nº 61.371, de 21 de julho de 2015. (Destacamos).

No mesmo sentido, o Decreto do estado do Rio de Janeiro nº 45.294, de 24 de junho de 2015, prevê:

> Art. 1º – Ficam estabelecidos a Manifestação de Interesse Privado – MIP e o Procedimento de Manifestação de Interesse – PMI a serem observados na apresentação de Estudos Técnicos, com a finalidade de subsidiar a Administração Pública Estadual na estruturação de empreendimentos objeto de concessão de obra pública, concessão ou permissão de serviços públicos, de parceria público-privada ou de concessão de uso. (...)
> Art. 6º – *Qualquer pessoa física ou jurídica de direito público ou privado, denominada de Proponente, poderá apresentar MIP dirigida à autoridade referida no art. 4º, com vistas a propor a abertura de PMI*. Parágrafo Único – A MIP conterá a descrição do projeto, com o detalhamento das necessidades públicas a serem atendidas e do escopo dos Estudos Técnicos necessários à estruturação de empreendimentos mencionados no *caput* do art. 1º. (Destacamos).

No decreto fluminense, denomina-se MIP a provocação do privado e demarca-se que o PMI poderá ser iniciado após uma manifestação de administrados, desde que respeitados os critérios ali expostos (descrição do objeto, detalhamento das necessidades públicas e do escopo dos estudos).

Neste contexto, vale anotar a existência de precedente judiciário reconhecendo não haver ato lesivo ao patrimônio público ou à moralidade administrativa em decreto municipal que divulgou chamamento público para a apresentação de estudos referentes à concessão de serviços públicos de saneamento básico ao mesmo tempo em que autorizava determinada empresa (que já havia apresentado o seu interesse) a estudar o projeto.[228] Por fim, traz-se à baila o exemplo do Decreto nº 16.879/2011, do estado de Alagoas, que também regulamenta o início do PMI pelos administrados:

> Art. 7º O interessado do setor privado em participar de Parcerias Público-Privadas, denominado agente privado, poderá pedir autorização ao CGPPP/AL para apresentar, por sua conta e risco, Projeto Básico e Estudo de Viabilidade do empreendimento proposto, para sua inclusão no Programa PPP/AL. (Destacamos).

Uma terceira situação deve ser aqui relatada. Embora possa se enquadrar tanto na "hipótese 1" como na "hipótese 2", na medida em que pode ser inaugurada de ofício ou por provocação, alguns órgãos e entes públicos estabelecem que o chamamento público do Poder Concedente será, basicamente, um procedimento de concorrência, e apenas ao vencedor será outorgada a autorização para o desenvolvimento dos estudos ("hipótese 3"). O Decreto nº 61.371, de 21 de julho de 2015, do Estado de São Paulo dispõe expressamente neste sentido.[229] Além disso, identificamos que esta é uma praxe[230] na cidade do Rio de Janeiro, uma das quatro capitais selecionadas para este estudo.[231]

---

[228] BRASIL. TJSP. 8ª Câmara de Direito Público. TJSP, na Ação Popular nº 1003845-30.2014.8.26.0132. Reexame Necessário nº 1003845-30.2014.8.26.0132. Relª. Desª. Cristina Cotrofe. Julgado virtualmente em 28/03/2017. Publicado PJe em: 12/04/2017.

[229] "Artigo 12. Aprovada a proposta pelo CGPPP ou pelo CDPED, o respectivo colegiado deliberará quanto à conveniência de ser realizado chamamento público, mediante a publicação de edital que contenha as informações e relacione os documentos a serem apresentados pelos interessados em obter autorização.
§1º. O edital de chamamento público será elaborado pelo Grupo de Trabalho de que trata o artigo 11 deste decreto, com fundamento no relatório da proposta, e deverá conter, no mínimo: (...) 7. *exclusividade da autorização*, se for o caso, e respectivo critério de seleção do interessado (...)". (Destacamos).

[230] Identificamos apenas um caso que foge ao padrão, qual seja, o PMI da gestão cemiterial, publicado no Diário Oficial do Município do Rio de Janeiro em 24/07/2013. Ali, estabeleceu-se que "(...) o(s) interessado(s) que cumprir(em) os requisitos listados no item 3 acima receberá(ão) autorização do Prefeito para a realização do Estudo (...)", fugindo ao costume de limitar a apenas um autorizado.

[231] Bruno Gazzaneo Belsito traz notícias de que a prática da autorização única estaria presente também no município do Espírito Santo. BELSITO, Bruno Gazzaneo. *O procedimento de manifestação de interesse/PMI na estruturação de contrato de concessão*: exame crítico e proposta de aperfeiçoamento do instrumento no direito brasileiro. 2015. 319 f. Dissertação

A título exemplificativo, selecionamos dois chamamentos que estabeleceram a autorização única: "O interessado que cumprir os requisitos listados no item 3 acima e for melhor qualificado no processo seletivo indicado no item 5 receberá autorização da Prefeitura para realização do estudo" (Item 4.1 do chamamento de esgotamento sanitário da AP 4.1);[232] "O interessado que cumprir os requisitos listados no item 3 acima receberá autorização do Prefeito para a realização do Estudo" (Item 4.1 do chamamento do projeto Prefeitura Presente – PMI nº 02/2013).[233]

Não temos dúvida, portanto, de que:

> Um dos aspectos já utilizados no País diz respeito à possibilidade de *outorga de autorização única* para aquele interessado em desenvolver os trabalhos que apresentem os melhores requisitos técnicos para a evolução dos estudos.[234]

Vigente por curto período, a Medida Provisória nº 727, de 12 de maio de 2016 ("MP nº 727/2016"), editada com diversas inovações relativas ao PMI (ali tratado como procedimento de autorização de estudos, ou "PAE"), chegou a fixar que a autorização única só poderia ser expedida se houvesse renúncia do interessado em participar da licitação.[235] Porém, quando convertida em lei, este entendimento não prosperou.

(Mestrado em Direito) – Faculdade de Direito, Universidade do Estado do Rio de Janeiro, Rio de Janeiro, 2015. p. 284.

[232] Com redação igual, os chamamentos de PMI do projeto de estacionamentos rotativos, publicado no Diário Oficial do Município do Rio de Janeiro, em 5 de junho de 2013; o chamamento de PMI do projeto dos túneis, publicado no Diário Oficial do Município do Rio de Janeiro em 14 de fevereiro de 2014; o chamamento de PMI do projeto do carro elétrico, publicado no Diário Oficial do Município do Rio de Janeiro em 3 de dezembro de 2014; o chamamento de PMI nº 003/2015, que versa sobre o projeto de concessão para administração do zoológico da cidade; e o chamamento de PMI nº 005/2015, que tem por objetivo implementar operação urbana consorciada na área das Vargens, conhecido como PEU das Vargens.

[233] Na mesma linha, o chamamento de PMI nº 01/2013 (Saúde Inteligente).

[234] GROTTI, Dinorá Adelaide Musetti; SAADI, Mário. O procedimento de manifestação de interesse. In: JUSTEN FILHO, Marçal; SCHWIND, Rafael Wallback (Coords.). *Parcerias público-privadas*: reflexões sobre os 10 anos da Lei 11.079/2004. São Paulo: Revista dos Tribunais, 2015. p. 153-176. p. 171. Destacamos.

[235] "Art. 14, (...). §1º. A administração pública, quando previsto no edital de chamamento, *poderá expedir autorização única para a realização de estudos de estruturação integrada ou de liberação, desde que o requerimento do interessado inclua a renúncia da possibilidade de atuação na licitação do empreendimento*, ou como contratado do parceiro privado, por parte: I – do

Feito esse breve panorama descritivo sobre as formas de inaugurar um PMI, cabe enfrentar as cinco questões que reputamos mais relevantes nos diferentes cenários. Esta parece ser a melhor forma de apresentar o tema, na medida em que, hoje, há mais perguntas do que respostas sobre a dinâmica deste procedimento e os questionamentos são fundamentais para continuar delineando as principais características e compreender os demais desafios da aplicação desse instituto.

A *primeira* questão diz com a possibilidade de ressarcimento na hipótese de o Poder Concedente ter recebido estudos sem solicitação ou autorização prévia.

Como visto e revisto, limitar a validade da autorização apenas às hipóteses em que o Poder Público tiver demandado previamente o estudo significaria tolher de forma injustificada o direito de petição. Na prática, entretanto, quando falamos em PMI, não estamos a tratar somente do direito de petição. Há que se olhar também para o direito a participar da licitação e para o direito ao ressarcimento. O direito a participar da licitação é assegurado pelo artigo 31 da Lei nº 9.074/1995, que sequer faz menção à autorização. Entretanto, sem a autorização prevista no artigo 21 da Lei nº 8.987/1995, os estudos só poderão ser aproveitados pelo Poder Concedente mediante doação. Para obter o reembolso do ganhador da licitação, a autorização do poder público passa a ser necessária.

É dizer: não se pode proibir os administrados de apresentarem estudos ou pleitearem autorizações para seu desenvolvimento, nem se pode admitir que agentes públicos recusem o seu recebimento. Porém, não será possível reembolsá-los sem que exista uma autorização para tanto.

A *segunda* questão diz com a necessidade de o Poder Concedente se manifestar sobre pedidos de autorização ou estudos que venha a receber, ainda que não tenha demandando tais utilidades. Ou seja, diante de pedidos de autorização ou de estudos

próprio requerente; II – dos controladores, controladas e entidades sob controle comum do requerente; III – dos responsáveis econômicos, assim consideradas as pessoas físicas ou jurídicas que tenham contratado ou contratem o requerente para as atividades objeto da autorização, bem como os controladores, controladas e entidades sob controle comum destas; e IV – das pessoas físicas e jurídicas que atuarão como contratadas do requerente na execução das atividades objeto da autorização do PAE". (Destacamos).

parciais ou integrais que tenha recebido sem solicitação, o Poder Concedente tem o dever de se manifestar? Como sinalizamos, a recusa imotivada de documentos é vedada pela Lei de Processo Administrativo. Admitir, como admitem alguns estudiosos do tema,[236] que a Administração não é obrigada a se manifestar sobre estudos ou autorizações que tenha eventualmente recebido sem solicitação prévia seria fazer dessa vedação legal letra morta.

Entendemos que a Administração deverá uma resposta ao administrado, ainda que seja para alegar a insuficiência de seu quadro de pessoal para analisar os estudos que lhe tenham sido franqueados.

A *terceira* questão que merece atenção é a seguinte: diante do recebimento de pedidos de autorização para desenvolvimento de determinado estudo, ou do recebimento de estudos prontos, a Administração Pública é obrigada a publicar um chamamento público, com vistas a oportunizar a terceiros o desenvolvimento de estudos relativos ao mesmo objeto?

Na nossa opinião, a Administração não tem a obrigação de abrir chamamento público para cada pedido de autorização que pretender deferir ou para um estudo que receber e pretender aproveitar, desde que, naturalmente, não exista nenhuma regulamentação que imponha obrigação em sentido contrário.

Isto porque os princípios da publicidade e da impessoalidade devem ser sopesados com o da eficiência. Uma ideia nova, trazida pelos administrados, pode justificar ou não a mobilização do maquinário público, de pessoal, a contratação de avaliadores

---

[236] "A provocação do Poder Público a fim de que ele leve adiante um determinado projeto que possa resultar num contrato administrativo pode se dar, basicamente, de duas maneiras. A primeira delas é mediante o simples oferecimento de projetos e estudos, sem que tenha havido um pedido da Administração; nesse caso, a iniciativa do particular escora-se simplesmente no direito de petição; *não há necessidade de o poder concedente se manifestar sobre o projeto, eis que ele não demandou tal utilidade*. A segunda maneira pela qual o particular pode oferecer um projeto é em atendimento a um chamado da Administração, que pode levar ao público seu interesse no recebimento de propostas; nesse caso, é fundamental que, previa ou concomitantemente à publicação do edital ou instrumento congênere que formalize a divulgação do interesse da Administração, haja uma mínima regulamentação dos processos de escolha dos projetos a fim de se garantir uma avaliação objetiva e isonômica". SILVA, Danilo Tavares. Licitação na Lei nº 11.079/04. In: MARQUES NETO, Floriano de Azevedo; SCHIRATO, Vitor Rhein (Coord.). *Estudos sobre a Lei das Parcerias Público-Privadas*. Belo Horizonte: Fórum, 2011. p. 71-96. p. 75. Destacamos.

independentes, e assim por diante. Dependerá do interesse público que o agente público identifique estar presente no projeto.

Não é porque determinado projeto não estava na pauta pública que um chamamento público para colher contribuições sobre ele não deverá ser aberto.[237] Afinal, a Administração Pública pode repensar suas decisões e rever seu planejamento após a provocação dos administrados.

Da mesma forma, não é porque um administrado interessado se manifestou que deve ser dada a oportunidade, via chamamento público, para que todos os demais administrados se manifestem. Não há quebra do princípio da isonomia em conferir apenas uma autorização; afinal, todos os interessados são legitimados a peticionar à Administração, a qualquer tempo; se um particular resolveu fazê-lo, ele já se colocou em situação de desigualdade, possibilitando um tratamento desigual.

Celso Antônio Bandeira de Mello, em obra que orienta o exame da correção de uma regra em face do princípio isonômico, explica que:

> (...) é agredida a igualdade quando o fator de diferencial adotado para qualificar os atingidos pela regra não guarda relação de pertinência lógica com a inclusão ou exclusão no benefício deferido ou com a inserção ou arrendamento do gravame imposto.[238]

A norma, *in casu*, não cria elemento de discriminação: a Constituição possibilita a todos a apresentação de solicitações à Administração para a obtenção de um benefício (a autorização para o desenvolvimento dos estudos). Porém, *dormientibus non sucurrit ius*.

---

[237] A ideia de que não se deve abrir chamamento para projetos que não estejam na pauta pública é um dos fundamentos trazidos por Tarcila Reis e Eduardo Jordão para sustentar a ideia de que a Administração não está obrigada a publicar chamamentos quando diante de uma provocação vinda do setor privado. Concordamos com a conclusão dos autores, mas não com o raciocínio. Ver REIS, Tarcila; JORDÃO, Eduardo. A experiência brasileira de MIPS e PMIS: três dilemas da aproximação público-privada na concepção de projetos. In: JUSTEN FILHO, Marçal; SCHWIND, Rafael Wallback (Coords.). *Parcerias público-privadas*: reflexões sobre os 10 anos da Lei 11.079/2004. São Paulo: Revista dos Tribunais, 2015. p. 207-232. p. 222.

[238] BANDEIRA DE MELLO, Celso Antônio. *O conteúdo jurídico do princípio da igualdade*. 3. ed. São Paulo: Malheiros, 2003. p. 38. Nesta obra, o autor apresenta diversos outros critérios para analisar a retidão de uma norma face ao princípio da desigualdade. No caso em tela, entretanto, o aprofundamento do tema não se faz sequer necessário, uma vez que não há norma que se proponha a distinguir pessoas, situações ou grupos.

Não é dever do Estado convocar todos para que exerçam os seus direitos. Ele pode fazê-lo, se entender que os interesses públicos serão melhores atendidos desta forma, mas isto não implica um dever para atender ao princípio da isonomia. Pautar a atuação do Estado por esta lógica equivaleria a condená-lo a assumir uma postura paternalista, voltada ao alerta constante daqueles que não manifestam seus anseios.

Desta forma, ao receber o pedido de autorização de estudos de um administrado, é possível deferi-lo (ou recusá-lo) sem que os demais sejam ouvidos previamente.

Neste sentido, vale trazer à baila a manifestação do ministro Weder de Oliveira, com a qual concordamos em termos:

> É certo que, nos termos do art. 21 da Lei 8.987/1995, todas as empresas podem requerer aos órgãos governamentais autorização para o desenvolvimento de estudos. Isto não significa, no entanto, que o poder público deva aceitá-los de imediato, expedindo de pronto a autorização para sua realização (...). Observados os princípios republicanos, o pedido de autorização deve ser analisado pelo governo e, caso considere oportuno e conveniente a realização dos estudos requeridos, deve divulgar esta intenção mediante um chamamento público, ao invés de simplesmente autorizá-lo.[239]

Para nós, o Poder Público não está obrigado a emitir toda e qualquer autorização que lhe seja solicitada, tampouco está obrigado a publicar um chamamento em decorrência de pedido de autorização que lhe tenha sido solicitado, exceto nos casos em que a regulamentação assim disponha. Afinal, a atuação da administração também deve ser pautada pela *eficiência*, princípio expressamente previsto no artigo 37 da Constituição Federal.

Conosco parece concordar o ministro Benjamin Zymler, que, no mesmo caso, entende que o chamamento da Secretaria dos Portos era "perfeitamente dispensável".[240]

---

[239] TCU. Acórdão nº 1.155/2014, nos autos do TC nº 012.687/2013-8. Plenário. Relator: ministro Weder de Oliveira. Sessão de 7 de maio de 2014. Disponível em: <http://www.tcu.gov.br/Consultas/Juris/Docs/ judoc/Acord/20140522/AC_1155_15_14_P.doc.>. Acesso em: 10 dez. 2015, em especial o voto do ministro relator Weder de Oliveira no Acórdão nº 1.155/2014, p. 65.

[240] TCU. Acórdão nº 1.155/2014, nos autos do TC nº 012.687/2013-8. Plenário. Relator: ministro Weder de Oliveira. Sessão de 7 de maio de 2014. Disponível em: <http://www.tcu.gov.br/Consultas/Juris/Docs/ judoc/Acord/20140522/AC_1155_15_14_P.doc.>. Acesso em: 10 dez. 2015, em especial o voto do ministro Benjamin Zymler, p. 80.

Não existe no Acórdão em comento um posicionamento claro quanto ao tema. Porém, considerando que (i) o voto do ministro Benjamin Zymler foi o voto condutor da decisão, (ii) que a Corte determinou o prosseguimento do feito e (iii) recomendou a aplicação subsidiária do Decreto nº 5.977/2006, que não regulamentava de forma inequívoca a conduta da Administração perante a provocação do privado para desenvolvimento de estudos, é seguro afirmar que foi acolhido o entendimento pelo TCU, de que a publicação de chamamento nas circunstâncias analisadas é dispensável.

Entretanto, há um risco que deve ser mitigado caso a Administração opte por não abrir chamamentos públicos em determinadas situações: trata-se do risco de receber projetos muito semelhantes num curto (mas não no mesmo) prazo, posto que o direito à petição é assegurado aos interessados a qualquer tempo.

Entendemos que a mitigação deste risco consiste em dar publicidade sobre o recebimento dos estudos ou sobre a emissão de autorização única; assim, aqueles que possuírem ideias semelhantes poderão se mobilizar e pedir autorização sobre o mesmo objeto, no mesmo período, sem que seja necessária a existência de um chamamento público.

Acertada, portanto, a ideia de que "(...) a Administração terá que dar publicidade ampla ao fato de que um estudo lhe foi trazido e foi autorizado, mas *não está obrigada a publicar chamamento público específico*, abrindo prazo para que outros se manifestem".[241]

Vale notar, entretanto, que os gestores públicos, "assombrados com os controladores",[242] frequentemente optam por publicar o chamamento para evitar questionamentos quanto à isonomia (deixando de lado, por vezes, o compromisso com a eficiência).

O *quarto* questionamento que merece destaque diz com a outorga de autorização única ("hipótese 3"). Como vimos, alguns

---

[241] REIS, Tarcila; JORDÃO, Eduardo. A experiência brasileira de MIPS e PMIS: três dilemas da aproximação público-privada na concepção de projetos. In: JUSTEN FILHO, Marçal; SCHWIND, Rafael Wallback (Coords.). *Parcerias público-privadas*: reflexões sobre os 10 anos da Lei 11.079/2004. São Paulo: Revista dos Tribunais, 2015. p. 207-232. p. 222. Destaque original.

[242] Tomamos aqui emprestada a expressão cravada por Carlos Ari Sundfeld para descrever situação semelhante: "Eis algo interessante também para entender a cabeça de um advogado administrativista: muito mais que os juristas de outra área, ele vive assombrado com os controladores". SUNDFELD, Carlos Ari. *Direito administrativo para céticos*. São Paulo: Malheiros, 2012. p. 43.

chamamentos públicos preveem que será selecionada apenas uma pessoa para desenvolver os estudos da futura concessão: aquela que melhor atender aos requisitos do chamamento. É dizer, o PMI pode ser estruturado como um concurso em seu instrumento convocatório?

Não temos dúvidas quanto à possibilidade de a Administração selecionar, de maneira transparente, isonômica e suficientemente motivada, apenas um interessado para o desenvolvimento dos estudos. Entretanto, considerávamos que a adoção desta solução *a priori*, já no chamamento público, nem sempre estaria em consonância com o ordenamento.

Explica-se. Entre as supostas vantagens da outorga de autorização única, Dinorá Adelaide Musetti Grotti e Mário Márcio Saadi Lima citam: (i) a possibilidade de o Poder Público acompanhar o desenvolvimento dos estudos com mais atenção, posto que precisaria dar atenção a apenas um agente; (ii) maior atratividade para a iniciativa privada, que deixaria de competir com outros interessados.[243]

A solução da autorização única também é festejada por Tarcila Reis e Eduardo Jordão, para quem "(...) ela será a decisão mais adequada *na maioria dos casos* (...)",[244] em virtude, especialmente, da incapacidade operacional da Administração, que de outra forma se veria emaranhada com vários estudos para analisar. Bruno Gazzaneo Belsito chega inclusive a sugerir alteração na legislação para garantir a autorização única.[245]

---

[243] Há outras vantagens citadas pelos autores, porém elas também estão presentes quando a autorização se dá para múltiplos agentes, como é o caso da revogação da autorizaçãoo caso os estudos não se desenvolvessem de maneira escorreita. GROTTI, Dinorá Adelaide Musetti; SAADI, Mário. O procedimento de manifestação de interesse. In: JUSTEN FILHO, Marçal; SCHWIND, Rafael Wallback (Coords.). *Parcerias público-privadas*: reflexões sobre os 10 anos da Lei 11.079/2004. São Paulo: Revista dos Tribunais, 2015. p. 153-176. p. 172.

[244] REIS, Tarcila; JORDÃO, Eduardo. A experiência brasileira de MIPS e PMIS: três dilemas da aproximação público-privada na concepção de projetos. In: JUSTEN FILHO, Marçal; SCHWIND, Rafael Wallback (Coords.). *Parcerias público-privadas*: reflexões sobre os 10 anos da Lei 11.079/2004. São Paulo: Revista dos Tribunais, 2015. p. 207-232. p. 218-223.

[245] "(...) seria até mesmo conveniente que a regulamentação atual fosse alterada, de modo a conferir segurança jurídica para a autorização de um único interessado, que ficaria integralmente responsável pela modelagem, podendo essa autorização ser precedida ou não de procedimento seletivo". BELSITO, Bruno Gazzaneo. *O procedimento de manifestação de interesse/PMI na estruturação de contrato de concessão*: exame crítico e proposta de aperfeiçoamento do instrumento no direito brasileiro. 2015. 319 f. Dissertação (Mestrado

Constatamos, portanto, que os vetores para outorga da autorização única seriam, por um lado, a desobstrução da dificuldade operacional (acompanhar e analisar apenas um estudo é tarefa mais simples para o gestor público) e, por outro, a descaracterização do PMI como procedimento "competitivo" (na medida em que apenas uma pessoa seria autorizada a desenvolver os estudos).

No que diz respeito à facilitação do plano operacional do PMI, devemos retomar o raciocínio exposto no início deste trabalho. A Administração possui várias formas de conceber um bom projeto. Pode fazê-lo por seu corpo técnico, pela contratação de consultorias nos termos da Lei nº 8.666/1993, por meio de convênios ou termos de cooperação. A escolha pelo PMI em detrimento das demais alternativas deve se dar em função das principais finalidades deste instrumento e, dentre elas, está a obtenção do máximo de contribuições para que a Administração possa escolher as mais adequadas às finalidades públicas.

Não se pode perder de vista que

> A existência de dois, três ou mais estudos é desejável e inerente ao instituto da autorização do art. 21, pois o objetivo intrínseco do poder concedente é o de se municiar de diferentes avaliações, cenários, informações e escolher dentre eles os elementos que considere como mais adequados às finalidades das concessões e arrendamentos a serem licitados.[246]

É dizer, "O manejo do PMI e da PNS remete ao Estado o desafio consistente em obter o máximo de contributos, para daí extrair o melhor projeto para a futura licitação".[247] A solução para este desafio não deveria ser a distorção das finalidades do PMI e o sacrifício dos princípios a ele inerentes, por meio da determinação, *a priori*, da seleção de apenas uma proposta. Neste sentido, Maurício

---

em Direito) – Faculdade de Direito, Universidade do Estado do Rio de Janeiro, Rio de Janeiro, 2015. p. 283-284.
[246] TCU. Acórdão nº 1.155/2014, nos autos do TC nº 012.687/2013-8. Plenário. Relator: ministro Weder de Oliveira. Sessão de 7 de maio de 2014. Disponível em: <http://www.tcu.gov.br/Consultas/Juris/Docs/judoc/Acord/20140522/AC_1155_15_14_P.doc.>. Acesso em: 10 dez. 2015. p. 45.
[247] REISDORFER, Guilherme F. Dias. Soluções contratuais público-privadas: os procedimentos de manifestação de interesse (PMI) e as propostas não solicitadas (PNS). In: JUSTEN FILHO, Marçal; SCHWIND, Rafael Wallbach (Coords). *Parcerias público-privadas*: reflexões sobre os 10 anos da Lei 11.079/2004. São Paulo: Revista dos Tribunais, 2015. p. 177-206. p. 203.

Portugal Ribeiro e Lucas Navarro Prado são assertivos: "(...) é importante que a autorização seja dada sem exclusividade, para que seja possível a competição entre entes interessados na realização dos estudos, investigações e levantamentos".[248]

Por estes motivos, entendemos que (i) que a principal finalidade do PMI não é propriamente a competição, mas sim a oportunidade de ampla participação que o instrumento confere e a melhoria da qualidade da decisão administrativa que pode daí advir e, ainda (ii) que a Administração poderá optar por autorizar apenas um interessado para desenvolver os estudos, mesmo diante de vários pedidos. Porém, a conduta da autorização única, em nosso entendimento, não deveria ser a regra, de modo a preservar a finalidade do uso do PMI. Ela seria admissível apenas em casos excepcionais, como em situação em que se verificasse, por exemplo, a incapacidade completa dos interessados para ofertar os estudos técnicos devidamente qualificados ou carência de pessoal extrema da Administração para analisar tais estudos. Ainda assim, neste último exemplo, em nosso entendimento, seria preciso justificar a escolha por elaborar estudos via PMI e não por outros meios, já que sempre será necessário disponibilizar um corpo técnico interno da Administração para analisar os estudos.

Portanto, sustentamos que a definição *a priori* da adoção da outorga única deveria se dar em situações excepcionais, e não em decorrência de uma burla aos mecanismos tradicionais de contratação, por meio de um desvio da finalidade do PMI – e, mais grave, uma afronta ao princípio da participação.

Na prática, este fechamento prévio ao diálogo muitas vezes não se mostra sequer eficaz. Neste sentido, merece destaque a recente decisão do município do Rio de Janeiro que, mesmo tendo fixado *a priori* que apenas um interessado seria autorizado para o desenvolvimento dos estudos de esgotamento sanitário,[249] optou por conferir a autorização a mais de uma empresa, após avaliar as manifestações de interesse.

---

[248] RIBEIRO, Maurício Portugal; PRADO, Lucas Navarro. *Comentários à Lei de PPP – Parceria Público-Privada*: fundamentos econômicos-jurídicos. São Paulo: Malheiros, 2010. p. 335.

[249] A Solicitação de Manifestação de Interesse foi publicada no D.O. do Município do Rio de Janeiro em 04.05.2015 e as autorizações publicadas no Diário Oficial do Município do Rio de Janeiro do dia 17/07/2015, p. 49-52.

Como Dinorá Adelaide Musetti Grotti e Mário Márcio Saadi Lima expõem,

(...) o PMI deve ser visto pelo Poder Público não apenas como um mecanismo acelerador e viabilizador de projetos, mas também com um instrumento para construção do conhecimento no setor público e redução da assimetria de informações com o setor privado.[250]

A desnecessidade de licitar nos termos da Lei nº 8.666/1993 ou a "desoneração" do orçamento são formas de facilitar o alcance destes objetivos, mas não devem ser tidas como os únicos parâmetros para motivar a instauração de um PMI, sob pena de se incorrer em desvio de finalidade do instrumento.

Ademais, não podemos admitir como correta a tese de que a autorização única seria a decisão mais adequada para evitar uma "colcha de retalhos" ou um "projeto Frankenstein".[251] Embora estejamos absolutamente de acordo com a ideia de que ninguém quer produzir um aleijão de projeto ao fim e ao cabo de um PMI, não podemos admitir que a solução para tanto seja calar os administrados interessados em apresentar suas contribuições. A solução é capacitar a Administração para ouvi-los.

Muitos reparos também merecem ser feitos à ideia de que a adoção da outorga única seria solução para aumentar a atratividade do mercado no PMI ou para garantir a chamada "neutralidade"[252] dos estudos.

---

[250] GROTTI, Dinorá Musetti; SAADI, Mário. O procedimento de manifestação de interesse. In: JUSTEN FILHO, Marçal; SCHWIND, Rafael Wallback (Coords.). *Parcerias público-privadas*: reflexões sobre os 10 anos da Lei 11.079/2004. São Paulo: Revista dos Tribunais, 2015. p. 153-176. p. 175.

[251] REIS, Tarcila; JORDÃO, Eduardo. A experiência brasileira de MIPS e PMIS: três dilemas da aproximação público-privada na concepção de projetos. In: JUSTEN FILHO, Marçal; SCHWIND, Rafael Wallback (Coords.). *Parcerias público-privadas*: reflexões sobre os 10 anos da Lei 11.079/2004. São Paulo: Revista dos Tribunais, 2015. p. 207-232. p. 219-220.

[252] A ideia de neutralidade é defendida no estudo coordenado pelo International Finance Corporation (IFC) para o Programa de Fomento à Participação Privada, em conjunto com o BNDES, sobre Estruturação de Projetos de PPP e Concessão no Brasil: Diagnóstico do modelo brasileiro e propostas de aperfeiçoamento. Disponível em: <http://www.ifc.org/wps/wcm/co nnect/81443e004b76437cac08fd08bc54e20b/Estruturacao+de+Projetos+de+PPP+e+Concessao +no+Brasil.pdf?MOD=AJPERES>. Acesso em: 28 mai. 2016. Críticas contundentes ao estudo foram apresentadas por Maurício Portugal Ribeiro, no artigo Contribuições ao Estudo sobre Estruturação de Concessões e PPPs elaborado pelo BNDES e IFC. Disponível em: <http:// www.migalhas.com.br/arquivos/2016/3/art20160304-08.pdf>. Acesso em: 28 mai. 2016.

No que diz respeito à atratividade do mercado, vale notar que não é raro encontrar PMI com vários estudos em andamento em paralelo. Natural, uma vez que, com ou sem PMI, as potenciais licitantes estão habituadas a estudar as mesmas oportunidades de negócio. Por isso, a obtenção de ressarcimento não costuma ser o fator mais relevante para potenciais licitantes ingressarem no PMI (nem poderia ser, posto que incerto, mesmo na outorga única). Entretanto, é verdade que a obtenção de ressarcimento pode ser definidora para o ingresso em PMI de empresas de consultoria que não estejam sendo remuneradas por futuros interessado na licitação. E para isso devemos olhar com atenção.

Não podemos olvidar que o PMI surge, fundamentalmente, como um instrumento para a aproximação dos futuros parceiros na etapa pré-contratual. Quanto mais interessados mantiverem contato com o Poder Público, melhor o conhecimento deste sobre os reais interesses de cada um dos atores na concessão, sobre as possíveis soluções para a oferta do serviço público e sobre as possibilidades de sua licitação alcançar o grau de competitividade desejado. Neste sentido, a pretensa "neutralidade" perseguida por alguns, para além de dificilmente ser garantida em termos práticos, é um desfavor aos estudos. A Administração Pública ganha mais em saber quem são os interessados e quais são os interesses que patrocinam determinadas ideias e soluções, do que em construir um projeto sem comunicação com o mercado. Estar munido de informações não significa ser mal influenciado. Isto pressupõe, naturalmente, a existência um corpo técnico capacitado para absorver as informações endereçadas pelo mercado, digeri-las e transformá-las em um projeto que atenda ao maior plexo de interesses possível.

As consultorias são, neste cenário, coadjuvantes. Portanto, se para elas a outorga única seria um fator definidor para entrar no PMI, certamente isto não pode ser levado em consideração como justificativa para restringir o diálogo entre os possíveis parceiros público e privado. Há que se observar o princípio da participação popular.

Enfim, ressalte-se que a autorização única, além de inibir a participação de interessados, potencializa eventuais falhas de projeto e, ao invés de reduzir, amplia o risco de contaminação indevida pelo mercado (tema do subcapítulo 3.1).

Poderíamos concluir afirmando que, se a Administração quer apenas contratar consultores, que o faça por meio dos demais modelos de contratações previstas no ordenamento, posto que o PMI é instrumento mais sofisticado, para possibilitar o maior número de contribuições possíveis.

Porém, isto seria ignorar que, muitas vezes, o entrave para a contratação de consultores externos não é proveniente nem da limitação de orçamento, nem a necessidade de licitar (ou de dispensar, ou de inexigir), mas sim do alto risco de judicialização, do entendimento frágil dos tribunais superiores acerca da dispensa e inexigibilidade, e do entendimento dos próprios advogados públicos, especialmente no que diz respeito à contratação de consultorias jurídicas.

Há algum tempo a Advocacia Geral da União (AGU) firmou o entendimento de que cabe a ela, com exclusividade, prestar consultoria e assessoramento jurídico aos órgãos do Poder Executivo Federal.[253] Porém, em nenhum momento a Constituição Federal confere competência exclusiva à AGU para prestar tais atividades, e nem poderia fazê-lo (como, de fato, não faz) a Lei Complementar nº 73/1993, que definiu as funções institucionais da AGU. A Carta Maior determina apenas, em seu artigo 131, que a AGU "é a instituição que, diretamente ou através de órgão vinculado, representa a

---

[253] É válido, neste ponto, tecer alguns comentários, ainda que breves, no que tange à evolução do entendimento dos limites das competências da AGU quanto à representação dos interesses da União. Primeiramente, cumpre mencionar o Parecer nº GQ 77/1995, já superado, o qual dispunha acerca da possibilidade de contratação de serviços de advocacia trabalhista por parte de empresas públicas, de sociedades de economia mista ou do Banco Central do Brasil, tendo por justificativa o fato de que a existência de quadro próprio de advogados não representaria óbice a que dada entidade contratasse, sem licitação, serviços de terceiros, desde que configurada sua natureza singular e a notória especialização do profissional. Posteriormente, o Parecer nº GQ – 163/1998 definiu a competência exclusiva da AGU para fins de representação judicial e extrajudicial da União. O Parecer nº GQ – 191/1999, por sua vez, definiu a competência exclusiva da AGU no aspecto consultivo, concluindo que cabe ao órgão em apreço, com exclusividade, interpretar a Constituição, as leis e demais atos normativos, excetuada a atribuição das consultorias jurídicas vinculadas aos respectivos Ministérios. Em seguida, o Parecer nº AGU/STF 001/2009 consolidou o entendimento dos Pareceres de nºs GQ 163, de 1998, e GQ ¬ 191, de 1999, no sentido de que somente os membros da Advocacia-Geral da União e de seus órgãos vinculados podem exercer, respectivamente, as funções institucionais de representação judicial e extrajudicial da União e de suas autarquias e fundações públicas, bem como as atividades de consultoria e assessoramento jurídico do Poder Executivo Federal. Por fim, a Orientação Normativa nº 28, de 09 de abril de 2009, corroborou o entendimento esposado no citado Parecer de 2009.

União, judicial e extrajudicialmente, cabendo-lhe, nos termos da lei complementar que dispuser sobre sua organização e funcionamento, as atividades de consultoria e assessoramento jurídico do Poder Executivo". A Lei Complementar nº 73/1993, que definiu as funções institucionais da AGU, no artigo 1º, parágrafo único, repisou a competência constitucional do órgão, mas em nenhum momento disse que tais atividades eram exclusivas.

O entendimento da AGU quanto aos limites de sua atuação, que nos parece absolutamente descolado do ordenamento jurídico, em nada contribui para a eficiência e a eficácia das decisões públicas, mas ainda assim vem sendo reproduzido por algumas procuradorias regionais, contribuindo para o engessamento da ação dos gestores públicos e indo na contramão da ideia de autonomia administrativa contratual.

Neste cenário, levando-se em conta ainda todas as dificuldades acarretadas pela Lei nº 8.666/1993, não é de se estranhar que alguns gestores públicos recorram ao PMI quando, em verdade, estavam apenas em busca da contratação de uma boa consultoria especializada para estruturar projetos de infraestrutura.

É neste contexto que nasceu – mas não vingou – a Medida Provisória nº 727, de 12 de maio de 2016, prevendo expressamente a possibilidade de outorga de autorização única quando (i) ela fosse prevista no instrumento convocatório e (ii) não fosse concedida para os interessados em participar da futura licitação (art. 14, parágrafo primeiro). O objetivo era, justamente, facilitar as contratações da Administração Pública.[254]

---

[254] Como bem observa Vera Monteiro, "(...) ainda que a Lei de Licitações permita a contratação, sem licitação, do serviço de consultoria para a modelagem de concessão, este caminho tem gerado insegurança. Para superá-la a recomendação é que as esferas federativas editem, cada qual em seu âmbito, decreto para regulamentar a contratação, sem licitação, de *estudos integrados de natureza singular*, necessários à modelagem de contratos de concessão. A proposta não importa em inovação legislativa, mas na consolidação das melhores práticas em matéria de contratação, sem licitação, de serviços técnicos profissionais singulares prestados por notório especialista (art. 25, II, da Lei 8.666, de 1993), tal qual se configura o serviço de modelagem de concessão". A autora apresenta uma proposta para a esfera federal, sugerindo adaptação para os outros entes federativos. MONTEIRO, Vera. Aspectos legais da experiência brasileira na modelagem e concessão e propostas para melhorar as normas vigentes. In *Estruturação de Projetos de PPP e Concessão no Brasil*: Diagnóstico do modelo brasileiro e propostas de aperfeiçoamento, p. 240-245. Disponível em: <http://www.ifc.org/wps/wcm/connect/81443e004b76437cac08fd08bc54e20b/Estruturacao+de+Projetos+de+PPP+e+Concessao+no+Brasil.pdf?MOD=AJPERES>. Acesso em: 28 mai. 2016.

Porém, como dissemos, há que se ver com muita cautela as verdadeiras licitações alternativas[255] por vezes promovidas para selecionar consultores fazendo uso do artigo 21 da Lei nº 8.987/1995.

Afinal, embora o PMI seja marcado pela autonomia administrativa para definição do procedimento e pela relativa maleabilidade do procedimento e das regras que o dirigem,[256] a atuação deve ser voltada a atingir as finalidades do instrumento, e geralmente não é isto que ocorre com a adoção da autorização única como estratégia de seleção no chamamento público.

A *quinta* e última questão diz com a suposta obrigatoriedade que a Administração Pública teria de realizar PMI.

Floriano de Azevedo Marques Neto objetivamente explica que:

> Se o poder público tem de contar com os particulares para consumar as finalidades públicas (e, lembre-se, de há muito já o faz), tanto melhor que conte com esta capacidade privada em sua plenitude, inclusive se aproveitando dela para eleger a melhor maneira de implantar e operar empreendimentos públicos e oferecer utilidades à fruição coletiva.[257]

Portanto, concordamos com Augusto Neves Dal Pozzo quando afirma que "(...) a sociedade civil é composta por pessoas de elevadíssima capacidade técnica (...)" e que não "(...) seria inteligente, nem mesmo razoável que o Estado deixasse de ouvi-las para promover a condução de projetos tão relevantes (...)".[258]

---

[255] Tomamos emprestada a expressão cunhada por Juliana Bonacorsi de Palma: "Em outros termos, *os PMIs e as PNSs no Brasil não dispõem de natureza consensual, são, isso sim, licitações alternativas de projetos sem custo para o Poder Público*". PALMA, Juliana Bonacorsi de. Governança pública nas parcerias público-privadas: o caso da elaboração consensual de projetos de PPP. In: JUSTEN FILHO, Marçal; SCHWIND, Rafael Wallback (Coords.). *Parcerias público-privadas*: reflexões sobre os 10 anos da Lei 11.079/2004. São Paulo: Revista dos Tribunais, 2015. p. 113-142. p. 140. Destacamos.

[256] REISDORFER, Guilherme Fredherico Dias. Soluções Contratuais Público-Privadas: os Procedimentos de Manifestação de interesse (PMI) e as Propostas Não Solicitadas (PNS). In FILHO, Marçal Justen; SCHWIND, Rafael Wallback (coord.). Parcerias Público-Privadas. Reflexões sobre os 10 anos da Lei 11.079. Ed. Revista dos Tribunais, 2015, p. 199.

[257] MARQUES NETO, Floriano de Azevedo. Reajuste e revisão nas parcerias público-privadas revisitando o risco nos contratos de delegação. In: SOUZA, Mariana Campos de. (Org.). Parceria público-privada. São Paulo: Quartier Latin, 2008. p. 53-85. p. 65.

[258] DAL POZZO, Augusto Neves. Procedimento de manifestação de interesse e o planejamento estatal de infraestrutura. *Fórum de Contratação e Gestão Pública* – FCGP, Belo Horizonte, ano 13, nº 150, jun. 2014. Disponível em: <http://bid.editoraforum.com.br/bid/PDI0006.aspx?pdiCntd=119928>. Acesso em: 24 nov. 2015. p. 29.

Entretanto, daí a concluir que "há um *dever da Administração* em promover o Procedimento de Manifestação de Interesse, o qual só poderá ser afastado em circunstâncias específicas, quando haja motivos plausíveis para a sua não realização"[259] há uma longa distância.

E as razões para tanto são simples. Primeiro, nem sempre a melhor *expertise* estará no mercado. Segundo, a adoção do PMI implica uma mobilização do aparato público bastante diversa da que exige a contratação de uma consultoria externa. Antes de proceder ao PMI, portanto, o Poder Público precisa ter os meios adequados para bem conduzi-lo. Terceiro, os prazos para a análise dos estudos do PMI podem ser bem mais amplos do que para a análise daqueles produzidos *interna corporis* ou por uma consultoria externa.

Não enxergamos, portanto, um dever de realizar ou de justificar a dispensa do PMI especificamente. Há um dever de justificar a escolha da realização dos estudos do projeto pelo meio que for, sendo o PMI uma das formas, mas não a única e nem sempre a melhor.

Ademais, mesmo depois de deflagrado, o PMI não é vinculante. A Administração Pública pode cancelar ou suspender o procedimento a qualquer tempo, desde que a sua decisão esteja devidamente fundamentada.

Como se vê, apenas a etapa inicial do PMI já suscita questões de absoluto relevo e a insegurança decorrente destas incertezas leva muitas vezes ao travamento dos estudos. E os desafios continuam para além dessa etapa.

2.1.8 O custo dos estudos e o direito ao ressarcimento

Algumas notas merecem ser feitas quanto ao ressarcimento dos estudos desenvolvidos no bojo de PMI. Como vimos, o PMI é,

---

[259] DAL POZZO, Augusto Neves. Procedimento de manifestação de interesse e o planejamento estatal de infraestrutura. *Fórum de Contratação e Gestão Pública* – FCGP, Belo Horizonte, ano 13, nº 150, jun. 2014. Disponível em: <http://bid.editoraforum.com.br/bid/PDI0006.aspx?pdiCntd=119928>. Acesso em: 24 nov. 2015. p. 29. Destaque original.

em última análise, exercício do direito de participação, que não se confunde com o direito ao ressarcimento pelos estudos apresentados. De modo geral, nos termos do artigo 21, da Lei nº 8.987/1995,[260] o ressarcimento será exigível quando (i) os estudos forem de fato aproveitados pela Administração, e na proporção do seu aproveitamento; e (ii) a licitação do projeto tenha logrado êxito, de modo que o adjudicatário ressarça os dispêndios.

O Decreto nº 8.428/2015 manteve o limite de valor nominal máximo para ressarcimento previsto no decreto federal anterior, fixando, no artigo 4º, parágrafo 5º, incisos I e II, que o chamamento público deverá indicar o valor máximo para eventual ressarcimento de estudos, que:

(...) não ultrapasse, em seu conjunto, dois inteiros e cinco décimos por cento do valor total estimado previamente pela administração pública para os investimentos necessários à implementação do empreendimento ou para os gastos necessários à operação e à manutenção do empreendimento durante o período de vigência do contrato, o que for maior.

Tal valor deverá ser tecnicamente justificado e as regulamentações estaduais ou municipais podem prever limites diversos daquele indicado no decreto federal ou podem, simplesmente, deixar que o valor seja fixado caso a caso; afinal, a sindicância do valor devido pelo ressarcimento será necessariamente realizada pelos órgãos controladores (como ele só será devido se houver licitação, o edital de PPP, onde estará previsto o valor do ressarcimento, será analisado previamente pelas cortes de contas).

Apenas para termos uma ordem de grandeza, como exemplos aleatórios,[261] mas capazes de demonstrar a variação dos custos dos

---

[260] "Art. 21. Os estudos, investigações, levantamentos, projetos, obras e despesas ou investimentos já efetuados, *vinculados à concessão, de utilidade para a licitação, realizados pelo poder concedente ou com a sua autorização*, estarão à disposição dos interessados, *devendo o vencedor da licitação ressarcir os dispêndios correspondentes*, especificados no edital". Destacamos.

[261] A pesquisa para levantamento dos custos dos estudos foi dificultosamente realizada considerando as informações encontradas (i) nos sítios eletrônicos oficiais de parcerias e concessões dos estados, quando existentes (ii) nos sítios eletrônicos das secretarias estaduais de obras, concessões ou correlatas e (iii) subsidiariamente, nos diários oficiais das respectivas unidades da federação. Estamos certos da necessidade de aperfeiçoamento das fontes de informação, especialmente dos sítios eletrônicos, como forma de tornar o acesso aos feitos públicos menos obscuro e, assim, concretizar os princípios da transparência e da eficiência.

estudos de PMI, trazemos os seguintes: (i) no Estado de Minas Gerais, o custo dos estudos da estruturação de projetos de concessão de 16 lotes rodoviários integrantes do Programa Estadual de Concessões Rodoviárias de Minas Gerais (PMI/SETOP/01/2008[262]) foi, somado, de aproximadamente R$ 10.000.000,00;[263] (ii) no município do Rio de Janeiro, o custo dos estudos do Porto Maravilha (Decreto nº 26.852/2006[264]) foi de R$ 17.492.237,00;[265] (iii) no Estado da Bahia, o custo dos estudos da estruturação de projeto de concessão para o transporte público metropolitano entre os municípios de Salvador e Lauro de Freitas (PMI SEDUR nº 01/2011[266]) foi de R$ 2.500.000,00;[267] (iv) no Estado de São Paulo, o custo dos estudos relativos à estruturação de projeto de concessão para viabilizar a oferta de unidades habitacionais de interesse social na área central da cidade de São Paulo (Chamamento Público nº 004/2012) foi de R$ 1.238.276,15 para o Lote 1; R$ 1.140.774,09 para o Lote 2; R$ 1.363.011,54 para o Lote 3; e R$ 1.006.624,71[268] para o Lote 4; (v) Ainda em São Paulo, o custo dos estudos da estruturação de projetos da linha 18 do metrô de São Paulo (Chamamento Público

---

[262] Publicado no Diário Oficial do estado de Minas Gerais no dia 24 de janeiro de 2008.

[263] GUIMARÃES NETO, Mario Queiroz; BATISTA, Adrian Machado. Procedimento de Manifestação de Interesse (PMI): diálogos com a iniciativa privada. In: CONGRESSO CONSAD DE GESTÃO PÚBLICA, 3, 2010, Brasília. Anais eletrônicos. Brasília: Conselho Nacional de Secretários de Estado da Administração, 2010, Painel 44: Soluções de longo prazo em parceria com a iniciativa privada na oferta de infraestrutura de transportes. Disponível em: <http://www.escoladegoverno.pr.gov.br/arquivos/File/ Material_%20 CONSAD/paineis_III_congresso_consad/painel_44/procedimento_de_manifestacao_de_ interesse_dialogos_com_a_iniciativa_privada.pdf>. Acesso em: 13 set. 2015. p. 16.

[264] Publicado no Diário Oficial do estado do Rio de Janeiro no dia 9 de agosto de 2006, p. 3.

[265] Cláusula 13.1 do Edital de Concorrência Pública nº 001/2010, disponível em: <http://www. portomaravilha.com.br/conteudo/EDITAL%20PPP%20E%20ANEXOS.zip>. Acesso em: 14 set. 2015.

[266] Publicado no Diário Oficial do Estado da Bahia referente aos dias 26 e 27 de março de 2011, p. 2 da parte 5 – licitações.

[267] Cláusula 16.4.4 do Edital 01/2013. Disponível em: <http://sefaz.ba.gov.br/administracao/ ppp/projetos/ metro_salvador_lauro/Edital.pdf>. Acesso em: 14 set. 2015.

[268] Cláusula 19.2.5 do Edital de Concorrência Internacional nº 001/2014. Vale destacar que o Chamamento Público nº 004/2012 estimava valores máximos para os ressarcimentos pelos estudos, conforme Cláusula 8.2, in verbis: "O aproveitamento dos estudos poderá ser integral ou parcial. No caso de aproveitamento integral, os dispêndios com os estudos técnicos serão objeto de ressarcimento pelo vencedor de licitação da PPP, até o limite de R$ 1.500.000,00 (hum milhão e quinhentos mil reais) para cada setor de intervenção, totalizando R$ 9.000.000,00 (nove milhões de reais) tal como segue (...)".

nº 01/2012²⁶⁹) foi de R$ 4.037.800,00.²⁷⁰ No âmbito federal, destacam-se os estudos para subsidiar a preparação de procedimentos licitatórios de concessões de portos organizados e arrendamentos portuários (Portaria-SEP 38/2013), cujo teto fora fixado em R$ 63.800.000,00.

O Tribunal de Contas da União já registrou a sua preocupação em assegurar que os instrumentos convocatórios de PMI promovidos no âmbito federal sejam criteriosos ao tratar do valor do ressarcimento, conforme podemos verificar de um dos enunciados extraído do já mencionado Acórdão nº 1.873/2016, de relatoria do ministro Walton Alencar Rodrigues. Vejamos:

> Nos editais de Procedimento de Manifestação de Interesse (PMI), regulados pelo Decreto 8.428/2015, devem ser divulgados o valor calculado para o ressarcimento pelos projetos elaborados e a respectiva memória de cálculo, fundamentada em dados objetivos vinculados aos custos de elaboração dos estudos, incluindo margem de lucro compatível com a natureza do serviço e com os riscos envolvidos, e baseados em preços de mercado para serviços de porte e complexidade similares.²⁷¹

Em que pese a legítima preocupação da Corte de Contas, uma análise mais completa conduziria a um tratamento mais flexível para o tema, pois levaria em consideração que os valores estimados para o desenvolvimento dos estudos podem variar durante o processo, afinal:

> (...) o procedimento de manifestação de interesse é caracterizado por flexibilidade também no que se refere ao impacto financeiro do potencial projeto. Não se trata necessariamente de erro da Administração ou vantagem indevida da iniciativa privada, mas de amadurecimento da modelagem, sendo as premissas e escolhas, inclusive políticas, adotadas durante a estruturação. Os estudos econômico-financeiros poderão impactar na modelagem jurídica, assim como eventuais limitações regulatórias acarretarão soluções econômico-financeiras diversas.²⁷²

---

[269] Publicado no Diário Oficial do estado de São Paulo no dia 2 de fevereiro de 2012.
[270] Cláusula 12.1.4 do Edital de Concorrência Internacional nº 003/2013.
[271] Embora o enunciado disponibilizado no TCU não constituía um resumo oficial da decisão proferida, neste caso o excerto retrata de forma fidedigna o entendimento contido na deliberação da qual foi extraído. Disponível em: <https://contas.tcu.gov.br/pesquisaJurisprudencia/#/>, acesso em 01 abr. 2018.
[272] REIS, Tarcila; JORDÃO, Eduardo. A experiência brasileira de MIPS e PMIS: três dilemas da aproximação público-privada na concepção de projetos. In: JUSTEN FILHO, Marçal; SCHWIND, Rafael Wallback (Coords.). *Parcerias público-privadas*: reflexões sobre os 10 anos da Lei 11.079/2004. São Paulo: Revista dos Tribunais, 2015. p. 207-232. p. 215.

Nestes casos, naturalmente há que se respeitarem os limites eventualmente impostos nas normas regulamentadoras de cada ente federativo, sempre que eles existirem (como no decreto federal, por exemplo).

Ademais, há que se atentar para a possibilidade de renegociar os valores devidos, tanto na hipótese de o interessado vir a ter seus estudos integralmente aproveitados quanto na hipótese de o aproveitamento dos estudos ser apenas parcial. Sobre o tema, Guilherme Fredherico Dias Reisdorfer anota que:

> (...) embora a generalidade dos regramentos não aluda à negociação, afigura-se que não há óbices para que ela ocorra no tocante aos valores de ressarcimento. Os regulamentos costumam dispor apenas sobre a possibilidade de a comissão avaliadora das contribuições discordar dos valores estimados pelos particulares, arbitrando valores substitutivos – que podem ou não ser anuídos pelos sujeitos interessados. Ocorre que, no mais das vezes, o arbitramento não é uma tarefa com resultado exato. Isto se dá em razão da natureza intelectual de substancial parcela dos encargos assumidos pelo particular que submeteu a contribuição.[273]

De fato, o novo decreto federal tentou superar o desafio da fixação de valores de ressarcimento impondo alguns critérios para a avaliação e a seleção dos projetos,[274] porém não contemplou expressamente as possibilidades de negociação, determinado apenas que

---

[273] REISDORFER, Guilherme F. Dias. Soluções contratuais público-privadas: os procedimentos de manifestação de interesse (PMI) e as propostas não solicitadas (PNS). In: JUSTEN FILHO, Marçal; SCHWIND, Rafael Wallback (Coords). *Parcerias público-privadas*: reflexões sobre os 10 anos da Lei 11.079/2004. São Paulo: Revista dos Tribunais, 2015. p. 177-206. p. 199.

[274] "Art. 10. Os critérios para avaliação e seleção dos projetos, levantamentos, investigações e estudos serão especificados no edital de chamamento público e considerarão: I – a observância de diretrizes e premissas definidas pelo órgão ou pela entidade a que se refere o art. 2º; II – a consistência e a coerência das informações que subsidiaram sua realização; III – a adoção das melhores técnicas de elaboração, segundo normas e procedimentos científicos pertinentes, e a utilização de equipamentos e processos recomendados pela melhor tecnologia aplicada ao setor; IV – a compatibilidade com a legislação aplicável ao setor e com as normas técnicas emitidas pelos órgãos e pelas entidades competentes; V – a demonstração comparativa de custo e benefício da proposta do empreendimento em relação a opções funcionalmente equivalentes, na hipótese prevista no §2º do art. 4º; e VI – o impacto socioeconômico da proposta para o empreendimento, se aplicável."

(...) o valor arbitrado pela comissão poderá ser rejeitado pelo interessado, hipótese em que não serão utilizadas as informações contidas nos documentos selecionados, os quais poderão ser destruídos se não retirados no prazo de trinta dias, contado da data de rejeição (Artigo 15, parágrafo 2º).

Ademais, o novo decreto continuou silente quando aos procedimentos para contestação dos resultados das escolhas dos estudos. Em sede doutrinária, Flávio Amaral Garcia vê no direito de petição um meio de viabilizar que o privado tenha conhecimento da motivação da escolha de determinado estudo, ainda que não exista previsão expressa de um recurso para essa finalidade.[275]

2.1.8.1 O PMI e o orçamento público

Em função da dicção do artigo 21, da Lei nº 8.987/1995, é comum encontrar afirmações no sentido de que o PMI se apresenta como uma alternativa ao Poder Público para dispor, sem custos, de estudos desenvolvidos com a *expertise* de mercado, já que serão pagos pelo vencedor da licitação.[276]

Mais correto seria afirmar que a realização do PMI não implica incremento nos custos de elaboração do projeto. Isto por dois motivos. Primeiro, porque estudos preparatórios de concessão, desenvolvidos ou não em PMI, sempre gerarão custos. Segundo, porque numa parceria público-privada, o adjudicatário será remunerado pelo Poder Público, pelos usuários ou por ambos. Naturalmente, os custos dos estudos desenvolvidos no PMI serão computados como investimentos e repassados à Administração Pública e aos usuários, quando for o caso.

---

[275] GARCIA, Flávio Amaral. A participação do mercado na definição do objeto das parcerias público-privadas: o procedimento de manifestação de interesse. Revista de Direito Público da Economia – RDPE, Belo Horizonte, ano 11, nº 42, abr./jun. 2013. p. 5.
[276] Nesse sentido ver Juliana Bonacorsi de Palma: "Os PMIs e as PNSs funcionam, na prática das PPPs, como efetivas licitações alternativas de projetos sem ônus para o Poder Público". PALMA, Juliana Bonacorsi de. Governança pública nas parcerias público-privadas: o caso da elaboração consensual de projetos de PPP. In: JUSTEN FILHO, Marçal; SCHWIND, Rafael Wallback (Coords.). *Parcerias público-privadas*: reflexões sobre os 10 anos da Lei 11.079/2004. São Paulo: Revista dos Tribunais, 2015. p. 113-142. p. 138.

Essa equação é exposta com bastante clareza por Dinorá Adelaide Musetti Grotti e Mário Saadi:

> Diz-se que o custo não é arcado, diretamente, pela Administração Pública, pois há a possibilidade de os eventuais licitantes precificarem os valores a serem reembolsados ao vencedor da licitação e os incluírem em suas propostas nas concessões.
> Assim, caso haja realização de desembolsos diretos pelo Poder Público em favor da futura concessionária (e.g., em concessões administrativas ou em concessões patrocinadas), estará, ainda que indiretamente, arcando com os valores considerados para o desenvolvimento dos estudos no procedimento de manifestação de interesse. De outro lado, caso haja pagamento de tarifas pelos usuários dos serviços concedidos (em concessões comuns e em concessões patrocinadas), nos valores considerados estará embutido, ainda que de forma ínfima, o montante relativo ao ressarcimento devido.[277]

Porém, mesmo nos casos em que os estudos sejam integral e exclusivamente desenvolvidos por servidores (o que é raro), sua remuneração também representa custos para o Poder Concedente, embora tais custos não representem, necessariamente, despesas novas. Explica-se: custos e despesas não se confundem. O projeto desenvolvido internamente gera custos, pois mobiliza a estrutura da Administração Pública, sem, contudo, gerar novas despesas, pois os gastos com os servidores deverão ser arcados tenham eles desenvolvido ou não projetos de PPP. Porém, se a Administração tivesse que desenvolver internamente todos os projetos de que necessita, provavelmente teria que aumentar ainda mais suas despesas com pessoal.

Desta forma, estaremos sendo mais precisos se afirmarmos que a realização do PMI não implica incremento de custos para o Poder Concedente e que o ressarcimento é mera decorrência da vedação do enriquecimento sem causa.

---

[277] GROTTI, Dinorá Adelaide Musetti; SAADI, Mário. O procedimento de manifestação de interesse. In: JUSTEN FILHO, Marçal; SCHWIND, Rafael Wallback (Coords.). *Parcerias público-privadas*: reflexões sobre os 10 anos da Lei 11.079/2004. São Paulo: Revista dos Tribunais, 2015. p. 153-176. p. 168. Em linha com este entendimento, ver BELSITO, Bruno Gazzaneo. *O procedimento de manifestação de interesse/PMI na estruturação de contrato de concessão*: exame crítico e proposta de aperfeiçoamento do instrumento no direito brasileiro. 2015. 319 f. Dissertação (Mestrado em Direito) – Faculdade de Direito, Universidade do Estado do Rio de Janeiro, Rio de Janeiro, 2015. p. 193-194.

Mário José Pace Júnior registra a vantagem para a Administração Pública da protelação do pagamento:

> Isto porque o empenho de dotação orçamentária que deveria ser realizado em atendimento ao artigo 60 da Lei n. 4.320/64, para cobrir os custos da referida contratação [elaboração do projeto], não se faz necessário mais naquele momento, uma vez que não haverá dispêndio por parte da Administração Pública. (...).
>
> Entende-se que tal protelação à necessidade de empenho é valiosa no sentido de que é muito mais fácil angariar recursos e verbas orçamentárias para projetos que já estejam devidamente com sua viabilidade definida, do que para outros que ainda deverão ter que passar por todo este desenho.[278]

Note-se que a protelação do pagamento não deve ser confundida com a renúncia de receitas[279], pois não se está a pagar prêmio ou ensejar lucro do socorrente do PMI.

Em outras palavras: o simples ressarcimento dos custos efetivamente necessários ao desenvolvimento do projeto não

---

[278] PACE JUNIOR, Mario José. *O processo de manifestação de interesse – PMI e o devido processo legal (Lei nº 11.079/04 e Decreto nº 5.977/06)*. 2013. 82 f. Monografia (Especialização em Direito Administrativo) – Coordenadoria Geral de Especialização, Aperfeiçoamento e Extensão, Pontifícia Universidade Católica de São Paulo, São Paulo, 2013. p. 34.

[279] No relatório do acórdão nº 1.155/2014, Processo TC nº 012.687/2013-8, o ministro Weder de Oliveira assemelhou a natureza orçamentária dos recursos de reembolso de estudos à renúncia de receitas: "24. Ademais, expressiva parcela da argumentação da EBP repousa sobre pressuposto equivocado: o de que o fornecimento de estudos e projetos para a Administração Pública resultaria em atividade não onerosa. Em detida análise, nota-se que a relação estabelecida entre a SEP/PR e a EBP é de natureza *onerosa* [destaque original] para o Erário. 25. Com efeito, a *provedora dos estudos é por eles remunerada com parcela do valor de outorga devido em contrapartida ao direito de exploração do serviço público arrendado – valor que, em vez de reverter ao patrimônio público sob forma pecuniária, é prestado pelo futuro incumbente diretamente à estruturadora de projetos*. 26. Note-se que o direito de explorar instalações em portos organizados integra desde já o patrimônio público e, portanto, requer compensação para sua fruição. Dessa forma, a estruturadora de projetos é remunerada com recursos que, de outra forma, iriam para os cofres públicos. *Conclui-se, forçosamente, que os créditos da provedora dos estudos têm feição semelhante à renúncia de receita*, pois são adimplidos com parte do fluxo de recursos que caberia ao Poder Concedente, resultando indubitavelmente onerosa". TCU. Acórdão nº 1.155/2014, nos autos do TC nº 012.687/2013-8. Plenário. Relator: ministro Weder de Oliveira. Sessão de 7 de maio de 2014. Disponível em: <http://www.tcu.gov.br/Consultas/Juris/Docs/judoc/Acord/20140522/AC_1155_15_14_ P. doc.>. Acesso em: 10 dez. 2015, p. 5 do relatório do voto do ministro relator Weder Oliveira. Destacamos. Afirmar que os recursos recebidos pela EBP "iriam para os cofres públicos" é equivocado pois ainda que os estudos fossem elaborados internamente pela Administração Pública, os custos inerentes à elaboração de projeto não deixam de existir. Note-se que tal entendimento não foi colhido no Acórdão.

implica renúncia de receitas, pois a outorga só será possível porque os estudos foram efetivamente realizados e o seriam de qualquer maneira, com ou sem o PMI. Afinal, sem eles não haveria outorga e, por conseguinte, não haveria pagamento de ônus.

É o que ocorre há anos no caso do setor elétrico, em que o mecanismo de cooperação público-privada para a preparação de projetos de aproveitamento de potenciais hidráulicos está regulamentado desde 1996, por meio da Lei nº 9.427/1996, que instituiu a Agência Nacional de Energia Elétrica (ANEEL).

Com efeito, tal diploma legal, em seu artigo 28, disciplina a realização de estudos de viabilidade, anteprojetos e projetos de aproveitamento de potenciais hidráulicos por particulares, como se infere de sua leitura:

> Art. 28. A realização de estudos de viabilidade, anteprojetos ou projetos de aproveitamentos de potenciais hidráulicos deverá ser informada à ANEEL para fins de registro, não gerando direito de preferência para a obtenção de concessão para serviço público ou uso de bem público.
> §1º Os proprietários ou possuidores de terrenos marginais a potenciais de energia hidráulica e das rotas dos correspondentes sistemas de transmissão só estão obrigados a permitir a realização de levantamentos de campo quando o interessado dispuser de autorização específica da ANEEL.
> §2º A autorização mencionada no parágrafo anterior não confere exclusividade ao interessado, podendo a ANEEL estipular a prestação de caução em dinheiro para eventuais indenizações de danos causados à propriedade onde se localize o sítio objeto dos levantamentos.
> §3º No caso de serem estes estudos ou projetos aprovados pelo Poder Concedente, para inclusão no programa de licitações de concessões, será assegurado ao interessado o *ressarcimento dos respectivos custos incorridos*, pelo vencedor da licitação, nas condições estabelecidas no edital. (...). (Destacamos).

Note-se que o mecanismo para produção de estudos guarda algumas semelhanças com o PMI[280] e, como claramente se denota da leitura do dispositivo retro, o parágrafo 3º deste prevê o

---

[280] Nessa linha, ver BELSITO, Bruno Gazzaneo. *O procedimento de manifestação de interesse/ PMI na estruturação de contrato de concessão*: exame crítico e proposta de aperfeiçoamento do instrumento no direito brasileiro. 2015. 319 f. Dissertação (Mestrado em Direito) – Faculdade de Direito, Universidade do Estado do Rio de Janeiro, Rio de Janeiro, 2015. p. 212-215.

ressarcimento sempre que os estudos forem aproveitados pelo Poder Concedente. Este parágrafo foi introduzido pela Lei nº 10.848/2004, lei que, entre outras providências, alterou a competência para a aprovação dos estudos apresentados, que antes era da ANEEL.[281] Entretanto, nenhuma alteração foi feita, desde 1996, no que diz respeito ao mecanismo de ressarcimento dos estudos.

Ainda no âmbito da ANEEL, vale destacar a Resolução Normativa nº 672, de 4 de agosto de 2015, que estabelece os procedimentos para a realização de estudos de inventário hidrelétricos de bacias hidrográficas, em especial seu artigo 9º, que versa sobre o ressarcimento do estudo de inventário. Vejamos:

> Art. 9º Caso algum dos aproveitamentos identificados no estudo de inventário aprovado vier a integrar programa de licitação de concessões, será assegurado ao respectivo titular o *ressarcimento pelo vencedor da licitação* e, da forma prevista no respectivo edital, dos custos reconhecidos pela ANEEL na proporção da potência de referência do aproveitamento em frente ao potencial total inventariado.[282] (Destacamos).

Nota-se, portanto, que o fomento da participação dos privados na elaboração de estudos[283] de potenciais hidrelétricos, com a previsão de seu respectivo ressarcimento, já é utilizado há mais de duas décadas pela Administração Federal.

---

[281] A redação do dispositivo, hoje revogada, assim dispunha: "§3º No caso de serem esses estudos ou projetos aprovados pela ANEEL para inclusão no programa de licitações de concessões, será assegurado ao interessado o ressarcimento dos respectivos custos incorridos, pelo vencedor da licitação, nas condições estabelecidas no edital".

[282] Redação semelhante era a do parágrafo 1º do artigo 3º da Resolução da ANEEL nº 393, de 4 de dezembro de 1998: "Os estudos de inventário hidrelétrico serão realizados diretamente pela, ou por terceiros, após o necessário registro, segundo os procedimentos estabelecidos nesta Resolução. §1º Caso os aproveitamentos identificados nesses estudos vierem a integrar programa de licitações de concessões, será assegurado ao autor dos estudos o ressarcimento dos respectivos custos incorridos e reconhecidos pela ANEEL, pelo vencedor da licitação, nas condições estabelecidas no edital".

[283] Vale mencionar que o concurso de privados para a elaboração de estudos de interesse público é bastante anterior às Leis nºs 8.987/1995, 9.074/1995 e às normativas da ANEEL. Ele já estava presente no Código de Minas (Decreto-Lei nº 1.985, de 29 de março de 1940), que, no Capítulo II, tratou da autorização de pesquisa de jazidas, porém em condições diversas das que vemos hoje nos PMI (nesse sentido, destaca-se o artigo 20 que previu o direito de preferência para o particular autorizado nos seguintes termos: "o pesquisador, uma vez aprovado o relatório, terá um ano para requerer a autorização de lavra, e dentro desse prazo poderá negociar o seu direito a essa autorização, na forma deste Código").

As normas regulamentadoras de PMI para os demais projetos de concessão, tais quais os de PPP, que começaram a surgir no ordenamento em 2006 (com o hoje revogado Decreto nº 5.977/2006), apenas replicaram a previsão legal da Lei nº 8.987/1995 e refletiram a experiência bem-sucedida da ANEEL.

Da mesma forma, no âmbito do setor aeroportuário, a Resolução nº 192, de 28 de junho de 2011, da Agência Nacional de Aviação Civil (ANAC), também prevê a possibilidade de realização de estudos por particulares e do seu ressarcimento pelo vencedor da licitação nos seus artigos 11 e 12.[284]

Mário Márcio Saadi Lima[285] esclarece que a resolução foi influenciada pelo Decreto nº 5.977/2006, em razão de recomendação da Secretaria de Fiscalização de Desestatização do TCU, proferida nos autos do Processo TC nº 022.369/2009-0,[286] depreendendo-se claramente da leitura da referida resolução tal

---

[284] "Art. 11. Concluída a seleção dos projetos, estudos, levantamentos ou investigações, aqueles que tiverem sido selecionados terão os valores apresentados para eventual ressarcimento analisados pela comissão. §1º Caso a comissão conclua pela incompatibilidade dos valores apresentados com os usuais para projetos, estudos, levantamentos ou investigações similares, deverá arbitrar o montante nominal para eventual ressarcimento. §2º O valor arbitrado pela comissão poderá ser rejeitado pelo interessado, hipótese em que não serão utilizadas as informações contidas nos documentos selecionados, os quais poderão ser destruídos se não retirados em até 30 (trinta) dias contados da data da rejeição. §3º Na hipótese do §2º deste artigo, faculta-se à comissão escolher outros estudos entre aqueles apresentados para seleção. §4º O valor arbitrado pela comissão deverá ser aceito por escrito, com expressa renúncia a quaisquer outros valores pecuniários. Art. 12. Os valores relativos a estudos selecionados conforme esta Resolução serão ressarcidos exclusivamente pelo vencedor da licitação, desde que efetivamente utilizados no eventual certame."

[285] LIMA, Mário Marco Saadi. *O procedimento de manifestação de interesse à luz do ordenamento jurídico brasileiro.* Belo Horizonte: Fórum, 2015. p. 128.

[286] O Tribunal de Contas da União enfrentou questionamentos diretamente relacionados ao uso do PMI, ao que se sabe, pela primeira vez, neste processo TC nº 022.369/2009-0, de relatoria do Ministro Raimundo Carreiro. Tratou-se de representação formulada pelo Ministério Público Federal no Estado do Espírito Santo acerca de possíveis irregularidades na autorização concedida pelo Ministério dos Transportes à empresa Estruturadora Brasileira de Projetos (EBP) para o desenvolvimento dos estudos técnicos sobre a 3ª Etapa do Programa de Concessão de Rodoviárias Federais. O acórdão resultante dessa representação (Acórdão nº 112/2012/Plenário) entendeu pela regularidade da autorização. O mesmo tema é objeto de análise judicial na Ação Civil Pública nº 2009.50.01.014222-7, julgada pela 8ª Turma do Tribunal Regional Federal da 2a Região, sob relatoria da Desembargadora Vera Lúcia Lima. Ali também entendeu-se pela regularidade da autorização concedida pelo Ministério dos Transportes à EBP, na medida em que a emissão de autorização para realização dos estudos não implicaria violação do princípio da obrigatoriedade de licitação e o Decreto nº 5.977/2006, então vigente, não inovaria o ordenamento, como pretendia demonstrar o Ministério Público Federal. No momento essa decisão é objeto de Recurso Especial no Superior Tribunal de Justiça.

inspiração do decreto em certos pontos, inclusive no que tange ao ressarcimento, o que pode se notar na leitura dos hoje revogados artigos 13[287] e 14.[288]

No setor portuário, verifica-se que deve ser garantido o ressarcimento dos estudos utilizados à luz da normatização do Decreto nº 8.033, de 27 de junho de 2013 (alterado pelo Decreto nº 9.048, de 10 de maio de 2017), e da Resolução ANTAQ nº 3.220, de 8 de janeiro de 2014. Vejamos:

> Art. 6º do Decreto nº 8.033:
> A realização dos estudos prévios de viabilidade técnica, econômica e ambiental do objeto do arrendamento ou da concessão observará as diretrizes do planejamento do setor portuário, de forma a considerar o uso racional da infraestrutura de acesso aquaviário e terrestre e as características de cada empreendimento.
> (...)
> §3º O poder concedente poderá autorizar a elaboração por qualquer interessado dos estudos de que trata o caput e, caso estes sejam utilizados para a licitação, deverá assegurar o *ressarcimento dos dispêndios correspondentes*. (Destacamos).

> Art. 3º da Resolução ANTAQ 3.220:
> O arrendamento de áreas e instalações portuárias será sempre precedido da elaboração de Estudo de Viabilidade Técnica, Econômica e Ambiental – EVTEA, visando a avaliação do empreendimento e servirá de base para a licitação.
> (...)
> §3º O poder concedente poderá autorizar a elaboração do EVTEA por qualquer interessado e, caso este seja utilizado para a licitação, deverá assegurar o *ressarcimento dos dispêndios correspondentes*. (Destacamos).

A difusão dos regramentos em diversos setores indica que o ressarcimento é mera decorrência da vedação do enriquecimento sem causa, não implica comprometimento adicional ao orçamento público e tem como base fomentar o concurso dos particulares para a elaboração dos estudos.

---

[287] "Art. 13. Concluída a seleção dos projetos, estudos, levantamentos ou investigações, os que tiverem sido selecionados terão os valores apresentados para eventual ressarcimento analisados pela comissão."

[288] "Art. 14. Os valores relativos a projetos, estudos, levantamentos ou investigações selecionados conforme este Decreto serão ressarcidos exclusivamente pelo vencedor da licitação, desde que efetivamente utilizados no eventual certame."

2.1.9 Os anseios do mercado de consultoria e os objetivos do PMI

Outra ordem de críticas em relação ao PMI tem sido feita em razão do impacto negativo que a incerteza do ressarcimento dos custos dos estudos traria ao mercado de consultorias. Diz-se que:

> (...) sob uma perspectiva de longo prazo, a incerteza quanto ao ressarcimento dos custos dos estudos pode prejudicar o Poder Público, na medida em que compromete a consolidação de um mercado de consultoria que ele pode vir a precisar.[289]

Para pequenas consultorias ou institutos de pesquisa, o risco de não receber o ressarcimento poderia inviabilizar a sua participação.[290]

O Tribunal de Contas da União também já se manifestou no sentido de entender ser dever do Poder Público desenvolver PMI que estimule a participação do mercado de consultoria. Vejamos:

> ACORDAM os Ministros do Tribunal de Contas da União (...) em: (...) 9.3. determinar à Secretaria de Fiscalização de Infraestrutura Portuária, Hídrica e Ferroviária que autue processo apartado de levantamento de auditoria, a fim de promover a oitiva da Secretaria Executiva do Programa de Parcerias de Investimentos da Presidência da República, do Ministério dos Transportes e da Agência Nacional de Transportes Terrestres (ANTT), para, querendo, manifestar-se sobre os seguintes pontos: (...) 9.3.1.3. *desestímulo ao desenvolvimento do mercado de empresas consultoras e estruturadoras independentes decorrente de seu alijamento de Procedimentos de Manifestação de Interesse,* mecanismo responsável por parte significativa dos projetos de infraestrutura lançados atualmente, *haja vista a baixa probabilidade de ressarcimento dos custos incorridos, bem assim o fato de concorrerem em condições desiguais com empresas interessadas*

---

[289] REIS, Tarcila; JORDÃO, Eduardo. A experiência brasileira de MIPS e PMIS: três dilemas da aproximação público-privada na concepção de projetos. In: JUSTEN FILHO, Marçal; SCHWIND, Rafael Wallback (Coords.). *Parcerias público-privadas*: reflexões sobre os 10 anos da Lei 11.079/2004. São Paulo: Revista dos Tribunais, 2015. p. 207-232. p. 226.

[290] REIS, Tarcila; JORDÃO, Eduardo. A experiência brasileira de MIPS e PMIS: três dilemas da aproximação público-privada na concepção de projetos. In: JUSTEN FILHO, Marçal; SCHWIND, Rafael Wallback (Coords.). *Parcerias público-privadas*: reflexões sobre os 10 anos da Lei 11.079/2004. São Paulo: Revista dos Tribunais, 2015. p. 207-232. p. 226.

na licitação da concessão ou da parceria público-privada (PPP), uma vez que o potencial empreendedor, com maior porte financeiro, incorrerá, de qualquer modo, ao menos em parte, nos custos de elaboração de estudos para confecção de suas propostas em futuro certame de delegação dos serviços públicos, cuja importância não é representativa em relação ao valor total do empreendimento (...).[291]

Os argumentos se constroem tendo por premissa que o PMI teria como objetivo fomentar o mercado de consultoria.[292] E, a partir daí, acaba sendo mera consequência imputar custos e obrigações ao Poder Público que não existiriam originalmente no PMI,[293] tais como a remuneração pelo "risco" assumida pelo desenvolvedor dos estudos.

Observe que, no mesmo caso anteriormente citado, o TCU solicitou a manifestação da Administração Pública também sobre "a ausência de segurança de que o valor do reembolso

---

[291] TCU. Acórdão nº. 1.873/2016, nos autos do TC nº 028.129/2014-8. Plenário. Relator: ministro Walton Alencar Rodrigues. Sessão de 20 de julho de 2016. Disponível em: <https://contas.tcu.gov.br/pesquisaJurisprudencia/#/detalhamento/11/%252a/NUMACORDAO%253A18 73%2520ANOACORDAO%253A2016/DTRELEVANCIA%2520desc%252C%2520NUMA CORDAOINT%2520desc/false/1/false.>. Acesso em: 02 abr. 2018.

[292] Na opinião de Mauricio Portugal Ribeiro e Lucas Navarro Prado: "O objetivo dos dispositivos [artigo 21 da Lei 8987/95 e artigo 31 da Lei 9074/95] (...) é extremamente louvável (...). Parte-se, de um lado, do reconhecimento das dificuldades enfrentadas pelo Poder Público para custear diretamente os diversos estudos e investigações que são necessários ou simplesmente úteis à modelagem de projeto. *Cria-se, doutro lado, mecanismo que estimula o desenvolvimento em regime competitivo do mercado de consultoria e de projetos* (...)". RIBEIRO, Maurício Portugal; PRADO, Lucas Navarro. *Comentários à Lei de PPP – Parceria Público-Privada*: fundamentos econômicos-jurídicos. São Paulo: Malheiros, 2010. p. 332-333. Destacamos. No mesmo sentido, Bruno Gazzaneo Belsito: "A ideia, portanto, é [sic] a de fomentar um mercado de agentes econômicos interessados em participar na consecução de projetos públicos, modelados via PMI, mas objetivado lograr apenas o ressarcimento – e não a obtenção de vantagens e posições informacionais valiosas para a licitação do projeto". BELSITO, Bruno Gazzaneo. *O procedimento de manifestação de interesse/PMI na estruturação de contrato de concessão*: exame crítico e proposta de aperfeiçoamento do instrumento no direito brasileiro. 2015. 319 f. Dissertação (Mestrado em Direito) – Faculdade de Direito, Universidade do Estado do Rio de Janeiro, Rio de Janeiro, 2015. p. 278.

[293] "Uma diretriz importante, neste sentido [de favorecer a participação de agentes que visem apenas ao ressarcimento], é a de deixar as regras relativas ao ressarcimento dos estudos pelo vencedor do certame mais claras e mais favoráveis. (...) Nesse sentido, para fazer frente aos riscos elevados do procedimento, seria conveniente que a fixação dos valores de ressarcimento (tanto o valor divulgado no edital de chamamento como o valor fixado no ato de autorização) levassem em conta não apenas os custos efetivos a serem provavelmente incorridos pelo autorizado, mas também alguma espécie de superávit que possa adequadamente remunerar o trabalho desses particulares". BELSITO, Bruno Gazzaneo. *O procedimento de manifestação de interesse/PMI na estruturação de contrato de concessão*: exame crítico e proposta de aperfeiçoamento do instrumento no direito brasileiro. 2015. 319 f. Dissertação (Mestrado em Direito) – Faculdade de Direito, Universidade do Estado do Rio de Janeiro, Rio de Janeiro, 2015. p. 278.

arbitrado pelo Poder Público será suficiente para cobertura dos custos de preparação dos projetos, *tampouco remunerar pelos riscos assumidos* (art. 15, *caput* e §§1º e 2º)".[294] Ocorre que nem o *caput*, nem o parágrafo primeiro, nem o parágrafo segundo, do Decreto nº 8.428/2015,[295] preveem o dever de ser o privado remunerado pelo "risco" assumido pelo insucesso dos estudos, mas sim – e apenas – pelo ressarcimento dos estudos desenvolvidos e absorvidos pela Administração.

O PMI não foi concebido na legislação como um procedimento precipuamente vocacionado a fomentar o mercado de consultoria, embora isto possa se dar por via reflexa. Consultores podem ser contratados pelo Poder Público por meio de licitação, dispensa ou inexigibilidade. Podem firmar contratos, convênios, acordos de cooperação. A opção por um PMI deveria se dar quando o objetivo é conectar duas pontas – o Poder Concedente e os futuros licitantes – numa mesa de diálogo antes da contratação, posto que naquele foro existem interesses comuns a serem analisados. A opção por um PMI não deveria ser orientada pelo fomento ao mercado de consultorias, e sim o fomento ao diálogo entre os setores público e privado – esta constatação coloca o foco da questão onde ele deve estar para bem conduzir os debates em torno do PMI.

É equivocado censurar a expectativa do privado de ganhar a futura licitação ou de obter ganhos com o futuro contrato sob o prisma de que este seria um "(...) 'ganho informal' e deletério ao interesse público (...)".[296] É justamente a possibilidade de obter

---

[294] TCU. Acórdão nº. 1.873/2016, nos autos do TC nº 028.129/2014-8. Plenário. Relator: ministro Walton Alencar Rodrigues. Sessão de 20 de julho de 2016. Disponível em: <https://contas.tcu.gov.br/pesquisaJurisprudencia/#/detalhamento/11/%252a/NUMACORDAO%253A18 73%2520ANOACORDAO%253A2016/DTRELEVANCIA%2520desc%252C%2520NUMA CORDAOINT%2520desc/false/1/false.>. Acesso em: 02 abr. 2018.

[295] "Art. 15. Concluída a seleção dos projetos, levantamentos, investigações ou estudos, aqueles que tiverem sido selecionados terão os valores apresentados para eventual *ressarcimento*, apurados pela comissão.
§1º Caso a comissão conclua pela não conformidade dos projetos, levantamentos, investigações ou estudos apresentados com aqueles originalmente propostos e autorizados, deverá arbitrar o montante nominal para eventual *ressarcimento* com a devida fundamentação.
§2º O valor arbitrado pela comissão poderá ser rejeitado pelo interessado, hipótese em que não serão utilizadas as informações contidas nos documentos selecionados, os quais poderão ser destruídos se não retirados no prazo de trinta dias, contado da data de rejeição". (Destacamos).

[296] BELSITO, Bruno Gazzaneo. *O procedimento de manifestação de interesse/PMI na estruturação de contrato de concessão*: exame crítico e proposta de aperfeiçoamento do instrumento no

ganhos que mobiliza qualquer agente privado a fazer negócios e que possibilita que serviços públicos sejam por eles prestados. O PMI apenas abre a possibilidade para que os interesses de parte a parte sejam conhecidos com transparência e em detalhes antes da contratação, de forma a se chegar a termos de avença mais próximos das expectativas de ambos os contratantes.

Aliás, a preocupação do legislador em aproximar os atores diretamente interessados na concessão aparece não só nos artigos 21 da Lei nº 8.987/1995, 31 da Lei nº 9.074/1995, art. 12, incisos III e IV, da Lei nº 13.334/2016, e nas regulamentações federal, estaduais e municipais dos PMI, como também nos outros dispositivos que preveem a participação no processo administrativo – a exemplo do artigo 9º da Lei nº 9.784/1999.

Sob esta perspectiva, fica bastante claro que os consultores, via de regra, não são legítimos interessados na concessão, mas tão somente na elaboração dos projetos da concessão – por óbvio.

Neste ponto, anotamos a disponibilização de uma linha de recursos não reembolsáveis do Banco Nacional do Desenvolvimento Econômico e Social destinada à preparação de projetos de infraestrutura que busca justamente mitigar este risco de afastamento das consultorias.[297]

No chamado "FEP – Categoria Pró-Estruturação de Projetos", caso a licitação venha a ocorrer com base nos estudos técnicos desenvolvidos pelos tomadores dos recursos, os direitos relativos ao ressarcimento previsto no art. 21 da Lei nº 8.987 deverão ser cedidos ao BNDES pelo beneficiário. Caso, entretanto, a licitação não ocorra, as consultorias responsáveis pelos estudos terão seus trabalhos igualmente remunerados pelo BNDES.

---

direito brasileiro. 2015. 319 f. Dissertação (Mestrado em Direito) – Faculdade de Direito, Universidade do Estado do Rio de Janeiro, Rio de Janeiro, 2015. p. 277.

[297] Os critérios de elegibilidade para a linha de recursos é apresentado nos seguintes termos: "Pessoas jurídicas de direito privado, ou a elas equiparadas, individualmente ou em consórcio, que apresentem a qualificação exigida para cumprimento das finalidades da colaboração financeira e atendimento aos critérios de elegibilidade estabelecidos no edital de Convocação Pública de Projetos e que atendam cumulativamente aos seguintes requisitos: I – tenha sido o único autorizado para a elaboração e entrega de estudos técnicos; II – tenha se comprometido, formal e expressamente, junto ao órgão público responsável, a não participar, direta ou indiretamente, do processo licitatório do empreendimento. Devem estar incluídas nessa vedação, as entidades controladoras, controladas e sob controle comum em qualquer grau societário". Disponível em: < https://www.bndes.gov.br/wps/portal/site/home/conhecimento/pesquisaedados/estudos/bndes-fep/proestruturacao/bndes-fep-pro-estruturacao-de-projetos >. Acesso em: 01 abr. 2018.

Fora desta hipótese, o risco de ressarcimento deve ser arcado pelas consultorias. Não é por outro motivo que comumente a relação destas empresas se dá com o futuro licitante (este, sim, com capital reservado para especular projetos e contratar consultores para que estudem e recebam por isto independentemente do ressarcimento oriundo da incerta licitação).

Sabemos, a realização de PMI não obriga a licitação do objeto. O PMI, muitas vezes, demonstra a inviabilidade do projeto pretendido e, inclusive por isso, o ressarcimento dos estudos não pode ser garantido. Correta ou não, o PMI foi a solução que o legislador encontrou para, entre outras coisas, evitar que a Administração custeie projetos que não sairão do papel. Quis o legislador que este risco fosse assumido pela iniciativa privada, mas nada impede que outros arranjos, tais quais aqueles viabilizados pela linha de recursos do BNDES, sejam feitos para possibilitar a estruturação do projeto.

Entretanto, se a ideia é fomentar o mercado de consultorias, uma solução mais adequada seria alterar as leis de contratação de serviços que regem a Administração Pública, de modo a conferir mais segurança aos contratantes.

Por mais que a ideia em sentido contrário comece a se espalhar na doutrina,[298] pelo demonstrado no subcapítulo 2.1.2.2, temos como certo que o foco do PMI não é estimular mercado de consultoria – e sim aproximar público e privado, contratante e contratado, antes da contratação. Portanto, as alterações na legislação de PMI para facilitar a entrada de consultorias devem ser vistas com muito cuidado. Afinal, ao fim e ao cabo, a Administração pode ter projetos irretocáveis, mas nenhum agente do mercado efetivamente interessado na licitação.

Se a preocupação fosse o fomento do mercado de consultoria, conviria aperfeiçoar os outros mecanismos para conceber

---

[298] Entre as vantagens do PMI, Dinorá Adelaide Musetti Grotti e Mário Saadi anotam o fato de ele "(...) estimular, em regime competitivo, o mercado de consultoria e de projetos". GROTTI, Dinorá Adelaide Musetti; SAADI, Mário. O procedimento de manifestação de interesse. In: JUSTEN FILHO, Marçal; SCHWIND, Rafael Wallbach (Coords.). *Parcerias público-privadas*: reflexões sobre os 10 anos da Lei 11.079/2004. São Paulo: Revista dos Tribunais, 2015. p. 153-176. p. 154. Entre nós, queremos ver o PMI como um procedimento muito mais colaborativo do que competitivo.

projetos, e não reduzir o PMI a uma licitação disfarçada[299] de projetos de concessão.

Poder-se-ia dizer que, seguindo este raciocínio, será muito difícil que outros agentes que não potenciais licitantes apresentem estudos. Isto é verdade, mas não necessariamente é de todo mal. O PMI é preparatório da licitação – é fundamental que futuros licitantes estejam envolvidos (e é com eles que os consultores devem se resolver, não levar o problema para a arena pública). Se uma entidade associativa ou uma organização não governamental (ONG) está interessada em um projeto e não possui recursos para desenvolver os estudos no quadro do PMI, pode sugerir que o Poder Público publique um edital para contratação tradicional de serviços de consultoria ou, se quiser apenas fazer uma contribuição pontual, poderá participar da consulta pública.

Se a ideia é ter certeza de ressarcimento, parece-nos mais conveniente trabalhar para desentravar a contratação das consultorias pelo Poder Público, sem subverter os objetivos do PMI.

2.2 Consulta pública

2.2.1 Conceito e fundamento

O esteio primeiro da ferramenta em tela consiste no já debatido direito de participação, plasmado no artigo 37, parágrafo 3º, bem como no direito de petição, definido no artigo 5º, inciso XXXIV, letra *a*, ambos da Constituição Federal.

---

[299] O alerta vem de Vera Monteiro, para quem "(...) é um desafio fazer com que o PMI não seja considerado uma licitação". MONTEIRO, Vera. Contratação de serviço de consultoria para a estruturação de projeto de infraestrutura: qual o melhor caminho? In: JUSTEN FILHO, Marçal; SCHWIND, Rafael Wallback (Coords.). *Parcerias público-privadas*: reflexões sobre os 10 anos da Lei 11.079/2004. São Paulo: Revista dos Tribunais, 2015. p. 143-152. p. 147. No mesmo sentido, Juliana Palma: "A ampla participação propriciada pelo teori da Lei Federal de Processo Administrativo parte do pressuposto de que o PMI consiste em efetiva arena de diálogo entre Poder Público e particulares, e não mera licitação alternativa de projetos". PALMA, Juliana Bonacorsi de. Governança pública nas parcerias público-privadas: o caso da elaboração consensual de projetos de PPP. In: JUSTEN FILHO, Marçal; SCHWIND, Rafael Wallback (Coords.). *Parcerias público-privadas*: reflexões sobre os 10 anos da Lei 11.079/2004. São Paulo: Revista dos Tribunais, 2015. p. 113-142. p. 124-125.

A consulta pública encontra previsão na Lei de Processo Administrativo, que, em seu artigo 31, previu a faculdade de sua realização nos seguintes termos:

> (...) quando *a matéria do processo envolver assunto de interesse geral*, o órgão competente *poderá*, mediante despacho motivado, abrir período de consulta pública para manifestação de terceiros, antes da decisão do pedido, se não houver prejuízo para a parte interessada. (Destacamos).

Recentemente, o Decreto nº 8.243/2014, que instituiu a Política Nacional de Participação Social e o Sistema Nacional de Participação Social, definiu consulta pública em seu artigo 2º, inciso IX, como:

> (...) mecanismo participativo, a se realizar em prazo definido, de caráter consultivo, aberto a qualquer interessado, que visa a receber contribuições por escrito da sociedade civil sobre determinado assunto, na forma definida no seu ato de convocação.

Em sede doutrinária, José dos Santos Carvalho Filho sintetiza os objetivos da consulta pública nos seguintes termos:

> Pela consulta pública, a Administração procura obter a opinião pública de pessoas e entidades sobre determinado assunto de relevância discutido no processo, formalizando-se as manifestações através de peças formais instrutórias.[300]

No mesmo sentido, para Marcos Augusto Perez, o procedimento visa que:

> (...) no prazo determinado pela Administração (...), todos os eventuais interessados ofereçam críticas, sugestões de aperfeiçoamento ou peçam informações e resolvam dúvidas a seu respeito.[301]

Como se vê, as definições sobre consulta pública trazidas pelo Decreto nº 8.243/2014 e os objetivos do procedimento apontados

---

[300] CARVALHO FILHO, José dos Santos. *Manual de direito administrativo*. 27. ed. São Paulo: Atlas, 2014. p. 996.
[301] PEREZ, Marcos Augusto. *A administração pública democrática*: institutos de participação popular na administração pública. Belo Horizonte: Fórum, 2004. p. 177.

pelos mencionados doutrinadores guardam bastante harmonia entre si, não deixando muitas dúvidas em relação ao funcionamento deste mecanismo de participação previsto no artigo 31 da Lei de Processo Administrativo.

Neste contexto, merece registro a Lei nº 13.655/2018, que, no artigo 29, previu a faculdade da realização de consultas públicas previamente à edição de quaisquer atos normativos por autoridades administrativas[302]: Note-se que a redação original do projeto de lei (i) previa que a realização de consulta, nestes casos, seria mandatória e (ii) reafirmava a necessidade de a Administração Pública considerar as contribuições provenientes da consulta na sua decisão. Se, por um lado, a proposta demonstrava uma tendência de expansão da participação como algo necessário para a validade dos atos administrativos, os vetos demonstraram ainda existir forte resistência à ideia de integração dos administrados nas tomadas de decisões públicas.

A consulta pública também é objeto do artigo 26, da Lei nº 13.655/2018,[303] que prevê a possibilidade de a Administração Pública celebrar compromissos com particulares mediante negociação em determinadas situações, após a oitiva do órgão jurídico, e a oitiva dos administrados por meio de consulta pública.

Parece-nos claro que o objetivo da consulta pública é conferir mais legitimidade[304] a algumas decisões da Administração por meio da análise das considerações por escrito oferecidas pelos indivíduos, que podem se manifestar individualmente ou em grupo.

Entretanto, um ponto que pode ensejar insegurança quanto à aplicabilidade do mecanismo diz com a necessidade de identificar a

---

[302] Art. 29. *Em qualquer órgão ou Poder, a edição de atos normativos por autoridade administrativa, salvo os de mera organização interna, poderá ser precedida de consulta pública* para manifestação de interessados, preferencialmente por meio eletrônico, a qual será considerada na decisão. (Destacamos).

[303] Art. 26. Para eliminar irregularidade, incerteza jurídica ou situação contenciosa na aplicação do direito público, inclusive no caso de expedição de licença, a autoridade administrativa poderá, após oitiva do órgão jurídico e, quando for o caso, após realização de consulta pública, e presentes razões de relevante interesse geral, celebrar compromisso com os interessados, observada a legislação aplicável, o qual só produzirá efeitos a partir de sua publicação oficial.

[304] MOREIRA NETO, Diogo de Figueiredo. *Direito da participação política*: legislativa, administrativa, judicial – fundamentos e técnicas constitucionais de legitimidade. Rio de Janeiro: Renovar, 1992. p. 129.

existência de um "interesse geral" no processo administrativo para a realização das consultas. A ductilidade do termo pode levar a infinitos debates. Não por menos, o Decreto nº 8.243/2014 substituiu o termo "interesse geral", da Lei de Processo Administrativo, por "determinados assuntos", porém, a nosso ver, não equacionando as dúvidas já existentes em função da terminologia.

A Lei de PPP superou o debate quanto às hipóteses em que devem ser realizadas consultas públicas no que diz respeito aos processos de concessão administrativa ou patrocinada, pois, neles, a realização da consulta é obrigatória, como veremos adiante.

Por um lado, como sinalizam Irene Patrícia Nohara e Thiago Marrara, a consulta pública se distingue dos plebiscitos ou referendos sobretudo porque nelas o peso das manifestações dos indivíduos não é o mesmo, ou seja "(...) cada manifestação pode influenciar em graus distintos a decisão do Estado".[305]

De outra parte, a consulta pública distingue-se da audiência pública notadamente por ser formalizada por atos escritos, e não orais. Ademais, "(...) a consulta pública geralmente se prolonga por diversos dias e semanas, enquanto a audiência pública se concentra, em regra, em algumas horas (...)".[306] Trata-se, portanto, de um ato mais formal.

2.2.2 A consulta pública no processo de elaboração de contratos de PPP

Como anotam Irene Patrícia Nohara e Thiago Marrara: "Ainda que a realização da consulta pública nos termos do art. 31 [da Lei de Processo Administrativo] seja discricionária, nada impede que o legislador, através de norma especial, preveja consultas públicas obrigatórias".[307]

---

[305] NOHARA, Irene Patrícia; MARRARA, Thiago. *Processo administrativo*: Lei nº 9.784/99 comentada. São Paulo: Atlas, 2009. p. 230.
[306] NOHARA, Irene Patrícia; MARRARA, Thiago. *Processo administrativo*: Lei nº 9.784/99 comentada. São Paulo: Atlas, 2009. p. 239.
[307] NOHARA, Irene Patrícia; MARRARA, Thiago. *Processo administrativo*: Lei nº 9.784/99 comentada. São Paulo: Atlas, 2009. p. 233.

É o que ocorre com as PPP. Nelas, o agente público não tem a faculdade de realizar a consulta pública, mas sim o dever, já que a Lei nº 11.079/2004 estabeleceu que a submissão da minuta do edital à consulta pública é um dos requisitos de validade do procedimento licitatório da PPP no artigo 10, inciso VI.

Benedicto Porto Neto destaca que o mencionado dispositivo "(...) consagra alguma imprecisão porque a consulta pública já é ato do procedimento, e não propriamente condição para que ele venha a ser instaurado".[308]

De toda forma, como o próprio autor ressalta, "(...) a imprecisão do dispositivo não traz prejuízo à sua compreensão: sendo a consulta pública condição para a válida realização de licitação, sem ela o procedimento é viciado".[309]

Tal exigência visa a aumentar a transparência do processo de contratação, além de dar publicidade às intenções do Poder Público em celebrar o contrato e às condições em que quer fazê-lo.[310] Aspira, com isto, assegurar ampla concorrência, e permitir que os interessados direta ou indiretamente no contrato possam aperfeiçoar os seus termos[311] e "(...) controlar a formação de 'vontade' da Administração estampada no edital".[312]

A consulta pública é um instrumento de suma importância nos processos de elaboração dos contratos de PPP, pois, de todos os mecanismos de participação, ela é o único cuja realização é, por força de lei, obrigatória. Isto porque o PMI, o *roadshow*, bem como os demais mecanismos que possam ser instaurados com fulcro no artigo 33 da Lei de Processo Administrativo, são de realização

---

[308] PORTO NETO, Benedicto. Licitação para contratação de parceria público-privada. In: SUNDFELD, Carlos Ari (Coord.). *Parcerias público-privadas*. 2. ed. São Paulo: Malheiros, 2011. p. 138-156. p. 146.

[309] PORTO NETO, Benedicto. Licitação para contratação de parceria público-privada. In: SUNDFELD, Carlos Ari (Coord.). *Parcerias público-privadas*. 2. ed. São Paulo: Malheiros, 2011. p. 138-156. p. 147.

[310] RIBEIRO, Maurício Portugal; PRADO, Lucas Navarro. *Comentários à Lei de PPP – Parceria Público-Privada*: fundamentos econômicos-jurídicos. São Paulo: Malheiros, 2010. p. 265.

[311] RIBEIRO, Maurício Portugal; PRADO, Lucas Navarro. *Comentários à Lei de PPP – Parceria Público-Privada*: fundamentos econômicos-jurídicos. São Paulo: Malheiros, 2010. p. 265.

[312] PORTO NETO, Benedicto. Licitação para contratação de parceria público-privada. In: SUNDFELD, Carlos Ari (Coord.). *Parcerias público-privadas*. 2. ed. São Paulo: Malheiros, 2011. p. 138-156. p. 147.

facultativa. A audiência pública, por sua vez, também não é tida como obrigatória por parte da doutrina,[313] justamente por não ser expressamente prevista como condição para publicação do edital no artigo 10 da Lei de PPP.

A despeito de configurar importante ferramenta de interferência pelos administrados, na gestão da coisa pública, a consulta pública, segundo Gustavo Henrique Carvalho Schiefler, abre menor margem de participação, se comparada ao PMI.

> Destaque-se, em comparação com o Procedimento de Manifestação de Interesse, que não obstante as audiências públicas e as consultas públicas possam representar institutos de participação na preparação de concessões comuns e parcerias público-privadas, a intervenção do particular se dá em momento posterior à consolidação das modelagens, o que significa dizer que a possibilidade de influenciá-las com seus interesses é substancialmente reduzida.[314]

De nossa parte, entendemos que a comparação entre os dois mecanismos de participação não é apropriada, pois seus objetivos são diversos. Ademais, não é o PMI que reduz o poder de influência dos administrados nas consultas e nas audiências, pois nestes fóruns eles sempre se manifestarão sobre projetos previamente modelados, seja por particulares interessados, seja por terceiros contratados pela Administração, seja por ela mesma.

2.2.2.1 Regulamentações estaduais e municipais

A maioria das leis estaduais e municipais[315] que tratam de PPP conferem às consultas públicas tratamento próximo ou idêntico

---

[313] O aprofundamento desse tema é feito no subcapítulo 2.3.2.
[314] SCHIEFLER, Gustavo Henrique Carvalho. *Procedimento de manifestação de interesse (PMI)*: solicitação e apresentação de estudos e projetos para a estruturação de concessões comuns e parcerias público-privadas. 2013. 500 f. Dissertação (Mestrado em Direito) – Centro de Ciências Jurídicas, Programa de Pós-Graduação em Direito, Universidade Federal de Santa Catarina, Florianópolis, 2013. p. 161.
[315] No que diz respeito às legislações municipais, utilizando o mesmo recorte feito na pesquisa de PMI, englobando as leis de PPP das capitais dos quatro estados mais populosos do país, a saber: Belo Horizonte, Salvador, São Paulo e Rio de Janeiro.

àquele dado pela Lei Federal de PPP,[316] ou remetem ao regulamento próprio sobre a realização das consultas.[317] Algumas normas são omissas quanto à realização de consulta pública e outras preveem que sua realização é facultativa. É o que acontece, por exemplo, com a Lei estadual do Sergipe nº 6.299/2007, que trata como facultativa a realização da consulta pública (artigo 22, inciso X).[318]

Já a Lei estadual do Rio Grande do Sul nº 12.234/2005, que prevê expressamente a necessidade de realizar audiência pública para a contratação de PPP, nada diz sobre consultas públicas. Ademais, a lei estadual não prevê expressamente a aplicação subsidiária da Lei nº 11.079/2004.[319]

---

[316] Lei do estado de Alagoas nº 6.972/2008 (artigo 8º, parágrafo único); Lei do estado do Amapá nº 0921/2005 (artigo 14); Lei do estado do Amazonas nº 3.363/2008 (artigo 12, parágrafo 1º e artigo 19, inciso VI); Lei do estado do Ceará nº 14.391/2009 (artigo 10, inciso VI); Lei do estado do Mato Grosso do Sul nº 4.303/2012 (artigo 7º, parágrafo 2º e artigo 15); Lei do estado do Mato Grosso nº 9.641/2011 (artigo 4º); Lei do estado do Pará nº 7.649/2012 (artigo 10, inciso VI); Lei do estado do Paraná nº 17.046/2012 (artigo 12, inciso VI e artigo 37); Lei do estado de Pernambuco nº 12.765/2005 (artigo 6º, inciso 10); Lei do estado do Piauí nº 5.494/2005 (artigo 2º, inciso XI e artigo 26); Lei do estado do Rio de Janeiro nº 5.068/2007 (artigo 5º, inciso XIII, artigo 7º-A, inciso XI e artigo 15); Lei estadual de São Paulo nº 11.688/2004 (artigo 21); Lei estadual de Sergipe nº 6.299/2007 (artigo 22, inciso XX); Lei do Distrito Federal nº 3.792/2006 (artigo 10, inciso VI); Lei Complementar do município do Rio de Janeiro nº 105/2009 (artigo 5º, inciso VIII, artigo 8º, parágrafo 2º e artigo 15); Lei do município de Salvador nº 6.975/2006 (artigo 8º, inciso VI); Lei do município de São Paulo nº 14.517/2007 (artigo 20). Não localizamos normativa do Acre nem de Roraima em nossas pesquisas.

[317] Lei do estado da Bahia nº 9.290/2004 (artigo 10); Lei Complementar do estado do Espírito Santo nº 492/2009 (artigo 3º, inciso VII e artigo 8, inciso VIII); Lei do estado de Goiás nº 14.910/2004 (artigo 12); Lei do estado do Maranhão nº 8.437/2006 (artigo 21, parágrafo 2º); Lei do estado de Minas Gerais nº 14.868/2003 (artigo 2º, inciso XI, artigo 7º, parágrafo 2º e artigo 12, parágrafo 2º); Lei do estado da Paraíba nº 8.684/2008 (artigo 8º); Lei Complementar do Rio Grande do Norte nº 307/2005 (artigo 4º e artigo 17, parágrafo 1º); Lei do estado do Tocantins nº 2.231/2009 (artigo 10); Lei do município de Belo Horizonte nº 9.038/2005 (artigo 4º, inciso XII, artigo 8º, parágrafo 3º e artigo 20, parágrafo único).

[318] "Art. 22. O instrumento convocatório deve conter minuta do contrato, indicar expressamente a submissão da licitação às normas desta Lei e observar, no que couber, os §§3º e 4º do art. 15, os arts.. 18, 19 e 21 da Lei (Federal) nº 8.987, de 13 de fevereiro de 1995, *podendo ainda prever: (...) X – submissão da minuta de edital e de contrato à consulta pública*". Destacamos. Note-se que o rito da audiência pública previsto na Lei estadual do Sergipe se assemelha àquele previsto na Lei federal de PPP, porém nos termos do art. 22 da Lei estadual a sua realização seria facultativa.

[319] "Art. 5º – O processo licitatório para contratação de parcerias público-privadas observará, no caso das licitações e contratos, o disposto na Lei nº 8.666, de 21 de junho de 1993, com alterações posteriores, e, no caso de concessões e permissões de serviços públicos, o disposto na Lei nº 8.987, de 13 de fevereiro de 1995, e na Lei nº 9.074, de 7 de julho de 1995, e as normas desta Lei".

Entretanto, considerando que o direito de participação decorre da Constituição Federal e que a Lei nº 11.079/2004, de acordo com a competência privativa da União fixada no artigo 22, inciso XVII,[320] estabelece normais gerais para a licitação e contratação de PPP aplicáveis não só aos Poderes da União, mas também aos dos Estados, do Distrito Federal e dos Municípios, prevendo, entre elas, a participação popular por meio da consulta pública, entendemos que outras leis regulamentadoras de PPP não podem restringir o exercício deste direito por meio da exclusão da consulta pública.

Portanto, mesmo quando não houver nas leis estaduais, distritais ou municipais, a obrigação de realizar consulta pública previamente à publicação do edital de PPP, esta deverá ser concretizada, por força da Constituição e do que dispõe a Lei nº 11.079/2004, sem prejuízo de que sejam realizados outros procedimentos para garantir a participação popular.

2.2.3 Os prazos da consulta pública no processo de elaboração de contratos de PPP

Irene Patrícia Nohara e Thiago Marrara, ao tratar da consulta pública nos termos do artigo 31 da Lei de Processo Administrativo, explicam que o prazo para o oferecimento de alegações escritas pelos indivíduos será definido pela autoridade competente para tanto e, desde que devidamente fundamentado, poderá ser prorrogado.[321]

Esta margem de discricionariedade é reduzida quando estamos tratando de consultas públicas voltadas para a discussão de projetos de PPP, pois o inciso VI do artigo 10 da Lei de PPP determina que o ato de divulgação da consulta pública fixe o prazo mínimo de 30 dias para recebimento de sugestões. Determina, ainda,

---

[320] "Art. 22. Compete privativamente à União legislar sobre: (...) XXVII – normas gerais de licitação e contratação, em todas as modalidades, para as administrações públicas diretas, autárquicas e fundacionais da União, Estados, Distrito Federal e Municípios, obedecido o disposto no art. 37, XXI, e para as empresas públicas e sociedades de economia mista, nos termos do art. 173, §1º, III (...)".

[321] NOHARA, Irene Patrícia; MARRARA, Thiago. *Processo administrativo*: Lei nº 9.784/99 comentada. São Paulo: Atlas, 2009. p. 236.

que o fim da consulta pública deve se dar pelo menos sete dias antes da data prevista para a publicação do edital.

Acreditamos que as intenções do legislador com a regulamentação de prazos mínimos foram, (i) de um lado, garantir tempo suficiente para os administrados tomarem conhecimento das informações da concessão e formularem suas contribuições dentro de um prazo razoável de análise e reflexão e; (ii) de outro, incentivar a Administração a cumprir com o seu dever de analisar e responder fundamentadamente todas as contribuições recebidas.

Na prática, entretanto, o prazo de sete dias é muitas vezes escasso para que a Administração se mobilize em torno das contribuições. Isto não deve ser empecilho para o cumprimento do dever de resposta, na medida em que tais balizas legais são prazos mínimos, cabendo à autoridade competente a fixação de prazos mais alargados, tanto para o recebimento de contribuições quanto para a oferta de respostas, sempre que entender necessário.

2.2.4 A divulgação da consulta pública nos processos de elaboração de contratos de PPP

No que diz respeito à divulgação da consulta pública, o parágrafo 1º da Lei de Processo Administrativo determina que "(...) a abertura da consulta pública será objeto de divulgação pelos meios oficiais, a fim de que pessoas físicas ou jurídicas possam examinar os autos (...)".

Também neste ponto a Lei nº 11.079/2004 contribuiu para a regulamentação, determinando, no inciso VI do artigo 10, que o convite da consulta pública deverá ser publicado na imprensa oficial, em jornais de grande circulação e por meio eletrônico. A lei também impõe que o chamamento deverá informar (i) a justificativa para a contratação, (ii) a identificação do objeto, (iii) o prazo de duração do contrato e (iv) seu valor estimado.

Entretanto, algumas diretrizes dadas pelo artigo 17 do Decreto nº 8.243/2014 para a realização das consultas públicas parecem, aos nossos olhos, bastante adequadas para as consultas realizadas nos processos de elaboração de contratos de PPP. São elas: (i) disponibilização prévia e em tempo hábil dos documentos que serão objeto da consulta, em linguagem simples e objetiva, dos estudos e do material técnico utilizados como fundamento para a proposta colocada em consulta pública e da análise de impacto regulatório, quando houver (inciso II); (ii) utilização da internet e de tecnologias de comunicação e informação (inciso III); (iii) sistematização das contribuições recebidas (inciso IV); (iv) publicidade de seus resultados (inciso V).

A primeira orientação é um reflexo do direito fundamental de acesso à informação, explicitado na Lei de Acesso à Informação, especificamente no artigo 3º, inciso II, que impõe a divulgação de informações de interesse público, independente de solicitação, como diretriz de atuação da Administração Pública. Como bem reconhece o Tribunal de Contas da União, a divulgação de políticas públicas de maior apelo e impacto social deve ser feita em "foco e linguagem adequados".[322] Natural, portanto, que as formas de concretizar tais políticas (dentre as quais, as PPP), também sejam divulgadas de forma adequada.

As duas últimas orientações são decorrências diretas da obrigação prevista no artigo 34 da Lei de Processo Administrativo, que assim determina: "Os resultados da consulta e audiência pública e de outros meios de participação de administrados deverão ser apresentados com a indicação do procedimento adotado".[323]

Os requisitos de divulgação denotam a preocupação do legislador com (i) *a garantia de ampla participação*, na medida em que impõe a necessidade de disponibilizar os documentos relativos

---

[322] "235. Ante o exposto, sugere-se recomendar às agências o desenvolvimento de políticas voltadas à ampla divulgação de suas ações, mormente aquelas de maior apelo e impacto social, com foco e linguagem adequados. A estruturação de tais políticas tende a fomentar uma maior participação da sociedade na atividade regulatória, além de permitir um maior esclarecimento ao público da importância dos entes reguladores e do impacto que as decisões destes podem ter em suas vidas cotidianas. Para tanto, é necessária a disponibilização de recursos humanos e financeiros adequados e suficientes, além da efetiva estruturação de uma política formal voltada para melhor divulgação das ações das agências". Destaque original. TCU. Acórdão nº 2.261/2011, nos autos do TC 012.693/2009-9. Plenário. Relator: ministro José Jorge. Sessão de 29 de maio de 2013. Disponível em: <http://www.tcu.gov.br/Consultas/Juris/Docs/judoc/Acord/20110826/AC_2261_35_11_P.doc>. Acesso em: 8 jan. 2016, p. 30.

[323] Para aprofundamento sobre o dever de extração e o dever de apresentação de resultados, ver NOHARA, Irene Patrícia; MARRARA, Thiago. *Processo administrativo*: Lei nº 9.784/99 comentada. São Paulo: Atlas, 2009. p. 248-250.

ao objeto da consulta em linguagem simples e objetiva; (ii) a *manutenção da isonomia e da transparência*, presente na mencionada qualidade dos documentos e também na utilização da internet e de tecnologias de comunicação e informação; e (iii) o *compromisso com os resultados*, ao fixar que os documentos objeto da consulta devem ser disponibilizados em tempo hábil para permitir a efetiva participação, e ao determinar a obrigatoriedade de a Administração Pública sistematizar as contribuições e divulgar os resultados da consulta, facilitando, desta forma, o controle sobre as decisões adotadas.

2.3 Audiência pública

2.3.1 Conceito e fundamento

A inspiração das audiências públicas brasileiras vem frequentemente identificada nas *public hearing* do direito anglo-saxão.[324] O fenômeno encontra fundamento *no right to a fair hearing*, e pode ser entendido enquanto a materialização do direito de o

---

[324] "A audiência pública tem origem no direito anglo-saxão, fundamentado no direito inglês e no princípio de justiça natural e no direito norte-americano, ligado ao princípio do devido processo legal (due process of law)". Dal Bosco *apud* PEREZ, Marcos Augusto. A audiência pública no direito administrativo brasileiro. In: FORTINI, Cristina; IAVENGA, Miriam Mabem (Org.). Mecanismos de controle interno e sua matriz constitucional: um diálogo entre Brasil e Argentina. Belo Horizonte: Fórum, 2012. p. 101-116. p. 102. No mesmo sentido, Lúcia Valle Figueiredo: "A audiência pública, prática surgida no direito anglo-saxônico, adquire sua expressão maior no direito americano como right to a fair hearing". FIGUEIREDO, Lúcia Valle. Instrumentos da administração consensual: a audiência pública e sua finalidade. *Revista Eletrônica de Direito Administrativo Econômico* – REDAE, Salvador, nº 11, ago./out. 2007. Disponível em: <http://www.direitodoestado.com/revista/REDAE-11-AGOSTO-2007-LUCIA%20VALLE.pdf>. Acesso em: 22 dez. 2015. E, ainda, GORDILLO, Agustín. *Tratado de derecho administrativo*. 5. ed. Belo Horizonte: Del Rey; Fundación de Derecho Administrativo, 2003. Tomo 2. p. XI-2. Há quem aponte as *enquêtes administratives* do direito francês como fonte de origem das audiências. Nesse sentido, NOHARA, Irene Patrícia. Participação popular no processo administrativo: consulta, audiência pública e outros meios de interlocução comunitária na gestão democrática dos interesses públicos. In: NOHARA, Irene Patrícia; MORAES FILHO, Marco Antonio Praxedes de. *Processo administrativo*: temas polêmicos da Lei nº 9.784/99. São Paulo: Atlas, 2011 *apud* SILVA, Laís Sales do Prado; SANTOS, Murillo Giordan; PAULINO, Virgínia Juliane Adami. Audiências públicas: histórico, conceito, características e estudo de caso. *Revista de Direito Administrativo & Constitucional* – A&C, Belo Horizonte, ano 15, nº 62, out./dez. 2015. Disponível em: <http://bid.editoraforum.com.br/bid/PDI0006.aspx?pdiCntd=238283>. Acesso em: 18 dez. 2015.

cidadão ser ouvido pela Administração Pública antes da adoção de alguma medida que possa causar impacto na sua esfera jurídica de interesses.[325]

A primeira previsão normativa de audiências públicas de que se tem notícia no Direito brasileiro veio no bojo da Resolução nº 01, de 23 de janeiro de 1986, do Conselho Nacional do Meio Ambiente (CONAMA), que consignou a utilização de tal instrumento para fins de discussão do Relatório de Impacto Ambiental (RIMA) no seu artigo 11, parágrafo 2º.[326]

Já a primeira regulamentação de audiências públicas corresponde à Resolução nº 09, de 3 de dezembro de 1987, do mesmo Conselho.[327] Ali foram fixados os objetivos da audiência pública, os requisitos para a sua realização e seu rito.[328]

Portanto, na esteira das lições de Carlos Ari Sundfeld, podemos afirmar que, no Direito pátrio, o surgimento da audiência pública se deu em consonância com o aprofundamento dos debates na seara do Direito ambiental. Vejamos:

> O fenômeno das audiências públicas (...) é contemporâneo do surgimento da grande discussão sobre Direito Ambiental. Quando se

---

[325] MELO, Cristina Andrade. *A audiência pública na função administrativa.* 2012. 170 f. Dissertação (Mestrado em Direito) – Programa de Pós-Graduação em Direito, Universidade Federal de Minas Gerais, Belo Horizonte, 2012. p. 57.

[326] "Art. 11. (...) §2º Ao determinar a execução do estudo de impacto ambiental e apresentação do RIMA, o órgão estadual competente ou a SEMA ou, quando couber o Município, determinará o prazo para recebimento dos comentários a serem feitos pelos órgãos públicos e demais interessados e, sempre que julgar necessário, promoverá a realização de audiência pública para informação sobre o projeto e seus impactos ambientais e discussão do RIMA."

[327] Nesse sentido, MELO, Cristina Andrade. *A audiência pública na função administrativa.* 2012. 170 f. Dissertação (Mestrado em Direito) – Programa de Pós-Graduação em Direito, Universidade Federal de Minas Gerais, Belo Horizonte, 2012. p. 46; e SILVA, Laís Sales do Prado; SANTOS, Murillo Giordan; PAULINO, Virgínia Juliane Adami. Audiências públicas: histórico, conceito, características e estudo de caso. *Revista de Direito Administrativo & Constitucional* – A&C, Belo Horizonte, ano 15, nº 62, out./dez. 2015. Disponível em: <http://bid.editoraforum. com.br/bid/PDI0006.aspx?pdiCntd=238283>. Acesso em: 18 dez. 2015. Fazendo menção à importância das audiências públicas em matéria ambiental, vejam-se OLIVEIRA, Gustavo Henrique Justino de. As audiências públicas e o processo administrativo brasileiro. *Revista de Informação Legislativa*, Brasília, ano 34, nº 135, p. 271-282, jul./set. 1997. p. 279; e PEREZ, Marcos Augusto. A administração pública democrática: institutos de participação popular na administração pública. Belo Horizonte: Fórum, 2004. p. 169.

[328] Entendendo que a Resolução nº 09 do CONAMA derrogou a Resolução nº 01 do referido Conselho, no ponto em que esta cuida de audiências públicas, veja-se FINK, Daniel Roberto. Audiência pública em matéria ambiental no Direito brasileiro. *Justitia*, São Paulo, v. 57, nº 169, p. 60-64, jan./mar. 1995. p. 61.

começou a reconhecer que a Administração tinha um grande papel em matéria de Direito Ambiental e, depois, na Defesa do Consumidor, resolveu-se introduzir o dever de fazer audiências públicas.[329]

Assim como o PMI e a consulta pública, o direito de manifestação dos interessados na audiência pública decorre do direito de participação e de petição presentes na Carta Magna. Regem, ainda, este procedimento, os princípios da oralidade, da informalidade, do contraditório, do devido processo, da publicidade, da economia processual, da oficialidade e, por vezes, da gratuidade.[330]

No que diz respeito ao princípio da participação, materializado nas audiências públicas, Sérgio Ferraz e Adílson Abreu Dallari ressaltam que:

> Cabe não olvidar que a audiência pública configura excelso instrumento de participação cidadão na tarefa administrativa concretizando (...) o sempre desejado propósito de fortalecimento democrático das relações entre Estado e cidadão e de legitimação da atuação Administrativa.[331]

Na esteira deste entendimento, Gustavo Henrique Justino de Oliveira assinala que as audiências públicas consagram o direito fundamental de o cidadão ser ouvido:

> É mediante a realização destas audiências que se garante um direito fundamental dos cidadãos, que é o direito de ser ouvido, o direito de poder opinar, de modo eficaz, notadamente a respeito daqueles assuntos que interessam à coletividade.[332]

---

[329] SUNDFELD, Carlos Ari. Processo administrativo: um diálogo necessário entre o Estado e cidadão. *Revista de Direito Administrativo & Constitucional* – A&C, Belo Horizonte, nº 23, p. 39-51, 2006. p. 8. Para uma análise sobre a evolução histórica das audiências públicas no Brasil, ver MELO, Cristina Andrade. *A audiência pública na função administrativa*. 2012. 170 f. Dissertação (Mestrado em Direito) – Programa de Pós-Graduação em Direito, Universidade Federal de Minas Gerais, Belo Horizonte, 2012. p. 42-47.

[330] Para aprofundamento sobre a aplicação dos princípios na audiência pública, ver GORDILLO, Augustín. Tratado de derecho administrativo. 5. ed. Belo Horizonte: Del Rey; Fundación de Derecho Administrativo, 2003. p. XI-10-X-12.

[331] DALLARI, Adilson Abreu; FERRAZ, Sérgio. *Processo administrativo*. 3. ed. São Paulo: Malheiros, 2012. p. 222.

[332] OLIVEIRA, Gustavo Henrique Justino de. As audiências públicas e o processo administrativo brasileiro. *Revista de Informação Legislativa*, Brasília, ano 34, nº 135, p. 271-282, jul./set. 1997. p. 276.

Precisas também as colocações de Augustín Gordillo sobre o fundamento prático da audiência pública. O autor entende que:

(...) o fundamento prático do requisito da audiência pública ou privada dentro da garantia do devido processo é duplo. Serve, por um lado, a) ao interesse público de que não se produzam atos ilegítimos e b) ao interesse dos particulares de poder influenciar com seus argumentos e provas antes da tomada de uma determinada decisão e serve também, empiricamente, c) às autoridades públicas, para diminuir os possíveis riscos de erros de fatos ou de direito em suas decisões, com o conseguinte benefício na eficiência de suas ações e o consenso que elas podem acarretar na comunidade.[333]

Neste sentido, a Constituição da República elenca uma série de situações em que a audiência pública pode se fazer presente (a título de exemplo, cite-se o artigo 29, inciso X; os artigos 182 e seguintes; e o artigo 194, parágrafo único, inciso VII).

A Lei nº 9.784/1999, por sua vez, já previa o instituto em seu artigo 32 e, assim como fez com a consulta pública, facultou à autoridade administrativa a sua realização nos seguintes termos: "(...) antes da tomada de decisão, a juízo da autoridade, diante da relevância da questão, poderá ser realizada audiência pública para debates sobre a matéria do processo".

A exemplo do que ocorreu com as consultas públicas, o Decreto nº 8.243/2014 trouxe uma definição legal do instituto das audiências públicas no artigo 2º como "(...) mecanismo participativo de caráter presencial, consultivo, aberto a qualquer interessado, com a possibilidade de manifestação oral dos participantes, cujo objetivo é subsidiar decisões governamentais (...)".

Em sede doutrinária,[334] a audiência pública vem definida por Marcos Augusto Perez como:

---

[333] GORDILLO, Augustín. *Tratado de derecho administrativo*. 5. ed. Belo Horizonte: Del Rey; Fundación de Derecho Administrativo, 2003. p. XI-6. Tradução livre. No original: "(...) el fundamento práctico del requisito de la audiencia pública o privada dentro de la garantía del debido proceso es doble. Sirve por un lado a) al interés público de que no se produzcan actos ilegítimos, y b) al interés de los particulares de poder influir con sus argumentos y pruebas antes de la toma de una decisión determinada y sirve también, empíricamente, c) a las autoridades públicas para disminuir el riesgo de posibles errores de hecho o de derecho en sus decisiones, con el consiguiente beneficio en la eficacia de sus acciones y el consenso que ellas puedan acarrear en la comunidad".

[334] Ou, nas palavras de José dos Santos Carvalho Filho, "(...) a audiência pública (que, em última instância, é também forma de consulta) se destina a obter manifestações orais

(...) o instituto de participação popular na Administração Pública, de caráter não vinculante, consultivo ou meramente opinativo, inserido na fase instrutória do processo decisório, consistente na realização de uma sessão pública aberta a todos os interessados e voltada ao esclarecimento e à discussão de todos os aspectos e problemas envolvidos em uma determinada decisão administrativa.[335]

Portanto, "(...) a audiência pública é mais interativa e mais dinâmica que a consulta pública (...)"[336] e entendemos que é justamente este dinamismo e o baixo grau de formalização que resultam em mais questionamentos sobre a utilização do instituto, quando comparado à consulta pública.

Não estamos com isto a dizer que o baixo grau de formalização macula o instrumento, ao contrário. A discricionariedade do gestor público pode ser perfeitamente manejada para possibilitar diversas formas de se atingir os objetivos da audiência pública. Este reconhecimento também foi feito pelo Tribunal Regional Federal da 3ª Região. Se não, vejamos:

> 1. O objetivo da audiência de EIA/RIMA é possibilitar a participação popular em assuntos relacionados ao meio ambiente (...) 2. *Iniciada a audiência pública EM 17.12.2008, compareceram mais de 300 participantes, o que inviabilizou o prosseguimento da mesma no local designado, porquanto vários outros interessados permaneceram fora do recinto.* 3. Redesignada a audiência para o dia 24 de janeiro de 2008, em local mais amplo, com publicação no Diário Oficial do Estado, no Jornal "O Estado de São Paulo" e em jornais locais, além de informes na Rádio Capital e na Rádio local "Z", compareceram mais de 600 pessoas, com lista de 483 pessoas das quais 55 se manifestaram, contendo a audiência, se estendida por cerca de 07 horas. 4. *Foi exatamente o adiamento da audiência que possibilitou a ampla participação popular e o extenso debate que, como dantes afirmado, se estendeu por quase 07 horas, garantindo total legitimidade ao processo.* 5. *O simples fato de a legislação não prever o desdobramento da audiência não significa que ela não possa ocorrer. É o interesse público quem dita tais regras. O que a legislação veda é a surpresa,*

---

e provocar debates em sessão pública especificamente designada para o debate acerca de determinada matéria". CARVALHO FILHO, José dos Santos. *Manual de direito administrativo*. 27. ed. São Paulo: Atlas, 2014. p. 996.
[335] PEREZ, Marcos Augusto. A administração pública democrática: institutos de participação popular na administração pública. Belo Horizonte: Fórum, 2004. p. 168.
[336] NOHARA, Irene Patrícia; MARRARA, Thiago. *Processo administrativo*: Lei nº 9.784/99 comentada. São Paulo: Atlas, 2009. p. 239.

a surdina, simulacro de audiência visando burlar o interesse da coletividade.
6. Apelação a que se nega provimento.[337]

Como se percebe, o administrador optou por solução não prevista expressamente em lei, tampouco vedada pelo ordenamento, para assegurar a ampla participação de audiência e, assim, atingir as finalidades deste instrumento.

Gustavo Henrique Justino de Oliveira lembra-nos de que, na hipótese de a realização de audiência pública ser obrigatória, a sua inocorrência culminará na invalidade do processo administrativo em que deveria se inserir:

> Assim, desde que obrigatória, a realização da audiência pública será condição de validade do processo administrativo em que está inserida. Caso não implementada, ao arrepio da determinação legal, o processo estará viciado, e a decisão administrativa correspondente será inválida.[338]

Para Lúcia Valle Figueiredo, a natureza da audiência pública é de

> (...) autêntico direito difuso. Não se trata de direito individual, porém de direito público subjetivo de defesa da comunidade, somente reflexamente poderá ser direito individual. É pertinente ao interesse de todos e de cada um, de cada um e de todos.[339]

Sérgio Ferraz e Adilson Abreu Dallari divergem da autora. Para eles:

> (...) a consulta pública tem como pressuposto o *interesse geral*, basicamente. Já na audiência pública o pressuposto é a *relevância da questão*, motivadamente aferida e proclamada, não importando seja o tema envolvido de interesse geral ou não. Discordamos, pois, frontalmente daqueles que só veem na base da audiência pública

---

[337] TRF3, Processo nº 000453857.2008.4.03.6100/SP (2008.61.00.0045380/SP), relator juiz federal convocado Rubens Calixto. Data da decisão: 7 de julho de 2011. Destacamos.

[338] OLIVEIRA, Gustavo Henrique Justino de. As audiências públicas e o processo administrativo brasileiro. *Revista de Informação Legislativa*, Brasília, ano 34, nº 135, p. 271-282, jul./set. 1997. p. 278.

[339] FIGUEIREDO, Lúcia Valle. Instrumentos da administração consensual: a audiência pública e sua finalidade. *Revista Eletrônica de Direito Administrativo Econômico – REDAE*, Salvador, nº 11, ago./out. 2007. Disponível em: <http://www.direitodoestado.com/revista/REDAE-11-AGOSTO-2007-LUCIA%20VALLE.pdf>. Acesso em: 22 dez. 2015. p. 2.

interesse difuso ou coletivo (é a opinião, dentre outros, de Lúcia Valle Figueiredo). Para nós, mesmo que o interesse em tela seja restrito aos envolvidos no processo administrativo, o impacto econômico da decisão ou a mera potencialidade de reflexo sobre futuras discussões análogas do que se vier a decidir já legitima a convocação de audiências públicas.[340]

Em que pese a imprecisão de alguns termos fundamentais para a delimitação do debate (quais seriam os direitos públicos subjetivos referenciados pela ilustre doutrinadora? O interesse geral e a relevância da questão não se confundem?), fazendo com que ele se torne bastante etéreo, temos que Sérgio Ferraz e Adílson Abreu Dallari apresentam um posicionamento que nos parece mais aderente aos propósitos da audiência, posto que mais ampliativo do direito de participação.

Não há dúvidas de que os contratos sujeitos à Lei nº 8.666/1993 deverão ser submetidos à audiência na hipótese prevista no artigo 39, ou seja, sempre que o valor estimado para uma licitação ou para um conjunto de licitações simultâneas ou sucessivas for superior a R$ 150.000.000,00.[341]

2.3.2 A audiência pública no processo de elaboração de contratos de PPP

Ao contrário do que ocorreu com a consulta pública, a realização de audiência pública não foi expressamente prevista na Lei nº 11.079/2004 como condição para publicação do edital de PPP.

Entretanto, Augustín Gordillo é assertivo ao determinar que a audiência pública deve ser realizada "(...) antes de aprovar

---

[340] DALLARI, Adilson Abreu; FERRAZ, Sérgio. *Processo administrativo*. 3. ed. São Paulo: Malheiros, 2012. p. 222.
[341] A definição da composição desse valor é tema controverso. Como não há definição legal, é possível entender que deve ser computado o valor dos investimentos, o total das receitas arrecadadas com a exploração da concessão, ou mesmo o valor de outorga. O tema foi analisado no Tribunal de Contas da União, onde se entendeu que o mais coerente seria assumir o valor estimado das receitas arrecadadas pela exploração da concessão como parâmetro para a realização de audiência pública. (Acórdão nº 1.028/2007 –Plenário, TC-000.944/2007-1, relator Ubiratan Aguiar. 30 de maio de 2007).

projetos de grande importância ou impacto sobre o meio ambiente e a comunidade".[342]

O autor entende que a administração não está limitada a efetuar a audiência pública unicamente nos casos previstos em lei ou regulamentos[343][344] e que "O descumprimento ou o cumprimento defeituoso do preceito da audiência pública é causador de nulidade absoluta e insanável do ato",[345] mesmo nos casos em que a sua realização não esteja prevista em lei, como é o caso da Lei da PPP.

Tratando especificamente do caso das PPP, Maurício Portugal Ribeiro e Lucas Navarro Prado entendem que, como visam ao mesmo objetivo, a realização da consulta pública prevista no artigo 10, VI, da Lei nº 11.079/2004, satisfaria às necessidades públicas, sendo dispensável a audiência pública. Confira-se:

> Parece-nos que, ao adotar procedimento específico de consulta pública para as PPPs, o inciso VI do art. 10 afastou a aplicação do art. 39 da Lei 8.666/1993. Tanto a realização da audiência pública, prevista no art. 39

---

[342] GORDILLO, Augustín. Tratado de Derecho Administrativo, tomo 2, 5a. Edição. Belo Horizonte: Del Rey e Fundación de Derecho Administrativo, 2003, p. XI-2. Tradução livre. No original: "(...) antes de aprobar proyectos de gran importancia o impacto sobre el medio ambiente o la comunidade".

[343] "(...) a administração não está limitada a efetuara audiência pública unicamente nos casos obrigatoriamente impostos pela lei ou pelo regulamento, mas também em todos os demais casos em que os efeitos da decisão excedam o caso do particular e em que objetivamente seja necessário realizar o procedimento para o exercício do direito de defesa dos usuários e outros afetados [pelo ato ou pelo projeto], contribuindo assim a uma melhor eficácia e legitimidade jurídica e política de suas decisões". GORDILLO, Augustín. Tratado de derecho administrativo. 5. ed. Belo Horizonte: Del Rey; Fundación de Derecho Administrativo, 2003. Tomo 2. p. XI-9. Tradução livre. No original: "(...) la administración no está limitada a efectuar la audiencia pública unicamente em los casos preceptivamente impuestos por la ley o el reglamento, sino que tiene también la obligación de realizar audiencias públicas en todos los demás casos en que los efectos de la decisión excedan del caso particular y en que objetivamente sea necesario realizar el procedimiento para el ejercicio del derecho de defensa de los usuarios y afectados, coadyuvando así a una mejor eficacia y legitimidad jurídica y política de sus decisiones".

[344] Lucia Valle Figueiredo posiciona-se no mesmo sentido. Para a autora: "(...) mesmo sem obrigatoriedade constitucional ou legal, grandes projetos ou decisões importantes a serem tomadas, necessariamente deveriam ser precedidos de audiência pública". FIGUEIREDO, Lúcia Valle. Instrumentos da administração consensual: a audiência pública e sua finalidade. *Revista Eletrônica de Direito Administrativo Econômico* – REDAE, Salvador, nº 11, ago./out. 2007. Disponível em: <http://www.direitodoestado.com/revista/REDAE-11-AGOSTO-2007-LUCIA%20VALLE.pdf>. Acesso em: 22 dez. 2015.

[345] GORDILLO, Augustín. *Tratado de derecho administrativo*. 5. ed. Belo Horizonte: Del Rey; Fundación de Derecho Administrativo, 2003. Tomo 2. p. XI-9. Tradução livre. No original: "El incumplimiento o defectuoso cumplimiento del precepto de la audiencia pública es causal de nulidad absoluta e insanable del acto".

da Lei 8.666/1993, quanto o procedimento de consulta pública, têm o mesmo objetivo e desempenham a mesma função, de maneira que não faria sentido exigir a realização de ambos.

Aliás, é importante mencionar que o procedimento de consulta pública nos moldes previstos na Lei de PPP apresenta, para casos tais, diversas vantagens em relação à exigência de realização de audiência pública nos termos do art. 39 da Lei 8.666/1993. Como os contratos de PPP são, em regra, contratos complexos, somente a disponibilização das minutas ao público por período de vários dias viabiliza entendimento e crítica adequados.[346]

De nossa parte, entendemos que os objetivos que podem ser atingidos com a consulta e com a audiências são diferentes. Não é possível admitir que um debate dinâmico entre autoridades, sociedade civil e empresários, desenvolvido no intervalo de algumas horas, cumpra o mesmo papel de contribuições encaminhadas por escrito ao longo de 30 dias ou mais. Da mesma forma, não seria correto presumir que os mesmos participantes de uma audiência se farão presentes em uma consulta pública.

Para nós, os mecanismos em questão podem atingir objetivos e públicos diversos, cabendo ao gestor público definir, caso a caso, se a realização da audiência ampliará a participação de pessoas que possam ter a sua esfera de direitos atingida com a PPP e que, em virtude das formalidades que permeiam a consulta pública ou outros obstáculos, possam se ver impedidas de dela participar. Na maioria das vezes, será imperioso proceder à realização da audiência, em complementação à consulta pública, para a formalização de uma PPP.

Lembre-se de que a Lei de Processo Administrativo prevê a realização de audiência pública sempre que houver *questão relevante* e prevê a realização de consulta pública sempre que houver *assunto de interesse geral*. Ainda que os termos sejam imprecisos, parece-nos razoável presumir que onde houver *assunto de interesse geral* haverá *questão relevante*.[347] Daí extraímos mais um motivo para afirmar que

---

[346] RIBEIRO, Maurício Portugal; PRADO, Lucas Navarro. *Comentários à Lei de PPP – Parceria Público-Privada*: fundamentos econômicos-jurídicos. São Paulo: Malheiros, 2010. p. 266.

[347] Nesse sentido, o entendimento de Irene Patrícia Nohara e Thiago Marrara: "(...) ainda que a expressão *questão relevante* configure um conceito jurídico determinado, ela é indubitavelmente, mais restrita do que a expressão *assunto de interesse geral*". Os autores, entretanto, entendem que, "(...) caso se considere que a matéria do processo atinge o interesse de grande parte da sociedade e de parcela significativa dela, é mais recomendável que o Poder Público lance mão da consulta pública". NOHARA, Irene Patrícia; MARRARA, Thiago.

os mecanismos de audiência e consulta podem ser complementares, e não excludentes. Inobstante, como salienta Vera Monteiro, não há necessidade de previsão legal para a realização de audiência pública:

> A audiência pública, prevista no art. 39 da Lei 8.666/1993, somente será obrigatória quando o valor estimado da licitação for superior a R$ 150.000.000,00. *Não há regra legal que determine a realização de consulta e de audiência nos projetos de PPP que superem referido valor, mas nada impede que assim aconteça, inclusive para que se garanta maior publicidade e transparência ao processo.* O Tribunal de Contas do Estado de São Paulo, por meio da Resolução 04/2005, obrigou a Administração Pública a realizar audiência de consulta pública nos projetos estaduais de PPP.[348]

Como aponta Marcos Augusto Perez,[349] nos últimos anos as audiências públicas foram frequentemente incorporadas na técnica legislativa. Mas, "(...) contraditoriamente à crescente intensidade de seu uso, as audiências públicas ainda são muito pouco reguladas em termos procedimentais entre nós (...)". Em que pese algum regramento geral presente na Lei nº 9.784/99, não há um regime jurídico delimitado na legislação brasileira.[350] Isto não tem impedido o seu uso mesmo na ausência de obrigação legal, outra vez assevera Marcos Augusto Perez:

> Na verdade, administradores públicos mais atentos aos novos ventos e, principalmente, à importância para o ato de bem governar da comunicação e da transparência, têm adotado as audiências públicas mesmo nos casos em que a lei não os obriga a tanto, de modo a buscar

---

Processo administrativo: Lei nº 9.784/99 comentada. São Paulo: Atlas, 2009. p. 240. Destaque original. Nós não concordamos com esta concepção teórica excludente de mecanismos *a priori*, especialmente em se tratando de processos de concessão.

[348] MONTEIRO, Vera. Contratação de serviço de consultoria para a estruturação de projeto de infraestrutura: qual o melhor caminho? In: JUSTEN FILHO, Marçal; SCHWIND, Rafael Wallback (Coords.). *Parcerias público-privadas*: reflexões sobre os 10 anos da Lei 11.079/2004. São Paulo: Revista dos Tribunais, 2015. p. 143-152. p. 188-189.

[349] PEREZ, Marcos Augusto. A audiência pública no direito administrativo brasileiro. In: FORTINI, Cristina; IAVENGA, Miriam Mabem (Org.). *Mecanismos de controle interno e sua matriz constitucional*: um diálogo entre Brasil e Argentina. Belo Horizonte: Fórum, 2012. p. 101-116. p. 103.

[350] PEREZ, Marcos Augusto. A audiência pública no direito administrativo brasileiro. In: FORTINI, Cristina; IAVENGA, Miriam Mabem (Org.). *Mecanismos de controle interno e sua matriz constitucional*: um diálogo entre Brasil e Argentina. Belo Horizonte: Fórum, 2012. p. 101-116. p. 103.

um diálogo mais estreito com a sociedade no dia a dia dos afazeres da Administração Pública.[351]

As audiências públicas, ainda, possuem um alto caráter pedagógico, sendo esta uma faceta importante da ferramenta aqui discutida, pois, como alerta Gustavo Henrique Justino de Oliveira, representam as audiências "(...) uma real oportunidade de conscientização e educação da população sobre as diretrizes e políticas públicas (...)".[352]

Todo esse cenário explica, assim, o porquê de as audiências públicas encontrarem cada vez mais espaço de incidência na Administração Pública, aumentando a legitimidade das decisões estatais.

2.3.2.1 Regulamentações estaduais e municipais

As leis estaduais e municipais que versam sobre PPP, em sua maioria, são silentes quanto à obrigatoriedade de realização de audiência pública previamente à publicação de editais de PPP, prevendo, na maioria das vezes, apenas um dever geral de participação. Exceção seja feita aos estados de Alagoas,[353] do

---

[351] PEREZ, Marcos Augusto. A audiência pública no direito administrativo brasileiro. In: FORTINI, Cristina; IAVENGA, Miriam Mabem (Org.). *Mecanismos de controle interno e sua matriz constitucional*: um diálogo entre Brasil e Argentina. Belo Horizonte: Fórum, 2012. p. 101-116. p. 103.

[352] OLIVEIRA, Gustavo Henrique Justino de. As audiências públicas e o processo administrativo brasileiro. *Revista de Informação Legislativa*, Brasília, ano 34, nº 135, p. 271-282, jul./set. 1997. p. 277. Lembre-se que "(...) o manejo de uma PPP demanda a existência de uma política pública a ser alcançada, que fixe os objetivos a serem realizados com o contrato. Imaginar a PPP fora desse contexto será desperdício de tempo e recursos públicos. Os 10 primeiros anos de vigência da Lei 11.079/2004 foram importantes para as primeiras experiências. As próximas décadas, contudo, serão essenciais para atestar sua capacidade de realização de objetivos públicos". SCHIRATO, Vitor Rhein. As parcerias público-privadas e políticas públicas de infraestrutura. In: JUSTEN FILHO, Marçal; SCHWIND, Rafael Wallback (Coords.). *Parcerias público-privadas*: reflexões sobre os 10 anos da Lei 11.079/2004. São Paulo: Revista dos Tribunais, 2015. p. 73-112. p. 95.

[353] O estado do Alagoas, na Lei nº 6.972/08, que, no artigo 4º, parágrafo 3º, determina: "O projeto de parceria público-privada será objeto de audiência pública, com antecedência mínima de 30 (trinta) dias da publicação do edital da respectiva licitação, mediante a publicação de aviso na imprensa oficial, em jornais de grande circulação e por meio eletrônico, na qual serão informadas a justificativa para a contratação, a identificação do objeto, o prazo de duração do contrato e seu valor estimado, fixando-se prazo para oferecimento de sugestões, cujo termo dar-se-á, pelo menos, com 15 (quinze) dias de antecedência da data prevista para a publicação do edital".

Rio Grande do Sul,[354] de Sergipe,[355] ao Distrito Federal[356] e ao município de São Paulo[357], que preveem a realização obrigatória de audiência pública.

O estado do Rio de Janeiro faz menção apenas à competência da Secretaria Executiva do Conselho Gestor do Programa Estadual de PPP Parcerias para coordenar "consultas e audiências públicas", sem, contudo, prever a obrigatoriedade de sua realização.[358]

2.3.3 Os prazos da audiência pública no processo de elaboração de contratos de PPP

No que diz respeito ao prazo da audiência pública, o artigo 39 da Lei nº 8.666/1993 determina que:

> (...) o processo licitatório será iniciado, obrigatoriamente, com uma audiência pública concedida pela autoridade responsável com

---

[354] A Lei 12.234/2005 do estado do Rio Grande do Sul determina: "Art. 6º – A contratação de parceria público-privada deve ser precedida de licitação, na modalidade de concorrência, observado o seguinte: (...) §3º – O projeto de parceria público-privada será objeto de audiência pública, com antecedência mínima de trinta dias da publicação do edital da respectiva licitação, mediante a publicação de aviso na imprensa oficial, em jornais de grande circulação e por meio eletrônico, no qual serão informadas a justificativa para a contratação, a identificação do objeto, o prazo de duração do contrato e seu valor estimado, fixando-se prazo para oferecimento de sugestões, cujo termo dar-se-á pelo menos uma semana antes da data em que for publicado o edital".

[355] Mais precisamente, a Lei 6.299/2007, prevê, no artigo 6º, que dentre as diretrizes a serem observadas pelo Programa Estadual de Parcerias Público-Privadas do estado de Sergipe, está a "participação popular, inclusive por intermédio de audiências públicas" (inciso X). Entretanto, adiante, no artigo 22, quando dispõe sobre o instrumento convocatório, silencia em relação à audiência pública e trata como facultativa a realização da consulta pública (inciso X).

[356] No Distrito Federal, a Lei n º 3.792/2006, assim dispõe: "Art. 10. A contratação de parceria público-privada será precedida de licitação na modalidade de concorrência, estando a abertura do processo licitatório condicionada a: (...) §3º A implementação de projetos de parceria público-privada que envolvam investimento significativo de recursos públicos ou sejam de grande repercussão popular ou social deverão ser objeto de *audiência pública* prévia para discussão das minutas do edital e do contrato.§4º A *audiência pública* de que trata o §3º deste artigo não terá caráter deliberativo e dela deverão participar a população e representantes das áreas técnicas pertinentes".

[357] No município de São Paulo, a Lei nº 14.517/2007 determina: "Art.20 (...) Parágrafo único. Os termos do edital e do contrato de parceria público-privada serão também submetidos à audiência pública, sem prejuízo e nos termos da legislação federal vigente".

[358] Lei do estado do Rio de Janeiro nº 5.068/2007, artigo 7º-A., inciso XI.

antecedência mínima de 15 (quinze) dias úteis da data prevista para a publicação do edital, e divulgada, com a antecedência mínima de 10 (dez) dias úteis de sua realização, pelos mesmos meios previstos para a publicidade da licitação, à qual terão acesso e direito a todas as informações pertinentes e a se manifestar todos os interessados.

Note-se que os prazos estipulados pela Lei nº 8.666/1993 são prazos mínimos e não precisariam ser observados quando da contratação de uma PPP, posto que a realização da audiência pública é uma liberalidade do gestor nestes casos.

Registre-se que, a rigor, é possível que a audiência seja realizada não só durante a elaboração do contrato, mas também durante a sua execução. Nestes casos, por óbvio, não estaríamos a contar com a participação dos administrados para a elaboração do contrato, mas sim para o acompanhamento de sua execução ou para alguma interferência neste sentido (revisões ordinárias ou extraordinárias, possibilidades de ampliação do escopo concedido, alterações nos parâmetros de serviços, etc.).

Caso venha a ser realizada no processo de elaboração do contrato de PPP, a observância dos prazos mínimos imposto pela Lei nº 8.666/1993, além de prevenir questionamentos quanto à obediência do rito que levem à invalidação da audiência, geralmente é necessária para a apreciação das contribuições provenientes da audiência. Em muitos casos, aliás, 15 (quinze) dias para a apreciação das contribuições é absolutamente insuficiente.

Quando não houver vedação nos regramentos estaduais ou municipais, não vemos óbice para que a audiência seja realizada durante a consulta pública do projeto de PPP.

2.3.4 Da necessidade de renovação da audiência pública

A renovação da audiência será inerente quando houver vício no procedimento. Isto pode ser verificado em diversas hipóteses, inclusive quando a Administração não considerar todas as contribuições, seja porque impossibilitou a manifestação de eventuais interessados, seja porque não as respondeu adequadamente.[359] Não se admite a realização meramente protocolar a audiência sem a efetiva participação:

> Aliás, como sugerem, até mesmo, os vocábulos audiência e pública (lembremos descender do latim a palavra audiência, que vem de audire, e sua significação etimológica é ouvir), deverá necessariamente haver diálogo entre a Administração Pública e os participantes e não monólogo, sob pena de se frustrar a participação popular.[360]

Ademais, quando houver mudança de fatos relevantes após a realização da audiência pública, esta deverá ser realizada novamente, conforme exemplifica Lúcia Valle Figueiredo:

> Quando a Lei 8.666/93, em seu artigo 39, dispõe que a audiência pública deverá ser celebrada com o mínimo de 15 dias de antecedência, pretendeu a existência de tempo suficiente para que, depois da oitiva dos interessados, pudessem ser apresentadas propostas "sérias e firmes", como diz Marcelo Caetano.
> Obviamente, não fixa a Lei o tempo máximo a preceder o processo administrativo, mas subentende-se perfeitamente: não pode haver lapso temporal demasiadamente grande porque, por óbvio, as circunstâncias factuais podem ser alteradas.
> O processo administrativo não pode se interromper por tanto tempo, como se nada houvesse acontecido, e prosseguir como se tudo estivesse absolutamente dentro da normalidade, respeitando-se os princípios da razoabilidade, da legitimidade e do devido processo legal.[361]

Além do narrado, outros motivos que podem ensejar vícios no processo de audiência pública são apontados por Daniela Campos Libório Di Sarno:

---

[359] A questão torna-se mais complexa nas hipóteses em que a Administração receber um volume significativo de contribuições bloqueadistas, pois, se de um lado a ausência de respostas implica vício do procedimento, de outro, a Administração Pública também deve ser deferente ao princípio da eficiência. Sobre esse tema, voltaremos no subcapítulo 3.6.

[360] FIGUEIREDO, Lúcia Valle. Instrumentos da administração consensual: a audiência pública e sua finalidade. *Revista Eletrônica de Direito Administrativo Econômico* – REDAE, Salvador, nº 11, ago./out. 2007. Disponível em: <http://www.direitodoestado.com/revista/REDAE-11-AGOSTO-2007-LUCIA%20VALLE.pdf>. Acesso em: 22 dez. 2015.

[361] FIGUEIREDO, Lúcia Valle. Instrumentos da administração consensual: a audiência pública e sua finalidade. *Revista Eletrônica de Direito Administrativo Econômico* – REDAE, Salvador, nº 11, ago./out. 2007. Disponível em: <http://www.direitodoestado.com/revista/REDAE-11-AGOSTO-2007-LUCIA%20VALLE.pdf>. Acesso em: 22 dez. 2015.

De toda forma, a mácula na convocação, na consulta dos documentos, na escolha do local, na falta de garantia de participação proporcional entre os presentes ou qualquer outro elemento que integre uma das fases da audiência pública poderá caracterizar a existência de vício no ato praticado.[362]

Entretanto, sabemos que não se decreta nulidade sem prejuízo – é preciso averiguar se, no caso concreto, houve fato hábil a fazer com que esta audiência pública fosse considerada como não executada.

De outra feita, Marcos Augusto Perez entende que o amadurecimento das reflexões, com consequente alteração do edital, é sinal de sucesso dos mecanismos participativos, ainda que não decorram diretamente das contribuições, mas seja um amadurecimento decorrente delas. Considerar obrigatória a realização de novas sessões públicas posteriores à audiência levaria a uma repetição infindável das audiências em afronta aos princípios da razoabilidade e da economicidade. Defende o autor que a repetição é discricionariedade da Administração, levando em consideração o grau e a profundidade das modificações realizadas.[363]

Assim, temos que a audiência pública é requisito de validade de determinados atos e procedimentos administrativos, mas a obrigatoriedade de repetição da audiência pública existirá somente quando houver mudanças substanciais no projeto original ou no contexto no qual ele se insere. É dizer, nem todas as alterações decorrentes das audiências públicas implicarão a necessidade de realizar novas sessões.

2.3.5 Da condução da audiência pública pela autoridade

A ausência de regulamentação minudente sobre a condução da audiência pública não representa óbice para o seu adequado

---

[362] DI SARNO, Daniela Campos Libório. Audiência pública na gestão democrática da política urbana. In: DALLARI, Adilson Abreu; DI SARNO, Daniela Campos Libório (Coords.). *Direito urbanístico e ambiental*. Belo Horizonte: Fórum, 2007. p. 69.

[363] PEREZ, Marcos Augusto. A audiência pública no direito administrativo brasileiro. In: FORTINI, Cristina; IAVENGA, Miriam Mabem (Org.). *Mecanismos de controle interno e sua matriz constitucional*: um diálogo entre Brasil e Argentina. Belo Horizonte: Fórum, 2012. p. 101-116. p. 114-115.

desenvolvimento[364] e nem impede que identifiquemos diretrizes aplicáveis ao mecanismo.

Neste sentido, Marcos Augusto Perez discorre a respeito da existência de um corpo de regras que conferem certa unidade aos diferentes tipos de audiência pública:

> Isto não impede, entretanto, que deduzamos, por meio de analogia, ou da aplicação direta de princípios constitucionais e processuais (muitos inseridos na própria Lei nº 9.784), determinadas regras imprescindíveis ao funcionamento da audiência pública. Regras que visam, na verdade, possibilitar ao administrado exercer plenamente seu direito de requerer esclarecimentos, fazer críticas ou dar sugestões e contribuições a respeito de uma determinada decisão que será tomada pela Administração; regras que permitam, enfim, a perfeita concretização da participação popular na Administração Pública.[365]

Dentre as diretrizes que podem orientar a condução da audiência pública nas PPP, destacamos os artigos nºs 3º, inciso I; 36; 37; 38 e 50 da Lei nº 9.784/1999, sem olvidar que, quando ela for realizada, será "(...) parte de um processo – e, como tal, há de se aplicar na sua inteireza o devido processo com todos os princípios que lhe são inerentes".[366]

---

[364] "Devemos evitar a regulamentação minuciosa do procedimento [da audiência pública], pois o excesso de previsão normativa corta a liberdade de decisão do funcionário que preside a audiência e o transforma um mais um burocrata. (...) Uma audiência pública realizada ineficazmente sob o abrigo de procedimentos muito regrados não salvará o ente de ver seus atos anulados pelo Judiciário, por vício ou pelo ineficaz cumprimento dos princípios retóricos da audiência pública, que são requisitos prévios de validade do seu ato". GORDILLO, Agustín. *Tratado de derecho administrativo*. 5. ed. Belo Horizonte: Del Rey; Fundación de Derecho Administrativo, 2003. Tomo 2. p. XI-18. Tradução livre. No original: "Debemos evitar la reglamentación minuciosa del procedimiento, pues el exceso de previsión normativa coarta la libertad de decisión del funcionario que preside la audiencia y lo transforma en un burócrata más. (...) Una audiencia pública realizada ineficazmente bajo procedimientos muy reglados no salvará al ente de ver anulados sus actos por la justicia, por defectuoso o ineficaz cumplimiento de los principios rectores de la audiencia pública que era requisito previo de validez de su acto".
[365] PEREZ, Marcos Augusto. *A administração pública democrática*: institutos de participação popular na administração pública. Belo Horizonte: Fórum, 2004. p. 170.
[366] A autora explica que "(...) quando seja ela [a audiência pública] obrigatória, como no direito brasileiro em várias leis, é parte de um processo – e, como tal, há de se aplicar na sua inteireza o devido processo com todos os princípios que lhe são inerentes e, especificamente, onde houver omissão em lei específica, se estivermos diante de processos de âmbito federal, dever-se-á aplicar a Lei 9.784, de 29.01.1999, que regula o processo administrativo no âmbito da Administracção Pública Federal, lei essa, que prevê, expressamente, a audiência pública". FIGUEIREDO, Lúcia Valle. Instrumentos da

Podemos aplicar por analogia também as normas previstas no artigo 16 do Decreto nº 8.243/2014, dentre as quais destacamos (i) a sistematização das contribuições recebidas (inciso III) e (ii) a publicidade, com ampla divulgação de seus resultados e a disponibilização do conteúdo dos debates (inciso IV). Referidas orientações são semelhantes àquelas previstas para as consultas públicas, merecendo destaque a necessidade de se disponibilizar o conteúdo do debate das audiências públicas. O que se busca com a fixação destas diretrizes é atender ao artigo 34 da Lei de Processo Administrativo, que, como vimos, busca imprimir um compromisso com os resultados dos processos de participação popular.

Entretanto, o mencionado decreto não impõe que os documentos e estudos sejam disponibilizados previamente à audiência pública (como faz em relação à consulta pública, artigos 16 e 17, inciso II). Tais exigências são perfeitamente aplicáveis às audiências públicas, em consonância com os ensinamentos de Augustín Gordillo[367] e com o artigo 3º, inciso II, da Lei de Acesso à Informação, que assim dispõe:

> Art. 3º Os procedimentos previstos nesta Lei destinam-se a assegurar o direito fundamental de acesso à informação e devem ser executados em conformidade com os princípios básicos da administração pública e com as seguintes diretrizes:
> (...)
> II – *divulgação de informações de interesse público, independentemente de solicitações*; (...) (Destacamos).

Nosso entendimento é confirmado pelo Tribunal Regional Federal da 1ª Região, que possui julgado antecipando tutela de

---

administração consensual: a audiência pública e sua finalidade. *Revista Eletrônica de Direito Administrativo Econômico* – REDAE, Salvador, nº 11, ago./out. 2007. Disponível em: <http://www.direitodoestado.com/ revista/REDAE-11-AGOSTO-2007-LUCIA%20VALLE.pdf>. Acesso em: 22 dez. 2015. p. 14.

[367] Para o autor, o funcionamento da audiência pública "(...) pressupõe necessariamente que a autoridade pública submeta um projeto do debate público, projeto este que deve ter um grau de detalhamento suficiente para permitir uma discussão eficaz". GORDILLO, Augustín. *Tratado de Derecho Administrativo*. 5. ed. Belo Horizonte: Del Rey; Fundación de Derecho Administrativo, 2003. Tomo 2, p. XI-2. Tradução livre. No original: "Su funcionamiento supone necesariamente que la autoridad pública someta un proyecto al debate público, proyecto que debe tener el suficiente grado de detalle como para permitir una eficaz discusión".

requerente que solicitava a divulgação de material informativo sobre o objeto de audiência pública, nos seguintes termos:

> CONSTITUCIONAL. ADMINISTRATIVO E PROCESSUAL CIVIL. MANDADO DE SEGURANÇA. RELATÓRIO DE ALTERNATIVAS PARA A REORIENTAÇÃO ESTRATÉGICA DO CONJUNTO DAS INSTITUIÇÕES FINANCEIRAS PÚBLICAS FEDERAIS AUDIÊNCIA PÚBLICA. DIVULGAÇÃO DO RESPECTIVO RELATÓRIO DE DIAGNÓSTICOS. DIREITO LÍQUIDO E CERTO. ANTECIPAÇÃO DA TUTELA MANDAMENTAL. PREJUDICIALIDADE DO MANDAMUS. (...) II – *Consistindo a audiência pública numa forma democrática de se propiciar o amplo debate, no seio da sociedade, acerca de determinado tema, afigura-se legítima a pretensão deduzida em juízo, com vistas na divulgação do Relatório de Diagnósticos elaborado pela autoridade impetrada, para fins de discussão pública do Relatório de Alternativas para a Reorientação Estratégica do Conjunto das Instituições Financeiras Públicas Federais,* como conseqüência daquele, prestigiando-se, assim, o direito à informação, a que faz jus a parte interessada, e o princípio da publicidade dos atos administrativos. III – Apelação e remessa oficial desprovidas. Sentença confirmada.[368]

Ou seja, a divulgação das informações previamente à audiência pública é um dever da Administração Pública, que independe de pedido dos interessados.

Note-se que a divulgação das informações deve ser qualificada de forma tal que permita ao administrado compreender os objetivos e as razões que motivaram as escolhas da Administração Pública.

Neste ponto, vale trazer à baila julgado voltado à análise de realização de audiência pública para discussão de ato normativo, no qual o Tribunal de Contas da União apresentou o seguinte posicionamento:

> Inicialmente, *o motivo de realização da audiência/consulta deve ser externalizado expressamente e de forma clara.* Esta exposição de motivo deve fazer parte do procedimento. Além disso, a Agência deve disponibilizar uma nota técnica onde discorre sobre as escolhas que realizou, *os critérios que utilizou, as alternativas que possuía e o porquê de sua minuta de*

---

[368] TRF1, Processo nº 0025372-68.2000.4.01.3400 (AMS 2000.34.00.025471-5 / DF), Rel. Des. Fed. Souza Prudente, 6ª Turma, Data da decisão: 30 de abril de 2007, publicado no DJ de 4 de maio de 2007, p. 89.

resolução. Ou seja, esta *nota técnica deve conter, no mínimo, uma exposição de motivos clara, além da análise fática e os estudos envolvidos na formulação daquela minuta*. Esta publicidade é importante para que a sociedade possa entender as escolhas do regulador e, assim, ser capaz de criticar e de propor suas alternativas (...)"[369]

Em breve paralelo com as PPP, podemos dizer que no material a ser divulgado previamente para discussão da concessão também devem constar os critérios que a Administração Pública utilizou na modelagem do projeto, as alternativas que possuía para concretizar os interesses públicos em questão e o porquê da escolha por uma parceria nos termos da Lei nº 11.079/2004.

Ademais, importa sublinhar que a prévia publicidade da realização da audiência pública é exigência primeira para a validade da audiência pública. Neste sentido, Antônio Cabral assinala:

> Impõe-se, portanto, uma ampla publicidade prévia à realização da audiência para que seja permitida a maior participação possível e para que todos compareçam cientes do tema objeto do debate e preparados a partir de uma pré-compreensão e reflexão detida, para prestar sua contribuição à discussão.[370]

No ato de convocação da audiência pública devem estar definidos, ainda, o tema objeto de discussão, o local e o horário da realização da audiência, bem como a menção à eventual presença de especialistas convidados, com a pertinente conjectura, inclusive, de um rito preordenado, em respeito à transparência que a Administração Pública deve guardar em face dos administrados, como assevera Cristina Andrade Melo:

> No ato que convoca a realização da audiência pública, a autoridade administrativa competente deve delimitar de forma precisa o tema que será objeto de debate público e designar a comissão de servidores responsáveis pela organização e elaboração do regulamento aplicável especificamente à audiência que se pretende realizar. Não há óbice na

---

[369] TCU. Acórdão nº 2.261/2011, nos autos do TC nº 012.693/2009-9. Plenário. Relator: ministro José Jorge. Sessão de 29/05/2013. Disponível em: <http://www.tcu.gov.br/Consultas/Juris/Docs/judoc/Acord/20110826/AC_2261_35_11_P.doc>. Acesso em: 8 jan. 2016, p. 35.
[370] CABRAL, Antonio. Os efeitos processuais da audiência pública. *Boletim de Direito Administrativo*, São Paulo, v. 22, nº 7, p. 789-800, 2006. p. 791.

coincidência entre a autoridade competente para a tomada da decisão e aquela responsável pela condução do processo da audiência pública. Nesta etapa, a comissão designada deve deliberar sobre a data de realização do evento e o espaço físico adequado, as modalidades de mídia que serão utilizadas na divulgação do evento, bem como sobre a sequência dos atos do processo, a qual deve ser clara, transparente e bem estabelecida, tais como a previsão de exposição do tema pelo presidente da comissão e especialistas convidados, a fixação dos tempos de fala dos inscritos, a possibilidade de recebimento de documentos, a obrigatoriedade de consolidação do resultado obtido, enfim, a sequência preordenada de todos os atos que devem compor o processo da audiência pública, desde sua abertura até a conclusão.[371]

Interessante questão diz com a publicidade das audiências. No Direito estrangeiro, encontramos a possibilidade de as audiências públicas serem realizadas às portas fechadas, "(...) embora com a observância dos requisitos de sessão, quórum e deliberação".[372] Trazemos esta observação não por entender que as audiências às portas fechadas sejam uma solução adequada para a discussão de projetos de PPP, mas sobretudo para demarcar a ampla gama de opções que o gestor público possui para customizar a utilização dos instrumentos de participação popular a cada projeto, ainda que em formatos não comumente utilizados, sem que isto implique ofensa aos princípios da Administração Pública.

A flexibilidade na estruturação da audiência não pode, naturalmente, desvirtuar o instrumento, impedindo, por exemplo, a participação dos interessados.

Nesta perspectiva, vale notar que a audiência pública e a sessão pública não se confundem. Como explica Augustín Gordillo:

> (...) a audiência pública não se trata meramente de celebrar uma sessão administrativa com presença passiva e muda do público (...) mas sim de realizar uma audiência na qual o público é parte interessada e ativa, com direitos de natureza procedimental a serem respeitados dentro de

---

[371] MELO, Cristina Andrade. *A audiência pública na função administrativa.* 2012. 170 f. Dissertação (Mestrado em Direito) – Programa de Pós-Graduação em Direito, Universidade Federal de Minas Gerais, Belo Horizonte, 2012. p. 101.

[372] GORDILLO, Augustín. *Tratado de derecho administrativo.* 5. ed. Belo Horizonte: Del Rey; Fundación de Derecho Administrativo, 2003. Tomo 2. p. XI-14. Tradução livre. No original: "(...) aunque con cumplimiento, desde luego, de los requisitos de sesión, quórum y deliberación".

uma concepção agora expandida do devido processo constitucional; com direito de oferecer, produzir prova e controlar o que se produz, argumentar, etc.[373]

Vê-se, portanto, que a participação ativa dos administrados é fundamental para caracterizar a realização de uma audiência pública. Entretanto, o direito de voz não é incondicionado, como bem explicam Irene Patrícia Nohara e Thiago Marrara, para quem:

> A restrição ao direito de voz apenas se justificará à luz de um juízo de razoabilidade – ou seja, apenas quanto esta restrição seja adequada, necessária e proporcional em face dos objetivos e propósitos da audiência pública.[374]

No que diz respeito à organização da audiência em si, Marcos Augusto Perez salienta que a autoridade presidente deve adotar uma postura pautada em três princípios básicos, quais sejam, abertura, lealdade e imparcialidade.[375] Portanto, a autoridade não deve se portar de maneira inflexível ou sair em defesa da posição noticiada pela Administração, o que deve ser feito por técnicos presentes na ocasião. Em outros termos, deve estar receptiva à opinião popular, ser leal no respeito às regras preestabelecidas do debate, e, ainda, ser imparcial, de modo a resguardar a igualdade entre os debatedores.[376]

---

[373] GORDILLO, Augustín. *Tratado de derecho administrativo*. 5. ed. Belo Horizonte: Del Rey; Fundación de Derecho Administrativo, 2003. Tomo 2. p. XI-8. Tradução livre. No original: "(...)la audiencia pública no se trata meramente de celebrar una sesión administrativa con asistencia pasiva y muda del público (...) sino de realizar una audiencia en la cual el público es parte interesada y activa, con derechos de naturaleza procedimental a respetar dentro de la concepción ahora expandida del debido proceso constitucional; con derecho de ofrecer, producir prueba y controlar la que se produce, alegar, etc.".

[374] Processo Administrativo. Lei nº 9.784/99 Comentada. São Paulo: Editora Atlas, 2009, p. 244.

[375] Como explica Massimo Severo Giannini, as opiniões tradicionais viam no princípio da imparcialidade um conteúdo negativo. Entretanto, opiniões mais recentes entendem que o preceito "(...) impõe a cada autoridade pública no exercício da atividade administrativa o dever de considerar de modo objetivo os vários interesses públicos e privados que é chamada a avaliar". GIANNINI, Massimo Severo. *Diritto Amministrativo*. 2. ed. Milano: Dott. A. Guiffrè, 1988. p. 90-91. Tradução livre. No original: "(...) impone ad ogni autorità pubblica nell'esercizio delle attività amministrative di considerare in modo oggettivo i vari interessi publici e privati che è chiamata a valutare".

[376] PEREZ, Marcos Augusto. *A administração pública democrática*: institutos de participação popular na administração pública. Belo Horizonte: Fórum, 2004. p. 172-173.

As ações da autoridade devem ser orientadas para facilitar o exercício do direito à participação dos administrados, como estipula a Lei de Processo Administrativo:

> Art. 3º O administrado tem os seguintes direitos perante a Administração, sem prejuízo de outros que lhe sejam assegurados:
> I – *ser tratado com respeito pelas autoridades e servidores, que deverão facilitar o exercício de seus direitos e o cumprimento de suas obrigações* (...). (Destacamos).

Ademais, cabe à Administração Pública – ou a quem ela delegar, zelar para que o procedimento se dê de forma eficiente, motivo pelo qual a Administração é autorizada a limitar, sem afetar o núcleo essencial do direito à participação, a duração da exposição dos interessados, ou mesmo ditar a quantidade de manifestações, ainda que, para isto, tenha que realizar mais de uma audiência.

Neste sentido, Sérgio Ferraz e Adílson Abreu Dallari asseveram que "Cabe à Administração Pública zelar para que a reunião se desenvolva regularmente, com segurança e plena liberdade de manifestação, sem tumulto e sem constrangimento para todos os participantes".[377]

Portanto, a Administração pode optar por dar voz inicialmente aos participantes e fazer suas intervenções ao final; pode optar por oferecer suas respostas intercaladamente com as intervenções ou, ainda, por oferecer suas respostas em momento posterior ao da audiência. Nestes casos, o contraditório não pode ser esquecido, então o administrado terá direito de questionar a resposta dada pela Administração posteriormente, e esta deverá prestar os esclarecimentos adicionais, se for o caso.

A finalidade da audiência é municiar de informações a Administração Pública para que ela seja capaz de tomar a melhor decisão. Por vezes, isto implica o conhecimento de provas[378] produzidas

---

[377] DALLARI, Adilson Abreu; FERRAZ, Sérgio. *Processo administrativo*. 3. ed. São Paulo: Malheiros, 2012. p. 221.

[378] Embora a produção de provas em audiência pública seja mais comuns nos processos administrativos decorrentes de situações litigiosas envolvendo a Administração Pública e os particulares, é perfeitamente possível que também se dê nas situações em que direitos de particulares podem ser atingidos por ato administrativo, tal qual a contratação de uma PPP.

pelos privados para a instrução do processo administrativo[379] ou a solicitação pelos interessados de documentos que estejam em poder da Administração Pública e que constituam prova do alegado.

Com efeito, nos termos do artigo 36 da Lei de Processo Administrativo, "cabe ao interessado a prova dos fatos que tenha alegado" e, quando os fatos e dados estiverem registrados em documentos existentes na própria Administração responsável pelo processo ou em outro órgão administrativo, "o órgão competente para a instrução proverá, de ofício, a obtenção dos documentos ou das respectivas cópias", nos termos do artigo 37, da mesma Lei.

Contudo, a apresentação de provas geralmente consiste na entrega de documentos escritos, o que pode atrapalhar a dinâmica da oralidade característica das audiências.

Portanto, nestes casos, pode ser mais eficiente determinar que os documentos escritos sejam todos apresentados ou solicitados de forma concentrada, no início da audiência ou, ainda, em momento anterior (como nas pré-audiências, tema do subcapítulo 4.7).

Ainda em relação ao rito, uma vez mais é cabível a lição de Augustín Gordillo, que esclarece ter a autoridade, em atenção ao princípio da oficialidade ou da instrução processual, a faculdade de interrogar os presentes, após as suas intervenções. A finalidade de tal ação seria o esclarecimento dos fatos e dos direitos, a fim de melhor resolver as questões colocadas em debate na audiência pública.[380]

---

[379] Sobre o tema, ver também GORDILLO, Augustín. *Tratado de derecho administrativo*. 5. ed. Belo Horizonte: Del Rey; Fundación de Derecho Administrativo, 2003. Tomo 2. p. XI-15–XI-18. O autor tece algumas considerações sobre as formas de mediação dos diversos interesses em jogo na audiência pública quando existentes provas escritas produzidas pelo privado e sobre a instrução probatória do processo administrativo no direito comparado (especificamente, nos sistemas europeu e americano).

[380] GORDILLO, Augustín. *Tratado de derecho administrativo*. 5. ed. Belo Horizonte: Del Rey; Fundación de Derecho Administrativo, 2003. Tomo 2. p. XI-11. No mesmo sentido, Marcos Augusto Perez, ao preconizar a possibilidade de a autoridade proceder à interrogação dos presentes, assinala "A autoridade que conduz a audiência possui, ademais, o direito de interrogar os presentes, após suas próprias intervenções, para que esclareçam fatos de seu conhecimento a todos os presentes. A prerrogativa é também fruto do princípio da oficialidade, atuante em todos os processos administrativos". PEREZ, Marcos Augusto. *A administração pública democrática*: institutos de participação popular na administração pública. Belo Horizonte: Fórum, 2004. p. 173.

Os resultados da audiência, assim como os dos demais meios de participação dos administrados "(...) deverão ser apresentados com a indicação do procedimento adotado (...)" (artigo 34 da Lei de Processo Administrativo). Isto porque é preciso mostrar aderência da decisão com o fundamento do ato, bem como coerência com os argumentos para acolhimento ou dispensa das contribuições provenientes dos particulares.

Afinal, se, por um lado, os mecanismos de participação não vinculam a decisão da Administração (conforme veremos no subcapítulo 2.4.3), a incompatibilidade entre a motivação do procedimento e os editais e contratos aprovados é razão formal suficiente, por si só, para tornar nula a medida.

Observados os preceitos ora discorridos, as chances de se garantir a efetivação do mais lídimo direito à participação no âmbito da audiência pública aumentam, porém, como veremos no capítulo 3, há outras vulnerabilidades do instrumento a serem superadas.

2.4 Questões comuns às audiências e consultas públicas

2.4.1 Os participantes da consulta e da audiência pública

A necessidade de tratamento isonômico com os administrados é voz corrente na doutrina, seja quando voltada a analisar a consulta, seja quando debruçada sobre a audiência pública. Neste sentido, Marcos Augusto Perez assinala a necessidade de comunicar a audiência pública a todos os eventuais interessados em dela participar, nos seguintes termos:

> Em primeiro lugar, é necessário observar que *a audiência pública deve possibilitar o acesso de todos os interessados*. Não fosse assim, afrontar-se-ia o próprio caráter público da audiência, a isonomia dos administrados que, interessados no desfecho das atividades da Administração, têm igual direito a influir nos processos de decisão e, por fim, diminuir-se-ia a eficiência da participação, isto é, o proveito que a Administração

retira do processo de participação com a anuência ou a contribuição dos administrados para a realização das políticas públicas.[381]

O Tribunal Regional Federal da 4ª Região também reconheceu a necessidade de realizar audiência pública de forma que todos os interessados pudessem dela participar. Vejamos:

> A realização de audiência pública tem o intuito de propiciar o debate público e pessoal por pessoas físicas ou representantes da sociedade civil no que refere a assuntos de relevância para a população. *É fundamental para que a audiência atinja seus objetivos que todos os interessados sejam ouvidos*, efetivando-se, assim, a participação dos afetados nas decisões administrativas.
>
> Deste modo, (...) *é imperioso que a audiência pública seja organizada de forma a permitir que todos aqueles que possam sofrer os reflexos das regulamentações tenham oportunidade de se manifestar antes do desfecho do processo*.[382] [383]

Irene Patrícia Nohara e Thiago Marrara, por suas vezes, tecem considerações semelhantes, mas especificamente sobre a divulgação das consultas públicas:

> (...) a divulgação da consulta deve respeitar sempre o princípio da isonomia. Caso a entidade pública que organizar a consulta deseje,

---

[381] PEREZ, Marcos Augusto. *A administração pública democrática*: institutos de participação popular na administração pública. Belo Horizonte: Fórum, 2004. p. 171. Destacamos. No mesmo sentido, Lúcia Valle Figueiredo: "Assinale-se, também, que a norma prevê a possibilidade de acesso de qualquer interessado à audiência pública. E, obviamente com direito à participação efetiva". FIGUEIREDO, Lúcia Valle. Instrumentos da administração consensual: a audiência pública e sua finalidade. *Revista Eletrônica de Direito Administrativo Econômico* – REDAE, Salvador, nº 11, ago./out. 2007. Disponível em: <http://www.direitodoestado.com/revista/REDAE-11-AGOSTO-2007-LUCIA%20VALLE.pdf>. Acesso em: 22 dez. 2015.

[382] TRF4, Processo nº 501437316.2011.404.0000/RS, Rel. Des. Fed. Vilson Darós, Data da decisão: 04 de outubro de 2011. Destacamos.

[383] Há outros julgados que impõem condições para assegurar a ampla participação nas audiências públicas. Nesse sentido, ver, por exemplo: "Com efeito, o auditório do Ministério da Saúde no Rio de Janeiro tem capacidade para apenas 200 pessoas, configurando espaço por demais exíguo para comportar evento de tamanho porte. Uma prova disso é o número imensamente maior de manifestações geradas quando das Consultas Públicas sobre o assunto efetuadas no ano passado, mais de 250 mil. (...) Assim, a fim de se evitar tumulto decorrente da impossibilidade de participação de todos os interessados na audiência, inviabilizando, assim, o prosseguimento do ato, tenho por cautela suspender as Audiências Públicas nº 02 e 03 designadas para o dia 06 de outubro próximo. Deve a ANVISA fixar nova data para os eventos, respeitando o prazo de 15 dias de precedência, *indicando local adequado para a sua realização, com capacidade mínima para 1.000 pessoas*". TRF4, Processo nº 501437316.2011.404.0000/RS, Rel. Des. Fed. Vilson Darós, Data da decisão: 04 de outubro de 2011. Destacamos.

por exemplo, enviar convite para uma associação representativa de direitos coletivos que sejam afetados pela matéria do processo, estará obrigada a estender o convite para outras associações igualmente atingidas.[384]

O artigo 31 da Lei de Processo Administrativo, no seu parágrafo 2º, prevê que "O comparecimento à consulta pública não confere, por si, a condição de interessado do processo, mas confere o direito de obter da Administração resposta fundamentada, que poderá ser comum a todas as alegações substancialmente iguais".

Aplicando o comando legal ao PMI, Juliana Bonacorsi de Palma assinala:

> Ainda, os particulares que podem intervir no PMI são exclusivamente aqueles cujos direitos e interesses possam ser prejudicados com a negociação entre Poder Público e particular; *cabe ao Poder Público analisar o preenchimento deste requisito legal*. Entidades e associações são benvindas exclusivamente para defesa de direitos e interesses difusos ou coletivos, o que permite afirmar, portanto, que seu principal papel é garantir o efetivo endereçamento do projeto de PPP em elaboração consensual às políticas públicas a que se destina. Em resumo, *a participação da sociedade civil no PMI não é incondicionada e nem extremada*, sendo o seu papel controlar a satisfação de finalidades quando da elaboração do projeto de PPP, evitando, assim, a captura do Poder Público.[385]

A autora desenvolve suas considerações sobre a hipótese de o processo administrativo se desenvolver com base num PMI, mas parece-nos que as reflexões apontadas seriam cabíveis mesmo para os processos que decorressem de outra forma de elaboração de estudos.

É dizer, em qualquer processo de elaboração de contratos de PPP, o Poder Público poderia justificadamente determinar quem são os sujeitos legitimados a participar das consultas e audiências públicas, quando não oportunizar a todos esta chance.

---

[384] NOHARA, Irene Patrícia; MARRARA, Thiago. *Processo administrativo*: Lei nº 9.784/99 comentada. São Paulo: Atlas, 2009. p. 233.

[385] PALMA, Juliana Bonacorsi de. Governança pública nas parcerias público-privadas: o caso da elaboração consensual de projetos de PPP. In: JUSTEN FILHO, Marçal; SCHWIND, Rafael Wallback (Coords.). *Parcerias público-privadas*: reflexões sobre os 10 anos da Lei 11.079/2004. São Paulo: Revista dos Tribunais, 2015. p. 113-142. p. 125. Destacamos.

Neste sentido, Augustín Gordillo:

> Algumas regulamentações comparadas estabelecem expressamente, em forma ampla, o conceito de parte, porém esclarecem que a determinação de admiti-las é uma faculdade instrutória a ser exercida conforme a sua utilidade ou benefício que possam presumivelmente apresentar para a solução do caso.[386]

Entendemos que, como regra, o Poder Público deve oportunizar a *todos* os administrados a participação nas consultas ou nas audiências públicas. Dado o alto grau de competitividade que se busca nas licitações de PPP, é comum também que se admita e fomente a participação, nas consultas e audiências públicas (e também no *roadshow*), de empresas estrangeiras.

Se, por razões excepcionais devidamente fundamentadas, o Poder Público optar por restringir esta participação, a decisão deverá atender a critérios objetivos e não poderá excluir os legitimados a participar do processo administrativo, nos termos definidos pela Lei de Processo Administrativo:

> Art. 9º São legitimados como interessados no processo administrativo:
> (...)
> II – aqueles que, sem terem iniciado o processo, têm direitos ou interesses que possam ser afetados pela decisão a ser adotada;
> III – as organizações e associações representativas, no tocante a direitos e interesses coletivos;
> IV – as pessoas ou as associações legalmente constituídas quanto a direitos ou interesses difusos.

Ou seja, em situações excepcionais, no mínimo será assegurada a participação (i) daqueles que tenham direitos ou interesses que possam ser afetados pela PPP; (ii) das organizações e associações representativas, no tocante a direitos e interesses coletivos e (iii) das pessoas ou das associações legalmente constituídas quanto a direitos

---

[386] GORDILLO, Augustín. *Tratado de derecho administrativo*. 5. ed. Belo Horizonte: Del Rey; Fundación de Derecho Administrativo, 2003. Tomo 2. p. XI-15. Tradução livre. No original: "Algunas reglamentaciones comparadas establecen expresamente en forma amplia el concepto de parte, pero aclaran que la determinación de admitirlos es una facultad instructoria a ejercer conforme a la utilidad o beneficio que puedan presumiblemente presentar para la solución del caso".

ou interesses difusos. Não há que se cogitar excluir, por exemplo, a participação de potenciais usuários ou da população que possa ser afetada com a implantação da nova infraestrutura. Mesmo nestas situações excepcionais, a decisão da Administração Pública que restringir a participação sempre poderá ser questionada por aquele que entender possuir direito correlato à PPP e não for ouvido pela Administração Pública.

2.4.2 Exame dos autos *vis-à-vis* à reserva de sigilo

Uma das condições para a validade das consultas e das audiências públicas é conferir aos interessados acesso aos autos do processo administrativo. No caso das PPP, o processo de elaboração do contrato pode conter um PMI.

Como demonstraremos no subcapítulo 3.5.2, pode ser do interesse da Administração Pública que algumas das informações sobre o autorizado contidas neste procedimento sejam confidenciais, especialmente nos casos em que a divulgação de tais informações possa implicar vantagens competitivas na licitação.

Neste sentido, e na esteira do que ensinam Irene Patrícia Nohara e Thiago Marrara, entendemos que também durante a consulta e a audiência pública algumas informações sobre o processo de elaboração do contrato de PPP podem ser mantidas sob sigilo. Nas palavras dos autores: "A partir da data de abertura da consulta pública, estão pessoas físicas e jurídicas estão autorizadas a compulsar os autos, ressalvados os dados e as informações confidenciais contidos no processo administrativo".[387]

Embora teçam estas considerações especificamente sobre o acesso aos autos nas consultas públicas, é certo que as pessoas também estão autorizadas a compulsá-los após a divulgação da audiência pública, afinal, a rigor, os autos do processo administrativo, por sua natureza públicos, devem estar sempre disponíveis a quem por eles se interessar, conforme dispõe a Lei de Acesso à Informação.

---

[387] NOHARA, Irene Patrícia; MARRARA, Thiago. *Processo administrativo*: Lei nº 9.784/99 comentada. São Paulo: Atlas, 2009. p. 235.

2.4.3 A vinculação das contribuições

Tema relevante para a fixação dos limites do poder de influência da participação popular nas decisões relacionadas à formulação dos contratos de PPP diz com a vinculação das discussões ou conclusões desenvolvidas nas audiências e consultas públicas na modelagem da concessão.

Embora se reconheça que "(...) a democracia não é apenas um modo de designação do poder, mas também um modo de exercício do poder (...)"[388] e que "Nada é mais frustrante, para quem participa, do que concluir que as conclusões alcançadas coletivamente depois de tanto empenho são ignoradas, instrumentalizadas ou distorcidas pelo *policy makers*",[389] a doutrina é majoritária no sentido de que "(...) a solução não pode ser aquela de atribuir por lei um valor vinculante às decisões de fórum participativo".[390] [391]

---

[388] São as palavras de Augustín Gordillo, se remetendo às lições de Jean Rivero, em GORDILLO, Augustín. *Tratado de derecho administrativo*. 5. ed. Belo Horizonte: Del Rey; Fundación de Derecho Administrativo, 2003. Tomo 2. p. XI-6. Tradução livre. No original: "(...) la democracia es no sólo un modo de designación del poder, sino también un modo de ejercicio del poder (...)".

[389] BOBBIO, Luigi. Dilemmi della democrazia participativa. *Rivista Democrazia e Diritto*, nº 4, p. 11-26, 2006. Disponível em: <http://www.francoangeli.it/riviste/Scheda_Rivista.aspx?IDArticolo=30582&id Rivista=116>. Acesso em: 22 dez. 2015. p. 20. Tradução livre. No original: "Nulla è più frustrante, per chi partecipa, di accorgersi che le conclusioni raggiunte collettivamente dopo tanto impegno sono ignorate, strumentalizzate o distorte dai policy makers".

[390] BOBBIO, Luigi. Dilemmi della democrazia participativa. *Rivista Democrazia e Diritto*, nº 4, p. 11-26, 2006. Disponível em: <http://www.francoangeli.it/riviste/Scheda_Rivista.aspx?IDArticolo=30582&id Rivista=116>. Acesso em: 22 dez. 2015. p. 20. Tradução livre. No original: "Ma la soluzione non può essere quella di attribuire per legge un valore vincolante alle decisioni dei forum partecipativi".

[391] Registramos que no entendimento de Diogo de Figueiredo Moreira Neto o efeito vinculante poderá existir quando a audiência pública for instituída por lei de iniciativa do Poder Executivo. Senão, vejamos: "A audiência pública se caracteriza, e nisso se distingue dos institutos congêneres, pela formalidade de seu processo e pela *eficácia vinculatória de seu resultado*. Nessas condições, no direito brasileiro, elas necessitam de previsão legal, uma vez que o exercício direto do poder, ou seja, com dispensa de representantes políticos, só se admite nos termos da Constituição (art. 1º, parágrafo único, in fine), através de lei específica (art. 48, X, no que respeita a funções, e XI, no que respeita a órgãos), sempre de iniciativa do Poder Executivo (art. 61, §1º, II, e)". MOREIRA NETO, Diogo de Figueiredo. *Mutações do direito administrativo*. 3. ed. Rio de Janeiro: Renovar, 2007. p. 256. Destacamos. Como se observa, para o autor, a eficácia limitativa ou condicionadora dos poderes da Administração em decorrência da vontade vinculatória expressa em audiência pública, terá que ser sempre prevista numa lei específica para cada tipo de atuação administrativa de que se cogite, com a manifestação de vontade conjugada dos Poderes Legislativo e Executivo, porque importaria numa renúncia parcial de poder por parte do Estado.

Neste sentido, uma vez mais trazemos jurisprudência do Tribunal Regional Federal da 4ª Região, que expõe a necessidade de assegurar o direito à participação, sem, contudo, prever a vinculação das contribuições. Se não, vejamos:

> (...) 3. *O órgão licenciador não está vinculado às conclusões da audiência pública, na decisão, mas deve levar em consideração, na decisão, as colocações que nela são feitas*, a finalidade da participação pública no procedimento apenas é atingida se as manifestações foram fundadas e efetivas. O *princípio da participação pública assegura ao cidadão o direito de intervir na tomada da decisão devidamente informado, participação desinformada não é participação e o direito à informação deve ser dar no momento adequado, na profundidade necessária e com clareza suficiente* (...).[392] (Destacamos).

No que diz respeito especificamente à consulta pública, Sérgio Ferraz e Adílson Abreu Dallari manifestam-se com o seguinte posicionamento:

> (...) como regra, as eventuais conclusões sacadas de uma consulta pública funcionariam como elemento de convicção para o julgador, que *não está a elas jungido*, mas que deve fundamentar cabalmente sua dissidência, caso chegue à deliberação delas divergente.[393]

Em relação às audiências públicas, os mesmos autores sinalizam que:

> (...) não obstante seu caráter democrático, *tais reuniões não podem ter caráter deliberativo*, dado o grande risco de que minorias ativas, diretamente interessadas em determinados resultados, dominem a assembleia e viciem suas conclusões, em detrimento da maioria, cujos interesses são em sentido contrário. (...)
> "A dicção mesmo dos arts. 31 e 32 da Lei nº 9.784/1999 esclarece *a não obrigatoriedade de acatamento pela Administração das opiniões e alegações manifestadas na audiência pública*. No entanto, à vista da pauta principiológica que baliza o processo administrativo, a decisão administrativa que desconsiderar ou rejeitar alegações produzidas na audiência pública deverá, sob pena de nulidade, não só ser

---

[392] TRF4, Processo nº 2001.71.01.001497-1/RS, Rel. Des. Fed. Marga Inge Barth Tessler, 4ª Turma, Data da decisão: 16 de dezembro de 2009.

[393] DALLARI, Adilson Abreu; FERRAZ, Sérgio. *Processo administrativo*. 3. ed. São Paulo: Malheiros, 2012. p. 220 e 221. Destacamos.

expressa e fundamentada como, também, com atenção aos ditames da razoabilidade e da proporcionalidade, motivar cabalmente a rejeição do referido material.[394] [395]

Portanto, embora as manifestações populares não tenham um poder juridicamente vinculante, elas impõem condições de validade para o ato administrativo,[396] na medida em que as contribuições devem necessariamente ser consideradas no fundamento do ato, nos exatos termos do artigo 3º, inciso III, da Lei de Processo Administrativo, que assim dispõe:

> Art. 3º O administrado tem os seguintes direitos perante a Administração, sem prejuízo de outros que lhe sejam assegurados:

---

[394] DALLARI, Adilson Abreu; FERRAZ, Sérgio. *Processo administrativo*. 3. ed. São Paulo: Malheiros, 2012. p. 222. Destacamos.

[395] No mesmo sentido, Lúcia Valle Figueiredo, ao tratar da audiência pública, destaca que: "A audiência pública, se não efetuada, quando ocorrente o pressuposto descrito na norma, invalida a licitação. E, se assim é, poder-se-ia questionar se o resultado dessa audiência seria ou não vinculante ao administrador. *Apesar de obrigatória, não é vinculante*, consoante se nos afigura, por ausência de determinação legal para tal fim. O administrador poderá justificar a necessidade de realização da obra ou serviço da maneira pretendida, e realizá-los. Todavia, como se poderá inferir, passa ser questionável a legitimidade de obra ou serviço recusados pela comunidade, ou, mesmo, questionados, até, às vezes, no tocante à maneira de realizá-los". FIGUEIREDO, Lúcia Valle. Instrumentos da administração consensual: a audiência pública e sua finalidade. *Revista Eletrônica de Direito Administrativo Econômico* – REDAE, Salvador, nº 11, ago./out. 2007. Disponível em: <http://www.direitodoestado.com/revista/REDAE-11-AGOSTO-2007-LUCIA%20VALLE.pdf>. Acesso em: 22 dez. 2015. Destacamos. Irene Patrícia Nohara e Thiago Marrara também reconhecem que o dever de considerar as contribuições dos populares não se confunde com a necessidade de se vincular a elas: "À autoridade compete sempre ponderar os argumentos trazidos pela sociedade para tomar sua decisão final. No entanto, disso não se extrai que os posicionamentos e entendimentos atingidos durante a audiência pública vinculam necessariamente a autoridade que julgará o processo administrativo. Reitere-se: considerar significa levar em conta para fins de reflexão e ponderação dos diversos elementos probatórios que compõem o processo. Todavia, (...) o dever de consideração das manifestações não cria o dever de elevar os elementos apresentados na audiência à categoria de prova máxima e absoluta, contra os quais não caibam ponderações e relativizações por parte da autoridade julgadora". NOHARA, Irene Patrícia; MARRARA, Thiago. *Processo administrativo*: Lei nº 9.784/99 comentada. São Paulo: Atlas, 2009. p. 244.

[396] "Os atos administrativos em geral devem apresentar coerência entre fundamentação e conteúdo. Uma eventual incompatibilidade é capaz de gerar, inapelavelmente, a nulidade de um ato. Assim, se for apresentada fundamentação diversa do que se observa na realidade, o ato se mostrará nulo (teoria dos motivos determinantes). Do mesmo modo, se a Administração aponta como justificativa de agir um dado argumento e, ao decidir, faz o inverso, há falha insanável no ato, levando à sua nulidade". SUNDFELD, Carlos Ari; CÂMARA, Jacintho Arruda. O dever de motivação na edição de atos normativos pela Administração Pública. *Revista de Direito Administrativo & Constitucional* – A&C, Belo Horizonte, v. 45, p. 55-73, jul./set. 2011. p. 68.

(...)

III – *formular alegações e apresentar documentos antes da decisão, os quais serão objeto de consideração pelo órgão competente* (...). (Destacamos).

Num ambiente de maior consensualidade (tal qual o que se insere, ou que deveria se inserir, o processo de elaboração de contratos de PPP), é precisa a análise de Floriano de Azevedo Marques Neto no tocante à construção dos atos administrativos. Para o autor:

> O que se altera é a forma de construção e de edição do ato administrativo, que passa a ser, nestes contextos [de manejo de módulos consensuais], não apenas com apenas com a participação de interessados, mas a partir da verificação de possibilidades e aproximações de interesse.[397]

Ou seja, as manifestações populares modulam a forma de fundamentar e justificar a tomada de decisão administrativa. Os debates, alegações, provas, sugestões e demais elementos presentes nas consultas e audiências públicas devem ser considerados na motivação do ato decisório para conferir-lhe validade. A Administração deve ponderar os interesses existentes e, quando possível, compatibilizá-los, de modo a trazer mais aderência à sua decisão. Quanto mais consensual for a construção do ato administrativo, menor tende a ser a necessidade de se presumir a sua legitimidade e a sua veracidade.[398]

Alguns parâmetros para a motivação adequada de atos administrativos também podem ser extraídos do artigo 20 da Lei nº 13.655/2018. O dispositivo, que detalha os requisitos de motivação dos atos administrativos, determina que:

> Art. 20. *Nas esferas administrativa,* controladora e judicial, *não se decidirá com base em valores jurídicos abstratos sem que sejam consideradas as consequências práticas da decisão.*

---

[397] MARQUES NETO, Floriano de Azevedo. A superação do ato administrativo autista. In: MEDAUAR, Odete; SCHIRATO, Vitor Rhein (Orgs.). *Os caminhos do ato administrativo*. São Paulo: Revista dos Tribunais, 2011. p. 89-113. p. 111.

[398] "A veracidade e a legitimidade do ato não precisam ser presumidas, pois no processo de formação do consenso elas são construídas e reconhecidas pelos envolvidos, o que torna mais fácil a sua absorção pelo sistema social e judicial". MARQUES NETO, Floriano de Azevedo. A superação do ato administrativo autista. In: MEDAUAR, Odete; SCHIRATO, Vitor Rhein (Orgs.). *Os caminhos do ato administrativo*. São Paulo: Revista dos Tribunais, 2011. p. 89-113. p. 111.

Parágrafo único. *A motivação demonstrará a necessidade e a adequação* da medida imposta ou da invalidação de ato, contrato, ajuste, processo ou norma administrativa, inclusive em face das possíveis alternativas. (Destacamos).

Como se vê, a preocupação reside em oferecer parâmetros para garantir que a motivação do ato administrativo não seja meramente formal. Conforme consta da justificação que acompanhou o projeto desta lei, o mesmo foi elaborado com a intenção de reunir um conjunto de medidas para "(...) neutralizar importantes fatores de distorção da atividade jurídico-decisória pública", dentre os quais estão "(...) a tendência à superficialidade na formação do juízo sobre complexas questões jurídico-públicas (...)".[399] O dispositivo referenciado, aplicável a todos os provimentos e procedimentos administrativos, naturalmente incidiria também nas escolhas feitas no bojo do processo administrativo que cuida da modelagem de PPP. E estas escolhas passam por considerar as contribuições provenientes de audiência e consultas públicas.

Uma outra consequência da participação popular, apontada por Lúcia Valle Figueiredo, é a inversão do ônus da prova, em termos de controle do ato administrativo. A autora explica que:

> Há necessidade de a Administração provar que sua decisão, não obstante desacolhida ou questionada pela comunidade interessada, ou acolhida em outros termos, foi bem tomada. Nota-se, em conseqüência, a presunção de que a obra ou o serviço poderia entrar em atrito com os princípios vetoriais da Administração Pública.[400]

Note-se que tal consequência está diretamente relacionada à necessidade de considerar os substratos trazidos pelos administrados na motivação do ato administrativo, como explica a ilustre doutrinadora, em crítica ao modo de agir da Administração Pública brasileira:

> Temos enfatizado ser a motivação de suma importância no Direito Administrativo. Valida ou invalida o ato administrativo. E, na hipótese

---

[399] Disponível em: <http://www.senado.leg.br/atividade/rotinas/materia/getPDF.asp?t=167854&tp=1>. Acesso em: 2 jan. 2016.
[400] FIGUEIREDO, Lúcia Valle. Instrumentos da administração consensual: a audiência pública e sua finalidade. *Revista Eletrônica de Direito Administrativo Econômico – REDAE*, Salvador, nº 11, ago./out. 2007. Disponível em: <http://www.direitodoestado.com/revista/REDAE-11-AGOSTO-2007-LUCIA%20VALLE.pdf>. Acesso em: 22 dez. 2015.

da audiência pública, sobretudo se a conclusão dos participantes for em sentido oposto ao decidido pela Administração, é vital para se aferir as razões de a Administração Pública ter rejeitado o "veto" dos partícipes. Infelizmente, nossa Administração ainda não detectou, passados quase treze anos do novo modelo constitucional, que deve se jungir à Constituição, a seus princípios vetoriais, à lei, e, definitivamente, curvar-se ao devido processo legal, fundamento último do Estado de Direito. Não detectou ainda serem a transparência, a motivação, postulados fundamentais do Estado Democrático de Direito.[401]

Em linhas com as manifestações doutrinárias, o Tribunal de Justiça do Estado de São Paulo já se posicionou sobre os limites de influência das manifestações populares, ao entender que a audiência pública é consultiva, conforme se verifica da ementa transcrita a seguir:

> Ação civil pública de nulidade de atos administrativos. Liminar concedida para cancelar a realização de audiência pública. Falta de amparo legal e de risco de dano. *Audiência pública não vinculativa, mas consultiva e destinada à apresentação de projeto, esclarecimentos e coleta de críticas e sugestões.* Previsão em resoluções do CONAMA. Agravo de instrumento provido. Inexistência de omissão no acórdão. Embargos de declaração rejeitados.[402]

Os limites do poder de influência registrados na doutrina e neste julgado estão relacionados com a caracterização do nosso regime de democracia representativa.

---

[401] FIGUEIREDO, Lúcia Valle. Instrumentos da administração consensual: a audiência pública e sua finalidade. *Revista Eletrônica de Direito Administrativo Econômico* – REDAE, Salvador, nº 11, ago./out. 2007. Disponível em: <http://www.direitodoestado.com/revista/REDAE-11--AGOSTO-2007-LUCIA%20VALLE.pdf>. Acesso em: 22 dez. 2015.Ainda sobre a motivação dos atos administrativos, Carlos Ari Sundfeld e Jacintho Arruda Câmara esclarecem que: "A Constituição Federal de 1988 consagrou a aplicação do princípio do devido processo legal também no âmbito administrativo. Situações litigiosas envolvendo a Administração Pública e os particulares, bem como aquelas situações em que direitos (liberdade ou bens) de particulares são atingidos por ato administrativo, passaram a depender, por determinação constitucional, da observância de procedimento que assegure garantias mínimas. São as garantias ao contraditório e à ampla defesa. (...) Há de se reconhecer que, diante desse perfil, o dever de motivação dos atos normativos da Administração não é de cunho geral. Ou seja, nem todos os atos normativos da Administração precisam de uma motivação prévia, detalhada e de conteúdo. Tal exigência só se perfaz quando há, diretamente, perspectiva de confronto com a esfera de direitos de administrados". SUNDFELD, Carlos Ari; CÂMARA, Jacintho Arruda. O dever de motivação na edição de atos normativos pela Administração Pública. *Revista de Direito Administrativo & Constitucional* – A&C, Belo Horizonte, v. 45, p. 55-73, jul./set. 2011. p. 58-59.

[402] TJSP, Processo nº 0075731-61.2007.8.26.0000, Relator Desembargador Antonio Celso Aguilar Cortez; Comarca: Mogi das Cruzes; Data do julgamento: 31 de janeiro de 2008; Data de registro: 11 de fevereiro de 2008. Destacamos.

Em outros países, a solução é semelhante. Luigi Bobbio traz o exemplo francês dos *débat public*,[403] que se desenvolve para tratar sobre a oportunidade, os objetivos e as características principais de projetos de grande impacto socioeconômico e ambiental e é coordenado por uma autoridade independente, a Comissão Nacional do Debate Público (CNDP). Segundo Cristina Andrade Melo, a CNDP atua nos seguintes termos:

> *A Comissão nacional do debate público (CNDP) é autorizada a organizar debate público para discutir grandes projetos que apresentem forte repercussão sócio-econômico ou impacto significativo sobre o meio ambiente envolvendo operações públicas de planejamento de interesse nacional do Estado, das coletividades territoriais, dos estabelecimentos públicos e das pessoas privadas.*
>
> O debate gira em torno da oportunidade, objetivos e características principais do projeto e *a participação do público é garantida durante toda a fase de sua elaboração*, desde a produção dos estudos preliminares até o encerramento da enquete pública realizada por força da legislação ambiental ou de desapropriação por utilidade pública.[404]

A composição da CNDP encontra-se definida no artigo L121-3 da Lei nº 2002-276, de 27 de fevereiro de 2002,[405] bem como no artigo

---

[403] O instrumento revelou-se uma ferramenta mais eficiente para garantir mais participação se comparado às enquetes públicas, como nos ensina Cristina Andrade de Melo: "A participação alargada do debate público, a partir da elaboração do projeto, intenciona superar a crítica direcionada às enquetes públicas, acusadas de proporcionar uma participação tardia na elaboração de projeto, quando já em fase adiantada, o que esvaziava a legitimidade do instituto". MELO, Cristina Andrade. *A audiência pública na função administrativa*. 2012. 170 f. Dissertação (Mestrado em Direito) – Programa de Pós-Graduação em Direito, Universidade Federal de Minas Gerais, Belo Horizonte, 2012. p. 70-71.

[404] MELO, Cristina Andrade. *A audiência pública na função administrativa*. 2012. 170 f. Dissertação (Mestrado em Direito) – Programa de Pós-Graduação em Direito, Universidade Federal de Minas Gerais, Belo Horizonte, 2012. p. 70-71.

[405] L121-3 da Lei 2002-276, modificado pelo artigo 246 da Lei 2010-788, de 12 de julho de 2010: "Article L121-3: La Commission nationale du débat public est composée de vingt-cinq membres nommés pour cinq ans ou pour la durée de leur mandat. Outre son président et deux vice-présidents, elle comprend: 1º Un député et un sénateur nommés respectivement par le Président de l'Assemblée nationale et par le Président du Sénat; 2º Six élus locaux nommés par décret sur proposition des associations représentatives des élus concernés; 3º Un membre du Conseil d'Etat, élu par l'assemblée générale du Conseil d'Etat; 4º Un membre de la Cour de cassation, élu par l'assemblée générale de la Cour de cassation; 5º Un membre de la Cour des comptes, élu par l'assemblée générale de la Cour des comptes; 6º Un membre du corps des membres des tribunaux administratifs et des cours administratives d'appel, nommé par décret sur proposition du Conseil supérieur des tribunaux administratifs et des cours administratives d'appel; 7º Deux représentants d'associations de protection de l'environnement agréées au titre de l'article L. 141-1

L121-1, modificado pela Lei nº 2010-788, de 12 de julho de 2010, artigo 246. Conta ela com 25 membros, os quais são nomeados para exercerem seus ofícios por um período de 5 anos ou pela duração de seu respectivo mandato.

Essa Comissão é instituída para cada projeto a ser posto em curso e pode durar até seis meses. O relatório produzido ao final dos debates possui grande poder de influência na definição da decisão a ser tomada em sede do debate, mas não possui poder vinculante. Vejamos:

> Ao final, (...) do encerramento do debate público, o Presidente da CNDP deve publicar um relatório e fazer um balanço do ocorrido. *A CNDP não decide sobre a viabilidade do projeto de planejamento ou ambiental, mas sim prepara elementos hábeis a subsidiar a decisão que será tomada pela autoridade competente, sem caráter vinculante.* Contudo, (...) dificilmente a Administração decidirá contra a vontade de uma ampla maioria advinda do debate público. Assim, a CNDP, *apesar de continuar funcionando como intermediário entre a sociedade e o Poder Público, exerce forte influência sobre a decisão a ser tomada pela autoridade competente.*[406] [407]

---

exerçant leur activité sur l'ensemble du territoire national, nommés par arrêté du Premier ministre sur proposition du ministre chargé de l'environnement; 8º Deux représentants des consommateurs et des usagers, respectivement nommés par arrêté du Premier ministre sur proposition du ministre chargé de l'économie et du ministre chargé des transports; 9º Deux personnalités qualifiées, dont l'une ayant exercé des fonctions de commissaire enquêteur, respectivement nommées par arrêté du Premier ministre sur proposition du ministre chargé de l'industrie et du ministre chargé de l'équipement; 10º Deux représentants des organisations syndicales représentatives de salariés et deux représentants des entreprises ou des chambres consulaires, dont un représentant des entreprises agricoles, nommés par arrêté du Premier ministre sur proposition des organisations professionnelles respectives les plus représentatives. (...)".

[406] MELO, Cristina Andrade. *A audiência pública na função administrativa*. 2012. 170 f. Dissertação (Mestrado em Direito) – Programa de Pós-Graduação em Direito, Universidade Federal de Minas Gerais, Belo Horizonte. p. 72.

[407] Luigi Bobbio explica que "De fato, as decisões que têm origem nas experiências participativas – mesmo aquelas mais importantes e bem sucedidadas – não possuem jamais um poder juridicamente vinculante. (...) Na França, o débat public sobre os projetos de infraestrutura não se concluem com uma decisão ou recomendação, mas simplesmente com um relatório com os termos debatidos: esperar-se-á que o proponente decida se, à luz daquelas conclusões, o projeto será mantido, abandonado ou modificado. E ainda houve casos em que o proponente desistiu ou corrigiu o projeto, embora inexistisse qualquer obrigação nesse sentido". BOBBIO, Luigi. Dilemmi della democrazia participativa. *Rivista Democrazia e Diritto*, nº 4, p. 11-26, 2006. Disponível em: <http://www.francoangeli.it/riviste/Scheda_Rivista.aspx?IDArticolo=30582&idRivista=116>. Acesso em: 22 dez. 2015. p. 20. Tradução livre. No original: "Di fatto le scelte che scaturiscono dalle esperienze partecipative – anche quelle più importanti e più riuscite – non hanno mai un potere giuridicamente vincolante. (...) In Francia il *débat public* sui progetti di infrastrutture non si

Como assinala Luigi Bobbio, "(...) a democracia participativa é sempre feita de exíguas minorias, enquanto a democracia representativa é legitimada por milhões de votos".[408] Portanto, é esperado que a decisão final caiba sempre às instituições de democracia representativa.

Entretanto, isto não impede o reconhecimento de que:

> A ascensão do Estado Democrático de Direito implica a valorização da figura do administrado nas relações envolvendo a Administração Pública. Assim, a democracia representativa já não se mostra suficiente à sociedade mais amadurecida e ansiosa por participar da condução da máquina pública. Por sua vez, a sociedade moderna torna-se extremamente *complexa*, formada por múltiplos interesses públicos, ao passo que os resultados da atuação administrativa passam a ser objeto de controle social, i.e., não basta o mero exercício da função administrativa, este deve necessariamente ser eficiente.[409]

É dizer, embora não se reconheça vinculação das audiências e consultas públicas, isto não impede que as decisões administrativas possam "(...) ser afetadas de diversas formas pelos compromissos públicos específicos de forma autônoma pelos políticos tomadores de decisão",[410] até como forma de conferir mais eficiência e legitimidade às escolhas públicas.

---

conclude con alcuna decisione o raccomandazione, ma semplicemente con un rapporto che presenta i termini del dibattito: spetterà poi al proponente decidere se, alla luce di quelle conclusioni, il progetto va mantenuto, lasciato cadere o modificato. E ci sono comunque stati casi in cui il proponente ha rinunciato il corretto il progetto, pur senza avere alcun obbligo". Destaque original.

[408] BOBBIO, Luigi. Dilemmi della democrazia participativa. *Rivista Democrazia e Diritto*, nº 4, p. 11-26, 2006. Disponível em: <http://www.francoangeli.it/riviste/Scheda_Rivista. aspx?IDArticolo=30582&id Rivista=116>. Acesso em: 22 dez. 2015. p. 20. Tradução livre. No original "(...) la democrazia partecipativa è sempre fatta da esigue minoranze, mentre la democrazia rappresentativa è legittimata da milioni di voti".

[409] SCHIRATO, Vitor Rhein; PALMA, Juliana Bonacorsi de. Consenso e legalidade: vinculação da atividade administrativa consensual ao direito. *Revista Brasileira de Direito Público – RBDP*, Belo Horizonte, ano 7, nº 27, out./dez. 2009. p. 3.

[410] BOBBIO, Luigi. Dilemmi della democrazia participativa. *Rivista Democrazia e Diritto*, nº 4, p. 11-26, 2006. Disponível em: <http://www.francoangeli.it/riviste/Scheda_Rivista. aspx?IDArticolo=30582&id Rivista=116>. Acesso em: 22 dez. 2015. p. 21. Tradução livre. No original: "La decisione finale spetta sempre alle istituzioni della democrazia rappresentativa, che però possono essere variamente condizionate da specifici impegni pubblici assunti autonomamente dai decisori politici".

2.5 Roadshow

2.5.1 Conceito e fundamento do chamado *roadshow*

O uso do chamado *roadshow* pelo Poder Público tem ganhado destaque nos últimos anos.[411] Ele consiste na realização de uma série de audiências geralmente organizadas com o principal objetivo de divulgar para os potenciais licitantes as soluções concebidas para a concessão de um determinado objeto.

O *roadshow* é um instrumento com baixo grau de formalização e seu procedimento não é regulamentado em lei.[412] O seu fundamento legal encontra-se no artigo 33 da Lei de Processo Administrativo, que assim preconiza: "Os órgãos e entidades administrativas, em matéria relevante, poderão estabelecer outros meios de participação de administrados, diretamente ou por meio de organizações e associações legalmente reconhecidas".

Como bem assinalam Irene Patrícia Nohara e Thiago Marrara,

> O art. 33 abre espaço para que a Administração Federal utilize outros mecanismos para a participação da população e de entes interessados no objeto de seus processos administrativos. A autoridade competente poderá, por exemplo, realizar conferências, encontros, enquetes pela

---

[411] O *roadshow* não é propriamente uma novidade. Em 2001 a ANP realizara um *roadshow* para atrair investidores para a quarta rodada de licitações (Disponível em: <http://www.anp.gov.br/brasil-rounds/round4/round4/roadshow/roadshow_inicio.htm>. Acesso em: 12 nov. 2015). Recentemente, veja-se os seguintes exemplos aleatórios: (i) promoção, pelo Governo Federal, de *roadshow* em diversas cidades nacionais e estrangeiras para atrair novos investidores em projetos de infraestrutura (Disponível em: <http://www.valor.com.br/brasil/2988450/road-show-do-governo-federal-tentara-atrair-novos-investidores>. Acesso em: 12 nov. 2015; Disponível em: <http://www.reuters.com/article/2013/02/05/brazil-infrastructure-idUSL1N0B5DZV20130205#IO0vbbU1A71muCIa.97>. Acesso em: 12 nov. 2015); (ii) promoção, pelo estado do Paraná, de *roadshow* para a concessão da gestão de pátios veiculares (Disponível em: <http://www.pppbrasil.com.br/portal/content/paran%C3%A1-organiza-roadshow-e-audi%C3%AAncia-p%C3%BAblica-para-promover-concess%C3%A3o-da-gest%C3%A3o-de-p%C3%A1tios-vei>. Acesso em: 12 nov. 2015); promoção, pelo governo de Goiás, de *roadshow* com empresários com interesse em exportar para o Vietnã (Disponível em: <http://www.controladoria.go.gov.br/cge/governo-promove-road-show-para-empresarios-que-querem-exportar-para-o-vietna/>. Acesso em: 12 nov. 2015).

[412] Não localizamos leis estaduais ou municipais que tratem sobre o uso do *roadshow* durante a elaboração de contratos de PPP.

Internet, consultas eletrônicas ou organizar outros tipos de participação presencial, além da consulta e da audiência pública.[413]

Ao texto reproduzido fazemos dois destaques. Primeiro, para dizer que não só a Administração Federal está autorizada a se utilizar de outros mecanismos de participação que não os previstos nos artigos 31 e 32 da lei sob comento. As considerações tecidas pelos autores são perfeitamente aplicáveis às Administrações estaduais, municipais e distrital. Segundo, para dizer que o artigo 33 é de suma importância para o fomento da participação, na medida em que afasta, de pronto, qualquer formulação restritiva ao uso de instrumentos de participação popular não previstos expressamente em lei sob o argumento de que a Administração Pública poderia apenas agir *sub legem*, numa leitura absolutamente limitativa do princípio da legalidade. Neste sentido, precisas as palavras de Irene Patrícia Nohara e Thiago Marrara, a quem novamente recorremos:

> Cumpridos os requisitos da LPA (existência de questão relevante e razoabilidade), pode a autoridade abrir o processo à participação de pessoas físicas e jurídicas. Sempre que não haja previsão legal, dispõe a autoridade de discricionariedade para aplicação destes mecanismos de participação.[414]

No mesmo sentido manifestou-se o ministro Weder de Oliveira:

> Indica a literatura especializada e a experiência internacional – e mesmo nacional – que os processos de desestatização podem se beneficiar de práticas preparatórias tais como a realização de "roadshows", reuniões com especialistas e entidades atuantes no ramo etc. Todavia, *tais iniciativas não substituem, e sim complementam os instrumentos oficiais de publicidade* exigidos pela legislação, além de exigirem especial cautela para não desbordarem dos lindes traçados pelos princípios constitucionais da impessoalidade e moralidade (art., 37, *caput*, da Constituição da República).

---

[413] NOHARA, Irene Patrícia; MARRARA, Thiago. *Processo administrativo*: Lei nº 9.784/99 comentada. São Paulo: Atlas, 2009. p. 244.
[414] NOHARA, Irene Patrícia; MARRARA, Thiago. *Processo administrativo*: Lei nº 9.784/99 comentada. São Paulo: Atlas, 2009. p. 246.

Dotada de transparência e dos demais preceitos inarredáceis à atuação do administrador público, a interação com o setor privado torna-se legítima e louvável.[415]

Portanto, é certo que os agentes públicos não podem se esquivar de adotar mecanismos de participação popular previstos em lei; porém, se tais mecanismos não estiverem expressamente previstos, caberá ao gestor a decisão de adotá-los. Contudo, caso a Administração identifique que a esfera de direitos de determinado grupo de administrados poderá ser afetada com a realização de uma PPP e que este mesmo grupo não será devidamente ouvido na realização da consulta ou da audiência pública, identificamos a existência de um verdadeiro dever de promover outros tipos de encontros, ainda que não previstos na legislação. Podem ser *roadshows*, sessões públicas, reuniões setoriais, entrevistas, pesquisas ou qualquer outro formato que pareça conveniente e, naturalmente, que se oriente pelas normas e pelos princípios aplicáveis à atuação administrativa.[416]

Estas constatações são importantes, pois, embora o fluxo de informações, no *roadshow*, se dê precipuamente na direção de apenas divulgar um projeto já modelado (e por isso normalmente ocorra após a publicação do edital), ele também pode se prestar à discussão das soluções cogitadas pela Administração para a concessão (neste caso, ocorrerá antes da publicação do instrumento convocatório). Especialmente nestas hipóteses, em que será dada a possibilidade de o particular contribuir para com a solução proposta na concessão, o *roadshow* poderá ser um instrumento apto a conferir mais aderência à decisão da Administração Pública.

Isto porque, se uma das características da Administração no século XXI é a busca da consensualidade, agir com eficiência, neste contexto,

---

[415] TCU. Acórdão nº 1.155/2014, nos autos do TC nº 012.687/2013-8. Plenário. Relator: ministro Weder de Oliveira. Sessão de 7 de maio de 2014. Disponível em: <http://www.tcu.gov.br/Consultas/Juris/Docs/judoc/Acord/20140522/AC_1155_15_14_P.doc.>. Acesso em: 10 dez. 2015, em especial o relatório do voto do ministro relator Weder de Oliveira, p. 19-20. Como vimos, o voto do ministro foi vencido no julgamento desse caso, mas o conteúdo destacado não foi refutado expressamente no Acórdão.

[416] Na mesma linha opina Maurício Portugal Ribeiro, em RIBEIRO, Mauricio Portugal. *Concessões e PPPs*: melhores práticas em licitações e contratos. São Paulo: Atlas, 2011. p.52.

(...) significa contemplar todas as possibilidades de obter o melhor contrato, a melhor decisão (sobretudo legítima por obter o consenso dos administrados), possibilitando, sem dúvida, que se discutam amplamente os modelos e que, ademais, tais modelos possam estar estribados em fortes elementos de convicção e nunca dependerem de escolhas discricionárias, sem limites, portanto, até arbitrárias, da Administração, sem peias ou amarras.[417]

Note-se, por fim, que convém publicar as informações existentes sobre o projeto antes da realização das audiências do *roadshow*, para que os interessados tenham condições de se informar sobre os principais aspectos da parceria que se pretende travar e ir munidos de questionamentos e sugestões, otimizando o encontro.

2.5.2 O momento de realização do *roadshow*

Justamente por não ser regulamentado em lei, o administrador terá liberdade para modelar o formato dos encontros em um *roadshow* conforme lhe parecer mais apropriado para travar um bom diálogo com os interessados e desde que respeitem os princípios e as normas gerais aplicáveis à atividade pública.

É dizer, nosso ordenamento permite que as audiências de um *roadshow* sejam realizadas antes ou depois da publicação do edital, com um ou com mais interessados. Em teoria, podem ainda ser realizadas às portas abertas ou às portas fechadas.

Devido ao principal objetivo do *roadshow*, qual seja, o de divulgação pela Administração do projeto por ela já desenhado, o mais comum é que as audiências se deem após a publicação do edital e com ampla publicidade, ainda que para um público previamente determinado.

Nesta hipótese, eventuais esclarecimentos sobre o edital já publicado deverão ser solicitados pelas vias legais (*e.g.*: impugnações ou esclarecimentos), e não apenas nas audiências do *roadshow*. De mais a mais, como regra a Administração não poderá alterar o teor

---

[417] RIBEIRO, Mauricio Portugal. *Concessões e PPPs*: melhores práticas em licitações e contratos. São Paulo: Atlas, 2011.

do edital ou do contrato em função de contribuições que venham a surgir nestes encontros – se o fizer o ato deverá ser devidamente fundamentado e, a depender do teor da alteração, será necessário republicar o edital.

Como vimos, embora o *roadshow* se preste geralmente à divulgação de uma licitação em andamento, pode ser conveniente para a Administração divulgar um projeto que esteja praticamente finalizado antes da publicação do edital. É verdade, entretanto, que o administrador já terá à sua disposição a consulta pública, instrumento por vezes apto a alcançar os mesmos objetivos do *roadshow*, porém, a consulta pode ser insuficiente para dar a publicidade desejada ao projeto e as manifestações dali provenientes podem ser igualmente insuficientes para capturar as contribuições do mercado necessárias ao sucesso da licitação. Nestes casos, não vemos óbice para que o administrador faça uso de outros mecanismos para alcançar o mercado, tais como o *roadshow*.

Maurício Portugal Ribeiro, ao definir o instrumento, trata das hipóteses em que o *roadshow* é realizado antes da publicação do edital e com apenas um potencial licitante de cada vez, apontando para as vantagens do instrumento. Vejamos:

> Constiste o *"roadshow"* na realização de reuniões isoladas com cada um dos principais potenciais participantes da licitação para (a) atraí-los para participar da licitação; (b) solucionar suas dúvidas e questionamentos, em ambiente em que, sem a interferência de outros participantes, cada um se sinta à vontade para perguntar, sem medo, por exemplo, que a realização das suas perguntas e manifestações de preocupação revelem dados ou informações estratégicas, sigilosas, ou de alguma forma relevantes para a elaboração da sua proposta que poderiam eventualmente vir a ser utilizadas pelos outros participantes, tirando-lhes eventuais vantagens; (c) entender o posicionamento do mercado, os diversos aspectos do projeto com os quais alguns ou todos os parceiros privados não estão confortáveis, e que se constituem em barreira de entrada, ou que impactam de forma relevante o preço para a prestação do serviço objeto da PPP ou concessão, de maneira que o Poder Público possa, com esta informação, decidir se altera ou não as características do projeto antes da publicação final do edital.[418]

---

[418] RIBEIRO, Mauricio Portugal. *Concessões e PPPs*: melhores práticas em licitações e contratos. São Paulo: Atlas, 2011. p. 50.

De fato, podem existir ganhos na realização de *roadshow* com apenas um participante por vez, porém, como regra, as audiências devem ser públicas. A realização de audiências privativas, embora possam ser amparadas no ordenamento jurídico, exige cuidados redobrados, pois será um desafio criar instrumentos que comprovem não ter existido divulgação de informações privilegiadas ou acertos que direcionem o resultado da licitação, por exemplo. A simples presunção da lisura dos encontros entre Administração e privados dificilmente será suficiente para isentar os atores de futuras acusações, sejam elas devidas ou indevidas.

Paradoxalmente, os instrumentos aptos a comprovar a lisura da atuação dos agentes públicos e privados (*e.g.*: filmagens, gravações ou registros detalhados em ata), podem inibir a troca legítima de informações no dito ambiente "sem medo". Como não é concebível abrir mão de medidas que assegurem a observância dos princípios aplicáveis à Administração Pública nos encontros, notadamente o da transparência, da impessoalidade e da isonomia, uma alternativa seria manter o registro das informações que eventualmente revelem "dados ou informações estratégicas, sigilosas, ou de alguma forma relevantes para a elaboração da (...) proposta" sob sigilo no processo administrativo.

Outra alternativa seria adotar mecanismos que alcançassem os mesmos legítimos objetivos das audiências privativas por outros meios capazes de demonstrar, de forma mais inequívoca, a atuação legítima da Administração e dos privados.

Possíveis soluções neste sentido seriam a realização de entrevistas com perguntas estratégicas sobre o projeto ou de pesquisas com os atores potencialmente interessados na licitação, tais quais aquelas comumente realizadas pelo mercado quando do lançamento de novos produtos.

2.5.3 Os participantes do *roadshow*

Vimos que o *roadshow* é um mecanismo comumente utilizado para divulgar e discutir os projetos de concessão com os potenciais licitantes. Portanto, é razoável que a Administração identifique critérios objetivos para selecionar os convidados e, consoante tais critérios, oportunize a participação a todos os administrados que a eles atendam.

A necessidade de tratamento isonômico para com os administrados na consulta e na audiência pública é abordada largamente pela doutrina.[419] Não encontramos manifestações neste sentido em relação especificamente ao *roadshow*, porém, inegável que o princípio da isonomia deve ser atendido também quando da realização destes encontros. O maior desafio, no caso do *roadshow*, será justamente mapear com eficiência e equidade os potenciais interessados na licitação, não obstante esta equidade não precisará selecionar todos os potenciais interessados no projeto específico, o que colocaria a Administração Pública num enredo insuperável, engessando o devir do processo. Tal equidade implica a identificação explícita dos critérios adotados, e a necessária objetividade a ser adotada.

O convite aberto, geral e irrestrito, embora cabível, pode ser ineficaz, especialmente nos casos em que a Administração quer ter uma percepção mais afinada dos potenciais licitantes ou dos casos em que busca fazer uma divulgação mais técnica das soluções propostas.

---

[419] Ver, entre outros, PEREZ, Marcos Augusto. *A administração pública democrática*: institutos de participação popular na administração pública. Belo Horizonte: Fórum, 2004. p. 171; FIGUEIREDO, Lúcia Valle. Instrumentos da administração consensual: a audiência pública e sua finalidade. *Revista Eletrônica de Direito Administrativo Econômico* – REDAE, Salvador, nº 11, ago./out. 2007. Disponível em: <http://www.direitodoestado.com/revista/REDAE-11-AGOSTO-2007-LUCIA%20VALLE.pdf>. Acesso em: 22 dez. 2015 p. 4; NOHARA, Irene Patrícia; MARRARA, Thiago. *Processo administrativo*: Lei nº 9.784/99 comentada. São Paulo: Atlas, 2009. p. 233.

CAPÍTULO 3

AS VULNERABILIDADES DOS INSTRUMENTOS DE PARTICIPAÇÃO

Há mais de uma década, Marcos Augusto Perez[420] nos alerta para os perigos da interação entre a sociedade e a Administração na efetivação das políticas públicas. Muitos desses alertas são válidos para os instrumentos de participação popular objeto deste estudo. Outros, porém, são específicos da participação dos administrados na formulação dos contratos de PPP decorrentes, especialmente, da existência do PMI. Gustavo Henrique Carvalho Schiefler e outros estudiosos do tema se dedicaram especificamente ao estudo deste tema.[421] Muitas das noções apresentadas pelos autores são absolutamente compatíveis entre si e, a nosso ver, não ensejam maiores discussões, sobretudo no que diz respeito à identificação e aos mitigadores de alguns riscos.

---

[420] PEREZ, Marcos Augusto. *A administração pública democrática*: institutos de participação popular na administração pública. Belo Horizonte: Fórum, 2004. p. 226-231.

[421] Para uma leitura sobre os riscos de judicialização do PMI, de diminuição da competitividade na licitação pública, de legitimação de relacionamento ilícito pretérito ao PMI, de conluio entre os futuros licitantes, indicamos SCHIEFLER, Gustavo Henrique Carvalho. *Procedimento de manifestação de interesse (PMI)*: solicitação e apresentação de estudos e projetos para a estruturação de concessões comuns e parcerias público-privadas. 2013. 500 f. Dissertação (Mestrado em Direito) – Centro de Ciências Jurídicas, Programa de Pós-Graduação em Direito, Universidade Federal de Santa Catarina, Florianópolis, 2013. p. 219 e seguintes. Uma recapitulação sobre as origens da teoria da captura também é oferecida pelo autor, nas p. 223-227, e, nas p. 233-242, o leitor encontra uma interessante análise sobre o risco de agravamento da cultura da desconfiança dos particulares, do império do medo sobre os agentes públicos e do fomento ao controle obsessivo e excessivo. Mário Márcio Saadi Lima, por sua vez, debruçou-se sobre o risco de captura do administrador público nas p. 198 e seguintes de LIMA, Mário Marco Saadi. *O procedimento de manifestação de interesse à luz do ordenamento jurídico brasileiro*. Belo Horizonte: Fórum, 2015. Sobre o risco da corrupção, ver PEREZ, Marcos Augusto. *A administração pública democrática*: institutos de participação popular na administração pública. Belo Horizonte: Fórum, 2004. p. 227-228.

Numa matéria em que há um extenso rol de questões sem respostas, não nos parece útil reproduzir os temas já bem delineados. Então, em complementação ao estudo já iniciado na nossa doutrina, buscaremos indicar apenas as vulnerabilidades que nos parecem ainda não terem sido tratadas exaustivamente, ou que foram analisadas sob ótica diversa da que apresentamos a seguir, sem a pretensão de abordar todas as existentes na aplicação dos instrumentos objeto deste estudo.

3.1 Risco de contaminação indevida das decisões governamentais por interesses de mercado ou de grupos de interessados organizados

Se, por um lado, o contato com os interesses dos administrados é fundamental para o sucesso das parcerias público-privadas, por outro, teme-se que, sempre que o procedimento preparatório se abrir à participação dos administrados, a Administração seja conduzida à tomada de decisões que não sejam necessariamente as mais aderentes com o plexo de interesses envolvidos na contratação, mas que favoreçam tão somente os interesses potenciais licitantes ou de outros grupos de interessados.

A desigualdade de conhecimento das informações sobre o mercado nos setores público e privado[422][423] ou a pressão social de

---

[422] Alguns autores fazem referência a essa desigualdade de informações como "assimetria de informações". Optamos por não importar essa expressão da teoria econômica pois ali ela é utilizada com uma acepção ampla e economicamente muito mais intricada do que a acepção aqui aplicada.

[423] Especificamente em relação ao PMI, Bruno Moraes Faria Belem anota: "É possível que o parceiro privado, autor dos estudos e por isso o principal detentor das informações produzidas no PMI, promova o que alguns autores têm chamado de 'captura' do parceiro público. Esse movimento é traduzido na possibilidade de o parceiro privado condicionar em seu favor a tomada de decisões pela Administração Pública. A principal causa desse evento é a assimetria das informações geradas pelo parceiro privado em comparação com as efetivamente disponibilizadas ou acessadas pela Administração ou por outros interessados privados". BELEM, Bruno Moraes Faria Monteiro. O procedimento de manifestação de interesse como meio de participação do privado na estruturação de projetos de infraestrutura. *Fórum de Contratação e Gestão Pública* – FCGP, Belo Horizonte, ano 12, nº 135, mar. 2013. Bruno Gazzaneo Belsito também discorre sobre a desigualdade de conhecimento das informações sobre o mercado nos setores público e privado, em leitura aplicada ao PMI. BELSITO, Bruno Gazzaneo. *O procedimento de manifestação de interesse/PMI na estruturação de contrato de concessão*: exame crítico e proposta de aperfeiçoamento do instrumento no

determinados grupos de interessados organizados poderá levar a uma contaminação do projeto por interesses que colidam com as finalidades previstas para a concessão.

Isto porque "Poderosos grupos inevitavelmente detêm, é bom dizer, grande capacidade de organização, grande capital político e informações que, em última instância, somente eles podem fornecer às autoridades públicas".[424]

Além da contaminação indevida pelos "interesses do mercado", pode haver uma tendência de uma certa inflexão populista em processos nos quais grupos de interessados organizados se socorrem da consulta pública ou audiência pública para pressionar os tomadores de decisão em algum sentido (por exemplo, a gratuidade tarifária).

É dizer, a tendência de atender as demandas imediatas apresentadas, nos fóruns de participação popular sem compromisso com a racionalidade das decisões governamentais, também configura um risco da participação.

Entretanto, o contato com os interesses privados não só é necessário para a tomada de boas decisões, como também é inevitável, mesmo no plano formal, já que ao menos um dos instrumentos de participação – qual seja, a consulta pública – é condição para a publicação do edital de PPP.

Neste ponto, importa assinalar que o "risco de contaminação indevida" existe não apenas no âmbito da consulta pública, ou, como pareceria ainda mais óbvio, no âmbito do PMI, mas sempre que o procedimento preparatório se abre à participação dos interessados, ou seja, mesmo em sede de audiência pública, *roadshow* ou demais encontros que se travem entre o poder público e a iniciativa privada durante a elaboração dos contratos de PPP.

Porém, como bem assinala Alexandre Santos de Aragão:

> Não podemos, com efeito, fechar as portas para mecanismos mais eficientes (e às vezes os únicos à disposição) de atendimento dos interesses públicos por terem a chance de ser usados para propósitos menos nobres. Na verdade, nossa experiência histórica bem o

---

direito brasileiro. 2015. 319 f. Dissertação (Mestrado em Direito) – Faculdade de Direito, Universidade do Estado do Rio de Janeiro, Rio de Janeiro, 2015. p. 238-242.
[424] PEREZ, Marcos Augusto. *A administração pública democrática*: institutos de participação popular na administração pública. Belo Horizonte: Fórum, 2004. p. 229.

demonstra, qualquer metodologia pode ser aproveitada para facilitar desvios de conduta.[425]

De mais a mais, num ambiente de atuação consensual, há que se fazer uma leitura cuidadosa do risco de contaminação. Isto porque nem sempre a influência de interesses diversos daqueles identificados pela Administração como "públicos" implicará desvantagem para o Poder Público ou desvio de finalidade dos objetivos da concessão. Ao contrário, muitas das decisões tendem a ser mais legítimas quando influenciadas por interesses de agentes externos ao corpo da Administração.

Neste contexto, expomos alguns possíveis mitigadores do risco de contaminação indevida.

3.1.1 Notas sobre os possíveis mitigadores

3.1.1.1 Detalhamento do escopo dos estudos no chamamento público do PMI

Há quem entenda que uma das formas de o Poder Público evitar a contaminação indevida pelo mercado nos PMI é por meio da previsão detalhada do projeto que ele pretende licitar no chamamento público. Neste sentido, Bruno Moraes Faria Monteiro Belém afirma que:

> A fim de garantir que a autoridade estatal conserve o poder de decidir os rumos das PPPs, é importante que o edital de chamamento contemple com razoável nível de detalhamento o tipo de estudo pretendido, as fases de sua realização, os resultados esperados e os métodos de avaliação das informações produzidas no decorrer do procedimento. Para isso, é necessário que o Poder Público seja capaz de apresentar uma proposta preliminar que contemple os principais elementos que deverão ser investigados durante a fase de estudos, o que contribuirá para que se possa compor a matriz de riscos associados ao objeto da PPP. Além disso, é importante que a autoridade pública

---

[425] ARAGÃO, Alexandre Santos de. A consensualidade no direito administrativo: acordos regulatórios e contratos administrativos. *Boletim de licitações e contratos*, São Paulo, v. 19, nº 9, p. 827-840, set. 2006. p. 832.

utilize parâmetros objetivos e evite ambiguidades na definição do que se espera do projeto.[426] [427]

Entretanto, o delineamento detalhado por vezes pode limitar as soluções que os administrados poderiam trazer. Neste sentido, parece-nos mais importante que o Poder Concedente foque a *caracterização precisa dos resultados que espera obter com a realização do projeto*, ou seja, que especifique o interesse público que deseja ver atingido com a realização da PPP e não propriamente num descritivo detalhado dos estudos que pretende obter.

Parece-nos que a prescrição detalhada dos estudos está muito mais ligada à mitigação do risco de não ressarcimento adequado decorrente das dificuldades na fixação do valor dos estudos desenvolvidos em PMI (na medida em que permite uma comparação mais simples do que foi entregue entre os diversos interessados autorizados), do que propriamente a uma mitigação do risco de contaminação indevida.

3.1.1.2 Cisão dos estudos no PMI

Outra forma de evitar a contaminação indevida das decisões administrativas pelos interesses de mercado, apontada por estudiosos do tema, é a cisão dos estudos, autorizando sua realização não só pelos potenciais licitantes, mas também por consultores externos ou por servidores públicos.

Cogitamos esta solução de dois modos. Na primeira hipótese, mais problemática, a cisão se daria entre agentes do mercado interessados na futura licitação.

É difícil vislumbrar como, na prática, o Poder Público poderia proceder a esta cisão de estudos se autorizasse diferentes potenciais

---

[426] BELEM, Bruno Moraes Faria Monteiro. O procedimento de manifestação de interesse como meio de participação do privado na estruturação de projetos de infraestrutura. *Fórum de Contratação e Gestão Pública* – FCGP, Belo Horizonte, ano 12, nº 135, mar. 2013.

[427] Por um maior detalhamento dos estudos, advogam também Maurício Portugal Ribeiro e Lucas Navarro Prado: "(...) é indispensável que a comissão solicitante do estudo tenha a sofisticação técnica adequada não apenas para especificar adequadamente o estudo que se quer (a partir, evidentemente, dos resultados que o Poder Público espera alcançar com a implementação do projeto), mas também para estabelecer, no ato da solicitação, os critérios de julgamento a serem utilizados para a sua seleção". RIBEIRO, Maurício Portugal; PRADO, Lucas Navarro. *Comentários à Lei de PPP*. São Paulo: Malheiros, 2010. p. 336.

licitantes. Afinal, num chamamento normalmente tem-se a seguinte situação: empresas manifestam o seu interesse apoiadas em consultorias externas especializadas em cada uma das áreas dos estudos. As consultorias são subcontratadas. As empresas travam uma relação atípica com o Poder Público e absorvem o risco do não ressarcimento; as consultorias, por sua vez, travam uma relação comum de prestação de serviços com as empresas e são remuneradas independentemente do sucesso da licitação. Assim, a Administração aproxima os potenciais licitantes do objeto a ser concedido, deixa que cada um deles mostre qual solução empresarial seria dada para o atingimento de um objetivo público. A solução, entretanto, é global. Uma construtora não está interessada em patrocinar apenas estudos ambientais e apresentar as suas soluções de medidas de compensação. Da mesma forma, não pretenderá contratar juristas para apontar apenas quais são as melhores práticas em um contrato de concessão, sem vinculá-lo a uma matriz de riscos que é necessariamente desenvolvida com o apoio de uma equipe econômica, por exemplo.

Portanto, no momento em que o poder público cogita cindir os estudos, é natural que os potenciais licitantes se afastem do projeto. Afinal, não se imagina desenvolver um projeto de concessão com uma consultoria jurídica contratada por uma empresa, trabalhando junto com a empresa de engenharia contratada por outra e tendo os estudos consolidados por uma terceira empresa.

A segunda hipótese, embora mais viável e eficiente, não é isenta de desafios. Nela, o Poder Público elaboraria instrumento convocatório prevendo a contratação, nos termos do art. 21 da Lei nº 8.987/1995, de diferentes consultorias, todas necessariamente desinteressadas em participar, diretamente ou indiretamente, da futura licitação.

Neste caso, o conflito de interesses empresariais deixaria de existir, posto que todas as consultorias elaborariam soluções observando tão somente as demandas do Poder Público. Porém, dois desafiam chamam a atenção neste caso. O primeiro diz com a construção de projetos complexos com o afastamento quase completo do mercado na fase preparatória do contrato.[428] Entendemos que esta solução poderia ser maléfica, na medida em que o projeto seria uma

---

[428] Há sempre a consulta e a audiência pública que asseguram a participação, embora de forma bastante diversa daquela prevista no PMI.

construção, para reutilizar o termo, já cunhado, "autista" do Poder Público. Ou seja, poderia, por exemplo, não capturar as soluções tecnológicas mais modernas para a melhor prestação dos serviços públicos ou não ser aderente aos interesses do mercado. O segundo desafio seria encontrar consultorias devidamente qualificadas dispostas a internalizar o risco de ressarcimento.[429]

Por fim, cumpre registrar que, a depender de como venha a ser modelada a cisão, pode ser necessária a atuação do Poder Público como coordenador dos estudos,[430] e se o corpo técnico não for qualificado para tanto, as inconsistências ou incoerências do projeto podem ser graves e até insanáveis, levando à inviabilidade da licitação. É verdade que também esta função de consolidação dos estudos poderia ser delegada com sucesso; porém, se a intenção ao cindir estudos é evitar a contaminação indevida pelo mercado, a depender da escolha do coordenador o principal objetivo da cisão poderia ser prejudicado.

3.1.1.3 Outorga de autorização única no PMI

Uma outra alternativa para dar agilidade ao PMI festejada por parte dos estudiosos[431] do tema é a outorga de autorização

---

[429] Ressalva seja feita à contratação que se dê fazendo uso da linha de recursos do BNDES chamada FEP Pró Estruturação de Projetos, que retira das consultorias o risco de não reembolso dos estudos (sobre o tema, ver subcapítulo 3.4.1).

[430] "Nesse caso o Poder Público poderá encontrar dificuldades para conjugar todas as informações, mas, por outro lado, poderá se beneficiar com o grau de especialização dos dados apresentados e com a ampliação da participação de consultores que não integram consórcios formados especialmente para a estruturação de projetos de PPPs. Além disso, a segmentação do objeto do PMI pode permitir que o Poder Público exercite o controle sobre os diversos conflitos de escolha que poderão surgir ao longo da estruturação do projeto e que normalmente seriam unilateralmente resolvidos pelas estruturadoras dos projetos". BELEM, Bruno Moraes Faria Monteiro. O procedimento de manifestação de interesse como meio de participação do privado na estruturação de projetos de infraestrutura. *Fórum de Contratação e Gestão Pública* – FCGP, Belo Horizonte, ano 12, nº 135, mar. 2013.

[431] Como vimos no subcapítulo 3.1.1.2, entre os autores que defendem a autorização única como a melhor alternativa para o desenvolvimento do PMI estão: REIS, Tarcila; JORDÃO, Eduardo. A experiência brasileira de MIPS e PMIS: três dilemas da aproximação público-privada na concepção de projetos. In: JUSTEN FILHO, Marçal; SCHWIND, Rafael Wallback (Coords.). *Parcerias público-privadas*: reflexões sobre os 10 anos da Lei 11.079/2004. São Paulo: Revista dos Tribunais, 2015. p. 207-232. p. 222-223. GROTTI, Dinorá Adelaide Musetti; SAADI, Mário. O procedimento de manifestação de interesse. In: JUSTEN FILHO, Marçal; SCHWIND, Rafael Wallback (Coords.). *Parcerias público-privadas*: reflexões sobre os 10 anos da Lei 11.079/2004. São Paulo: Revista dos Tribunais, 2015. p. 153-176. p. 172.

única. Entendemos que esta opção, ao invés de diminuir o risco de contaminação indevida pelo mercado, pode potencializá-lo, na medida em que o Governo terá apenas um interlocutor proponente de alternativas e não poderá testar as ideias e as soluções que lhe forem ofertadas com demais interessados no projeto de forma detalhada, uma vez que estes poderão participar apenas das consultas públicas e, eventualmente, das audiências públicas e *roadshows*.

Como vimos no subcapítulo 2.1.7, houve uma tentativa, com a edição da efêmera MP nº 727/2016, para que a emissão de autorização única somente fosse dada àquele que renunciasse à possibilidade de atuar na licitação do empreendimento, ou de atuar como contratado do parceiro privado.

Embora a medida buscasse trazer neutralidade à modelagem de projeto, não impedia por completo a influência indesejada do Poder Concedente, já que poderiam surgir empresas fraudulentas que se apresentem como desinteressadas na futura licitação, mas na realidade já estivessem conluiadas com futuros interessados.

Portanto, vemos como verdadeiros mitigadores do risco de contaminação indevida das decisões administrativas aqueles decorrentes dos ingredientes mais simples: transparência, controle e capacitação técnica da Administração Pública. Menos simples é a dosagem destes ingredientes, especialmente quando há ampla margem de discricionariedade para o agente público e uma cultura de desconfiança do agente privado.

3.1.1.4 Institucionalização da participação: a adequada publicidade e formalização dos atos

A institucionalização da participação, traduzida na transparência dos atos e na formalização dos processos decisórios, diminui

---

BELSITO, Bruno Gazzaneo. *O procedimento de manifestação de interesse/PMI na estruturação de contrato de concessão*: exame crítico e proposta de aperfeiçoamento do instrumento no direito brasileiro. 2015. 319 f. Dissertação (Mestrado em Direito) – Faculdade de Direito, Universidade do Estado do Rio de Janeiro, Rio de Janeiro, 2015. p. 283.

as chances de "contaminação indevida" da Administração Pública também porque facilita o controle dos seus atos.

Nos PMI, isto se traduz em dar publicidade aos principais atos do procedimento, o que não se observa com frequência.[432] É dizer, a Administração deve disponibilizar: os pedidos de autorização que antecederam o chamamento público (quando for o caso); o chamamento público (também quando for o caso; na maioria das vezes, é); os pedidos de autorização; as negativas e as outorgas; os atos de prorrogações de prazos; os registros ou as atas das reuniões mantidas entre o Poder Público e os privados; os documentos solicitados pelo privado ao Poder Público para o desenvolvimento de estudos; os documentos produzidos pelos privados nos estudos; os pareceres técnicos da Administração sobre o projeto; o registro da consulta pública, da audiência pública, das manifestações dos órgãos de controle; as respostas oferecidas pelo Poder Público; o registro do lastro do apoio dado pelos privados para que o Poder Público formulasse suas respostas aos demais administrados na consulta e na audiência e aos órgãos de controle; o termo de recebimento dos estudos (provisório e final); o termo de encerramento do PMI com a fixação de valores para ressarcimento e indicação proporcional do aproveitamento dos estudos. Toda esta documentação é fundamental para construir um processo que permita não só um controle formal, mas também material das decisões administrativas no âmbito do PMI.

No caso das consultas públicas, o despacho motivado que informa sua realização deverá conter a indicação dos prazos, meios e formas para a apresentação das contribuições e questionamentos, bem como para o oferecimento de respostas pela Administração. A Lei de PPP também impõe que o chamamento informe (i) a

---

[432] "Nesse sentido, é possível ser categórico na afirmação de que o grau de transparência que cerca estes procedimentos [PMI] nos estados e municípios é extremamente baixo. Na União essa realidade é diferente, havendo um nível de visibilidade no uso desses instrumentos muito maior. Porém, no que toca aos procedimentos conduzidos pelos entes subnacionais, há uma flagrante tendência de que não sejam disponibilizadas informações sobre quem foram os participantes autorizados, os autores dos estudos selecionados, os responsáveis econômicos pelos estudos e os vencedores dos certames licitatórios. No máximo, essas informações são dispostas de modo desorganizado e, quando muito, divulgadas pro forma na imprensa oficial". BELSITO, Bruno Gazzaneo. *O procedimento de manifestação de interesse/ PMI na estruturação de contrato de concessão*: exame crítico e proposta de aperfeiçoamento do instrumento no direito brasileiro. 2015. 319 f. Dissertação (Mestrado em Direito) – Faculdade de Direito, Universidade do Estado do Rio de Janeiro, Rio de Janeiro, 2015. p. 254.

justificativa para a contratação, (ii) a identificação do objeto, (iii) o prazo de duração do contrato e (iv) seu valor estimado. Este despacho deve ser divulgado ao menos nos meios previstos em lei (publicação na imprensa oficial, em jornais de grande circulação e por meio eletrônico).

Como dissemos nos subcapítulos 2.2.4 e 2.3.5, é necessário, ainda, que a Administração disponibilize previamente e em tempo hábil os documentos que serão objeto da consulta ou da audiência, em linguagem adequada aos interessados, bem como os estudos, o material técnico e a análise de impacto regulatório, quando houver.

A audiência pública, por sua vez, deverá ser divulgada no mínimo nos mesmos meios previstos para dar publicidade ao edital de licitação da PPP. Embora não exista previsão legal, entendemos que a convocação para as audiências pode conter o mesmo teor do despacho para a convocação das consultas públicas.

Não vemos em relação aos *roadshows* a mesma necessidade de publicar os convites na imprensa oficial, em jornais de grande circulação ou por meio eletrônico, especialmente nos casos em que a Administração selecionar, a partir de critérios objetivos, apenas alguns potenciais licitantes para apresentar o projeto de PPP. A publicidade pode, neste caso, ser destinada ao grupo que se pretende ver atingido.

Por força do artigo 34, da Lei de Processo Administrativo, a Administração deverá divulgar os resultados da consulta pública, da audiência pública, do *roadshow* e de outros meios de participação de administrados, com a indicação do procedimento adotado. A sistematização das contribuições ou pedidos de esclarecimentos recebidos deve vir acompanhada da resposta fundamentada da Administração Pública em relação a cada uma das provocações. No caso de acolhimento ou rejeição de sugestões, a Administração deve explicar por que e como a contribuição afetou ou não a decisão do Estado.

A motivação dos atos da Administração deve ser pública e deve se dar no sentido apresentado por Carlos Ari Sundfeld:

> Motivar é um modo de dialogar. Não é a simples explicação formal das razões que levaram a decidir. Quando a autoridade decide, ela é obrigada a dialogar com tudo que se passou no processo. Daí a

necessidade de relatar o processo, percorrer metodicamente suas várias fases. Não se trata necessariamente de atender as razões das partes, mas de dialogar com elas, de responder a seus argumentos.[433]

Ademais, a publicidade dos atos só deverá ser considerada realizada se for eficaz. Projetos da monta de uma PPP, especialmente quando desenvolvidos num contexto de experimentação do PMI, requerem mais atenção na publicidade.

Neste sentido, louvável a iniciativa de alguns governos que criam *websites* ou páginas específicas dentro dos *websites* de seus órgãos destinados apenas a sistematizar os dados relativos às concessões de grande impacto e seus respectivos processos de idealização. Há, ainda, os que adotam as páginas de redes sociais para divulgar seus projetos. Entretanto, nem sempre a criação de um *website* para PPP será a melhor alternativa para dar publicidade aos atos, da mesma forma que nem sempre a simples publicação no diário oficial e o arquivamento serão ineficazes para dar publicidade ao processo administrativo. Redes sociais, por suas vezes, podem se revelar instrumentos eficientes e inovadores para aproximar o administrado da Administração, mas certamente não serão o melhor sistema para armazenamento de dados sobre o projeto. Portanto, há que se analisar caso a caso, ponderando as necessidades e as possibilidades locais, para conferir a publicidade aos atos e aos dados da forma mais eficiente possível.

3.1.1.5 Capacitação do corpo técnico da Administração Pública

Para mitigar o risco de contaminação indevida das decisões administrativas, decorrente da desigualdade de conhecimento das

---

[433] SUNDFELD, Carlos Ari. Processo administrativo: um diálogo necessário entre o Estado e cidadão. *Revista de Direito Administrativo & Constitucional* – A&C, Belo Horizonte, nº 23, p. 39-51, 2006. No mesmo sentido, Marcos Augusto Perez assinala: "A Administração tem o dever de documentar todas as consultas e responde-las publicamente, antes de tomar sua decisão final, de modo a instruir e fundamentar o processo decisório". PEREZ, Marcos Augusto. *A administração pública democrática*: institutos de participação popular na administração pública. Belo Horizonte: Fórum, 2004. p. 177.

informações sobre o mercado, é fundamental o investimento na capacitação técnica do corpo público para analisar as contribuições dos administrados, sejam elas provenientes do PMI, das consultas públicas, das audiências públicas, dos *roadshows* ou de outros mecanismos de participação que possam ser instaurados para garantir a participação dos administrados.

Afinal, como destaca Bruno Gazzaneo Belsito:

(...) o risco de captura é ainda mais pronunciado num contexto de limitações técnicas e institucionais do ente público, que repercutem negativamente na capacidade de diligenciar se a participação privada e os insumos fornecidos estão adequados à boa técnica e ao interesse público perseguidos.[434]

Os agentes públicos devem ser suficientemente capacitados e estar devidamente instrumentalizados para analisar criticamente as sugestões que receberem e para travar um diálogo técnico com os privados. Desta forma, será possível identificar, se for o caso, a presença de diretrizes nos estudos decorrentes de interesses que não atendam aos objetivos da PPP.

3.1.1.6 Canais de denúncia e monitoramento das licitações

Outra sugestão de mitigador de risco de contaminação indevida pelo mercado, embora mais associada ao risco de corrupção propriamente dito, é a que vem inspirada no Livro Verde Sobre a Modernização da Política de Contratos Públicos da União Europeia.[435] Consiste na criação de canais específicos para denúncia anônima de corrupção. Estes canais podem ser divulgados junto

---

[434] BELSITO, Bruno Gazzaneo. *O procedimento de manifestação de interesse/PMI na estruturação de contrato de concessão*: exame crítico e proposta de aperfeiçoamento do instrumento no direito brasileiro. 2015. 319 f. Dissertação (Mestrado em Direito) – Faculdade de Direito, Universidade do Estado do Rio de Janeiro, Rio de Janeiro, 2015. p. 237.

[435] UNIÃO EUROPEIA. Comissão Europeia. *Livro verde*: sobre a modernização da política de contratos públicos da UE Para um mercado dos contratos públicos mais eficiente na Europa. Disponível em: <http://www.infoeuropa.eurocid.pt/registo/000046969/>. Acesso em: 22 nov. 2015.

com o chamamento público do PMI, ou com convites para *roadshow*, consulta e audiência pública e até com o edital de concessão. Referido livro também sugere que se cogite "(...) a utilização de monitores externos (nomeadamente peritos governamentais, ONG, etc. (...))" para "(...) acrescentar valor aos instrumentos de controlo interno na avaliação do desempenho das empresas contratantes e na detecção e comunicação de casos suspeitos".[436]

No sistema jurídico brasileiro, os Tribunais de Contas cumprem, por força do artigo 113, parágrafo 2º, da Lei nº 8.666/1993, o papel de fiscalização prévia dos contratos de PPP. *In litteris*:

> Art. 113. O controle das despesas decorrentes dos contratos e demais instrumentos regidos por esta Lei será feito pelo Tribunal de Contas competente, na forma da legislação pertinente, ficando os órgãos interessados da Administração responsáveis pela demonstração da legalidade e regularidade da despesa e execução, nos termos da Constituição e sem prejuízo do sistema de controle interno nela previsto.
> §2º Os Tribunais de Contas e os órgãos integrantes do sistema de controle interno poderão solicitar para exame, até o dia útil imediatamente anterior à data de recebimento das propostas, cópia de edital de licitação já publicado, obrigando-se os órgãos ou entidades da Administração interessada à adoção de medidas corretivas pertinentes que, em função deste exame, forem-lhe determinadas.

Como salientam Benjamin Zymler e Guilherme Henrique de La Rocque Almeida:

> (...) questão interessante trazida pelo §2º do art. 113 da Lei de Licitações diz respeito à abordagem amostral que deve permear o controle das licitações e contratos. É de notar que tal dispositivo não fala em amostra, o que poderia levar à crença de que a Administração estaria compelida a enviar aos órgãos de controle todos os editais de licitações por ela promovidas. No entanto, a intelecção mais adequada deste dispositivo é a de que a sua aplicação traz a lume o controle amostral, sob pena de se ferir o princípio da razoabilidade.[437]

---

[436] UNIÃO EUROPEIA. Comissão Europeia. *Livro verde*: sobre a modernização da política de contratos públicos da UE Para um mercado dos contratos públicos mais eficiente na Europa. Disponível em: <http://www.infoeuropa.eurocid.pt/registo/000046969/>. Acesso em: 22 nov. 2015. p. 55.
[437] ZYMLER, Benjamin; ALMEIDA, Guilherme Henrique de La Rocque. *O controle externo das concessões de serviço públicos e das parcerias público-privadas*. 2. ed. Belo Horizonte: Fórum, 2008. p. 123.

Ainda em atenção às sugestões presentes no Livro Verde Sobre a Modernização da Política de Contratos Públicos da União Europeia,[438] destaca-se que, embora o referido artigo 113 da Lei nº 8.666/1993 preveja, no seu parágrafo 1º, que "Qualquer licitante, contratado ou pessoa física ou jurídica poderá representar ao Tribunal de Contas ou aos órgãos integrantes do sistema de controle interno contra irregularidades na aplicação desta Lei, para os fins do disposto neste artigo", é rara a presença de terceiros externos ao corpo público, tais quais as ONG, na fiscalização de processos de concessão.

3.2 Risco de inutilização de estudos produzidos no PMI por falhas de coordenação

A concepção de uma boa parceria público-privada exige planejamento. Ainda que o Poder Público possa contar com o apoio dos melhores técnicos do mercado para trabalhar no que se convencionou chamar de "modelagem do projeto", é o Governo que deve ser o articulador do processo.

O sucesso da parceria depende do envolvimento de diversos atores, tais como as secretarias de governo, os órgãos de controle, a procuradoria, os consultores contratados e os usuários do serviço público. Para ficar em poucos exemplos, vale lembrar que um projeto não pode ser licitado sem a aprovação do ordenador de despesas, sem o parecer do corpo jurídico do ente licitante e sem a realização de consultas públicas. Portanto, as etapas impostas pela legislação para a aprovação do projeto devem ser mapeadas e observadas pelas autoridades públicas.

Ademais, mesmo quando a modelagem é feita via PMI, não se imagina que o desenho do projeto se dê sem interação com o Poder Público. Há reuniões, trocas de *e-mails*, de materiais, de

---

[438] UNIÃO EUROPEIA. Comissão Europeia. *Livro verde*: sobre a modernização da política de contratos públicos da UE Para um mercado dos contratos públicos mais eficiente na Europa. Disponível em: <http://www.infoeuropa.eurocid.pt/registo/000046969/>. Acesso em: 22 nov. 2015.

ideias, tomadas de decisões em conjunto. Há ocupação do tempo e dos recursos de parte a parte.[439] Portanto, a desistência do projeto ou o seu baixo aproveitamento por falhas de coordenação também resultam em desperdício de dinheiro público.

As falhas de coordenação do processo de elaboração de contratos públicos, além de facilitar a ocorrência de deficiências de análise, podem levar à completa inutilização dos projetos propostos, implicam desperdício do erário e quebra de confiança. Neste sentido, Vera Monteiro adverte que

> *É lenda imaginar que a manifestação de interesse reduz o trabalho estatal, pois traria "pronto" o modelo de negócio, as minutas de edital e de contrato, e eventual licença ambiental, se for o caso.* Primero, porque, por mais interessante que seja o projeto, o particular não conhece as contas públicas, de modo que as preocupações de caráter fiscal (art. 10, Lei 11.079/2004) precisarão ser elaboradas e justificadas. Na prática, os interessados apresentam um "rascunho de projeto", inclusive por conta dos altos custos envolvidos na sua elaboração. *Não é exagerado afirmar que qualquer projeto de PPP minimamente estruturado deve começar com uma análise financeira da oposta e a sua compatibilidade com a capacidade pública de dar-lhe andamento, e isto depende do envolvimento do órgão público interessado.*[440] [441]

É preciso refletir, portanto, em formas de melhor planejar as ações governamentais ligadas à estruturação de projeto. E muitos órgãos públicos já estão se mobilizando para isto. Há tentativas que passam pela criação de manuais de PPP, de banco de dados, de oferta de cursos de capacitação a gestores públicos e vão até a contratação de consultorias externas para a análise dos projetos recebidos em PMI.

---

[439] "O PMI também consome um volume muito considerável de recursos públicos, tanto na interação mantida durante o procedimento com vários agentes privados, como na etapa posterior, quando ocorre a avaliação, a seleção e a conversão das diversas contribuições providas numa versão final que seja realmente uniforme e coerente". BELSITO, Bruno Gazzaneo. *O procedimento de manifestação de interesse/PMI na estruturação de contrato de concessão*: exame crítico e proposta de aperfeiçoamento do instrumento no direito brasileiro. 2015. 319 f. Dissertação (Mestrado em Direito) – Faculdade de Direito, Universidade do Estado do Rio de Janeiro, Rio de Janeiro, 2015. p. 243.
[440] MONTEIRO, Vera. Três anos da Lei de Parceria Público-Privada. In: SOUZA, Mariana Campos de. (Coord.). *Parceria público-privada*: aspectos jurídicos relevantes. São Paulo: Quartier Latin, 2008. p. 226-256. p. 245. Destacamos.
[441] Note que a autora atribui à "manifestação de interesse" o mesmo sentido que emprestamos à expressão PMI.

3.2.1 Notas sobre possíveis mitigadores

3.2.1.1 Criação de manuais de PPP e catalogação de experiências

Os manuais de PPP, criados por alguns entes[442] com a expectativa de orientar a elaboração de contratação de PPP, devem ser vistos com especial cautela. A depender de como são elaborados, em vez de ser instrumento de apoio para o gestor público alcançar as melhores soluções, podem criar amarras por meio das chamadas "melhores práticas", limitando o alcance das parcerias.[443]

De outro lado, a fixação de metodologia para o desenvolvimento dos estudos pode imprimir eficiência à atuação administrativa. Muitas vezes a prévia fixação de um fluxograma que traduza as especificações legais, explicitando as etapas necessárias para a aprovação do projeto, os órgãos consultivos e deliberativos envolvidos, os prazos mínimos e máximos para obtenção das aprovações, as condições para a realização das consultas e audiência, etc. pode ajudar o gestor a coordenar os esforços necessários para levar o projeto à licitação.

Outra medida que nos parece absolutamente útil é a *catalogação de experiências anteriores* em um banco de dados funcional e completo. A sistematização do conhecimento, desafio há muito presente na história da humanidade, confere grandes benefícios aos atores envolvidos no processo de contratação.

Conhecer o processo de tomada de decisões muitas vezes é mais importante do que ter notícia da decisão tomada no caso concreto. Portanto, os registros dos editais, dos contratos e dos seus anexos são extremamente úteis, mas não suficientes se o

---

[442] Citamos, como exemplos, os estados do Amazonas, de Minas Gerais, de São Paulo e do Rio de Janeiro.

[443] Os inúmeros exemplos relativos à manualização de processos de tomada de decisões que poderiam ser utilizados e discutidos não caberiam na fronteira deste trabalho, de modo que deixamos apenas registradas as nossas impressões mais genéricas sobre essa alternativa que vem sendo adotada por alguns estados e municípios.

objetivo é realmente capacitar os gestores e dar transparência ao processo.

É importante também publicizar os editais e os contratos que foram e os que não foram aprovados pelos órgãos de controle; quais cláusulas foram revistas, quais decisões foram vetadas. Todas estas informações, se disponíveis, não só contribuem para a diminuição das falhas de coordenação, como deixam os agentes públicos menos vulneráveis à contaminação indevida pelos interesses do mercado.

PPP são contratações bastante custosas e realizadas somente para projetos de grande vulto. Não nos parece descabida a ideia de sistematizar adequadamente as informações a elas relativas em um *website*, deixando as informações de fácil acesso aos interessados, sejam eles agentes públicos, sejam agentes privados. Alguns estados e municípios já tiveram essa iniciativa. Isto pode estar, inclusive, contemplado no custo do projeto.

3.2.1.2 Capacitação do corpo técnico da Administração Pública

Vimos que a capacitação do corpo técnico da Administração Pública é uma das formas de mitigar o risco de contaminação indevida pelo mercado, na medida em que o domínio de informações sobre o mercado detido pelas partes tende a se tornar menos desigual. Outra externalidade positiva da capacitação é diminuir a possibilidade de estudos não serem utilizados por falhas de coordenação, uma vez que servidores habituados com a dinâmica de interação entre o Poder Público e os consultores e com o fluxograma de aprovação de um projeto de PPP, certamente estarão mais aptos a organizar a modelagem dos estudos.

Especificamente em relação ao PMI, Flávio Amaral Garcia assinala que:

> (...) a PMI traz a possibilidade de se reforçar o dever do Estado de investidor na sua capacidade de gestão. De forma alguma a utilização da MIP pode levar à conclusão de que a Administração não precisa de técnicos capacitados. Ao contrário, com esta nova formatação, é

mais importante que a Administração invista na estrutura de projetos técnicos qualificados, sob pena de risco de captura pelo parceiro privado.[444]

Parece-nos que a Lei nº 13.334/2016, atentou para a necessidade de se melhor coordenar os projetos de PPP. Diz-se isto por conta da criação do Conselho de Programas de Parcerias de Investimentos, que (i) passou a exercer as atribuições do (i.a) Conselho Nacional de Integração de Políticas de Transporte, (i.b) do Conselho Nacional de Desestatização e (i.c) do órgão gestor de PPP federais, previsto na Lei nº 11.079/04 e (ii) "(...) terá como principal objetivo coordenar e integrar as ações de Governo referentes aos empreendimentos públicos de infraestrutura com participação privada (...), inclusive auxiliando os entes subnacionais no planejamento regional".[445]

Portanto, a depender da integração avençada entre o Conselho federal e os entes subnacionais, as iniciativas podem contribuir para a melhoria da capacitação técnica do corpo da Administração Pública e, consequentemente, para a melhoria da coordenação dos estudos de projetos, inclusive daqueles voltados ao desenvolvimento de PPP, nos diferentes níveis federativos.

A capacitação técnica, não há dúvidas, é fundamental para o sucesso das PPP, mas não podemos olvidar que os princípios da boa-fé e da cooperação mútua também devem reger o PMI, pois adubar a ideia de que o privado é um inimigo a ser combatido[446]

---

[444] GARCIA, Flávio Amaral. A participação do mercado na definição do objeto das parcerias público-privadas: o procedimento de manifestação de interesse. *Revista de Direito Público da Economia* – RDPE, Belo Horizonte, ano 11, nº 42, abr./jun. 2013. p. 8-9. Na mesma linha, ver LIMA, Mário Marco Saadi. *O procedimento de manifestação de interesse à luz do ordenamento jurídico brasileiro*. Belo Horizonte: Fórum, 2015. p. 198-201.

[445] V. exposição de motivos da Medida Provisória que antecedeu a edição da Lei nº 13.334/2016. Disponível em: <http://www.planalto.gov.br/CCIVIL_03/_Ato2015-2018/2016/Exm/Exm-MP-727-16.pdf>. Acesso em: 28 mai. 2016.

[446] Precisas as colocações de Caio de Souza Loureiro: "Contudo, a convivência entre particulares, sobretudo empresas, e a Administração Pública brasileira tem desvelado uma política subliminar de supressão de direitos e garantias do administrado. Pior, *estimula-se a crença de que aquele que faz negócios com a administração é um inimigo a ser combatido*. Criou-se, então, algo como um 'direito administrativo do inimigo', no qual a premissa é a de que o administrado está sempre lesando o interesse público. Nas discussões envolvendo direitos do administrado, vige uma perigosa postura beligerante da administração, que

não contribui para o aperfeiçoamento do procedimento, afinal, como bem assinala Gustavo Henrique Carvalho Schiefler, um outro risco do PMI é o de agravamento da cultura de desconfiança dos particulares, do império do medo sobre os agentes públicos e do fomento ao controle obsessivo e excessivo.[447]

3.3 Indefinição da melhor proposta no âmbito do PMI

Não são somente as falhas de coordenação que podem levar à inutilização dos estudos produzidos em um PMI. Mesmo após a eficiente condução da etapa de elaboração dos estudos, a escolha pela melhor proposta pode se mostrar uma tarefa paralisante para o Poder Público.

Afinal, por mais que um projeto seja elaborado com o auxílio da iniciativa privada e sob sua influência, as decisões finais, sabemos, hão de ser da Administração. Neste sentido, Floriano de Azevedo Marques Neto reforça que:

> O poder de decisão, a capacidade de escolha remanesce com o Estado e segue devendo ser pautada pelo interesse de toda a coletividade. Porém, isto não implica dizer que o poder público deve ditar, unilateral e exclusivamente, como ser-lhe-ão providas as necessidades de bens e serviços para toda a coletividade.[448]

---

se propaga também nos órgãos de controle e no Ministério Público. É preciso repensar a noção maniqueísta da relação público e privado. Há, sim, empresas que buscam vantagens indevidas nessa relação. Mas é cada vez maior a preocupação de tantas outras com condutas sérias. O pior desestímulo a este grupo é tratar todas elas como potenciais inimigos da sociedade". LOUREIRO, Caio de Souza. *O direito administrativo do inimigo*. Disponível em: <http://www.migalhas.com.br/ dePeso/16,MI202207,31047-O+direito+adm inistrativo+do+inimigo>. Acesso em: 22 de nov. 2015. Destacamos.

[447] SCHIEFLER, Gustavo Henrique Carvalho. *Procedimento de manifestação de interesse (PMI)*: solicitação e apresentação de estudos e projetos para a estruturação de concessões comuns e parcerias público-privadas. 2013. 500 f. Dissertação (Mestrado em Direito) – Centro de Ciências Jurídicas, Programa de Pós-Graduação em Direito, Universidade Federal de Santa Catarina, Florianópolis, 2013. p. 219 e seguintes e p. 233-242.

[448] MARQUES NETO, Floriano de Azevedo. Reajuste e revisão nas parcerias público-privadas revisitando o risco nos contratos de delegação. In: SOUZA, Mariana Campos de. (Org.). *Parceria público-privada*. São Paulo: Quartier Latin, 2008. p. 53-85. p. 65, No mesmo sentido, precisas as colocações de Lívia Wanderley de Barros Maia Vieira e Rafael Roque Garofano sobre as lições de Vasco Pereira da Silva: "O ato decisório e final de contratação,

De fato, são muitas as barreiras encontradas para a escolha do projeto de PPP, como bem assinala Vera Monteiro,[449] mas elas não são intransponíveis, especialmente se o Poder Público contar com (i) técnicos aptos a (i.a) identificar as melhores propostas para motivar adequadamente as escolhas públicas e (i.b) dialogar com os consultores externos para explicar tais escolhas, verificar se elas podem ser incorporadas sem causar distorções indesejáveis na concepção original do projeto e solicitar adaptações nos produtos previamente entregues, quando for o caso; (ii) a possibilidade de revisar os prazos e os valores estipulados inicialmente no chamamento público para a entrega dos estudos, no caso de se fazerem necessárias adaptações significativas e; (iii) mecanismos que confiram transparência às decisões, evitando uma desconstrução posterior do modelo escolhido, especialmente pelos órgãos de controle.

De mais a mais, a recente Lei nº 13.655/2018, que buscou consagrar "(...) novos princípios gerais a serem observados pelas

---

embora mais participativo, deve continuar sendo privativo da autoridade administrativa competente, pois a processualidade administrativa na etapa pré-contratual não deve tornar o ato administrativo necessariamente dependente do consenso, mas sim deve passar a legitimá-lo por meio da participação dos interessados, como bem salienta Vasco Pereira da Silva: '(...) a participação no procedimento, num Estado democrático de Direito, não deve significar que as decisões tenham de ser sempre forçosamente consensuais ou (muito menos) compromissórias, ou que à Administração não continue a caber a responsabilidade última pela decisão tomada. Antes, deve significar que a Administração tem de fazer as suas escolhas, ponderando as posições dos privados e que deve procurar a sua colaboração no exercício da actividade administrativa. A participação no procedimento deve, pois, ter por limite a responsabilidade pelas decisões tomadas, e a legitimação resultante do procedimento deve acrescer – sem se substituir – à legitimação constitucional da Administração.'". VIEIRA, Livia Wanderley de Barros Maia; GAROFANO, Rafael Roque. Procedimentos de manifestação de interesse (PMI) e de propostas não solicitadas (PNS): os riscos e os desafios da contratação na sequência de cooperação da iniciativa privada. *Revista Brasileira de Infraestrutura* – RBINF, Belo Horizonte, ano 1, nº 2, p. 183-211, jul./dez. 2012. p. 15.

[449] A autora registra que uma das dificuldades no uso do PMI "(...) está relacionada ao fato de que vários interessados podem apresentar propostas significativamente diferentes entre si. Neste caso, quais são as regras que ajudarão na escolha da melhor proposta? Em geral, não há *uma* melhor, mas idéias nos vários projetos que, compostas, formam uma terceira proposta. Como garantir isonomia e transparência nessa análise? Quais os critérios para ressarcimento das idéias acolhidas?". MONTEIRO, Vera. Três anos da Lei de Parceria Público-Privada. In: SOUZA, Mariana Campos de. (Coord.). *Parceria público-privada*: aspectos jurídicos relevantes. São Paulo: Quartier Latin, 2008. p. 226-256. p. 246. Destaque original.

autoridades nas decisões baseadas em normas indeterminadas",[450] determinou o seguinte:

Art. 22. Na interpretação de normas sobre gestão pública, serão considerados os obstáculos e as dificuldades reais do gestor e as exigências das políticas públicas a seu cargo, sem prejuízo dos direitos dos administrados.

§1º *Em decisão* sobre regularidade de conduta ou validade de ato, contrato, ajuste, processo ou norma administrativa, *serão consideradas as circunstâncias práticas que houverem imposto, limitado ou condicionado a ação do agente*. (Destacamos).

A parceria público-privada, sabemos, é uma das alternativas para concretizar políticas públicas, e as decisões dos agentes durante a modelagem do projeto são condicionadas não só pelos direitos dos administrados, mas também pelas limitações fáticas e políticas. Portanto, razoável que o controle sobre a ação dos gestores públicos seja feito não tendo em vista o que seria uma ação ideal, mas sim considerando o contexto no qual a decisão foi tomada.

Se, de um lado, o novo diploma busca respaldar a atuação do agente público, sugerindo um olhar mais realista sobre o controle dos seus atos, de outro ele reforça a responsabilidade que os agentes públicos devem ter sobre suas ações, prevendo, no art. 28, que os mesmos responderão pessoalmente por dolo ou erro grosseiro.[451]

Portanto, no planejamento, deve estar computado o adequado tempo para análise dos estudos – é preciso que a Administração

---

[450] Também nos termos da justificação disponível em: <http://www.senado.leg.br/atividade/rotinas/ materia/getPDF.asp?t=167854&tp=1>. Acesso em: 2 jan. 2016.

[451] Foram vetadas duas previsões constantes do projeto de lei que conferiam mais segurança jurídica e conforto para que o gestor público atuasse. São elas: "§1º Não se considera erro grosseiro a decisão ou opinião baseada em jurisprudência ou doutrina, ainda que não pacificadas, em orientação geral ou, ainda, em interpretação razoável, mesmo que não venha a ser posteriormente aceita por órgãos de controle ou judiciais.. e §2º O agente público que tiver de se defender, em qualquer esfera, por ato ou conduta praticada no exercício regular de suas competências e em observância ao interesse geral terá direito ao apoio da entidade, inclusive nas despesas com a defesa". Ou seja, (i) decisões e opiniões bem fundamentadas, ainda que não pacíficas, não deveriam, por previsão legal (tivesse o texto sido integralmente aprovado), gerar responsabilização e (ii) o agente teria o apoio da entidade, inclusive nas despesas com a sua defesa, caso seus atos viessem a ser questionados.

fundamente adequadamente não só a escolha por um projeto, mas também as decisões de rejeição de projetos, detalhando com o máximo de rigor possível os motivos pelos quais não os considerou adequados para alcançar as finalidades públicas envolvidas na contratação.

Neste sentido, Lívia Wanderley de Barros Maia Vieira e Rafael Roque Garofano destacam a importância de uma decisão administrativa minuciosa:

> (...) a redução do tempo ou mesmo de custos não pode ser apontada como vantagem ou como causa de surgimento das manifestações de interesse, como fazem alguns governos com o objetivo de conceder determinado serviço público dentro do mandato e com isto criar condições políticas para a sua reeleição. *Ao contrário do que pode parecer, a decisão final, agora, deverá apresentar um nível de motivação maior e, portanto, deverá ser de melhor qualidade, o que poderá inclusive demandar maior tempo para a sua definição.*[452]

Como dissemos no subcapítulo 3.1.1.4, é fundamental também que o processo decisório esteja devidamente registrado nos autos do processo administrativo, e que a este seja dada a devida publicidade. Especialmente no que diz respeito à escolha da melhor proposta, há de se disponibilizar a documentação fornecida pelo Poder Público relativa ao objeto a ser concedido, os estudos entregues, as atas de reuniões mantidas entre os interessados autorizados sempre que elas forem relevantes para o direcionamento ou para a justificativa das escolhas, os relatórios técnicos produzidos pela Administração, as manifestações dos demais administrados (que participaram na consulta pública e, eventualmente, na audiência pública e no *roadshows* ou em outras sessões públicas) e dos órgãos de controle e as respostas conferidas pela Administração.

Superada a etapa da escolha da melhor – ou das melhores – proposta, o Poder Concedente encarará mais um desafio, que é a definição dos valores do eventual reembolso, tema do subcapítulo 3.4.2.

---

[452] VIEIRA, Livia Wanderley de Barros Maia; GAROFANO, Rafael Roque. Procedimentos de manifestação de interesse (PMI) e de propostas não solicitadas (PNS): os riscos e os desafios da contratação na sequência de cooperação da iniciativa privada. Revista Brasileira de Infraestrutura – RBINF, Belo Horizonte, ano 1, nº 2, p. 183-211, jul./dez. 2012. p. 208. Destacamos.

3.3.1 Nota sobre possíveis mitigadores: contratação de consultorias externas

Cogita-se a *contratação de consultorias externas* para a análise de projetos como uma das alternativas para trazer eficiências aos processos de contratação de PPP. Neste sentido, Vera Monteiro observa que:

> Na prática, casos de sucesso contam com um seguinte conjunto de características: o órgão, além de já possuir alguma *expertise* no assunto cujo projeto está sendo proposto para ser contratado por meio de PPP, precisa contar com uma consultoria técnica capaz de ajudá-lo na justificativa das escolhas relacionadas ao projeto.[453]

Para nós, nem sempre a consultoria técnica terá lugar na avaliação de projetos. Embora seja raro, algumas vezes os governos possuem equipes com acúmulo de experiência tal em concessões que permitem escrutínio adequado de novos projetos apresentados em sede de PMI.

Ademais, como recorda Bruno Gazzaneo Belsito, um dos desafios da contratação da consultoria externa diz com:

> (...) o fato de que o vínculo jurídico que permite a participação destes profissionais e empresas que irão complementar a capacidade operativa e técnica do ente público se dá por meio de contratações administrativas, disciplinadas pela Lei nº 8.666/93.[454]

Portanto, há que se avaliar se a contratação de consultoria externa para a avaliação do projeto é necessária. Muitas vezes ela será. Nestes casos, uma vez mais, faz-se necessário o adequado

---

[453] MONTEIRO, Vera. Três anos da Lei de Parceria Público-Privada. In: SOUZA, Mariana Campos de. (Coord.). *Parceria público-privada*: aspectos jurídicos relevantes. São Paulo: Quartier Latin, 2008. p. 226-256. p. 246.

[454] BELSITO, Bruno Gazzaneo. *O procedimento de manifestação de interesse/PMI na estruturação de contrato de concessão*: exame crítico e proposta de aperfeiçoamento do instrumento no direito brasileiro. 2015. 319 f. Dissertação (Mestrado em Direito) – Faculdade de Direito, Universidade do Estado do Rio de Janeiro, Rio de Janeiro, 2015. p. 56. O autor discorre também sobre a dificuldade de se selecionar, por meio de licitações regidas pela Lei nº 8.666/1993, especialistas devidamente qualificados.

planejamento da contratação pública, que possui seu ritmo próprio, para que os assessores externos estejam de prontidão quando da entrega dos estudos do PMI, evitando, assim, mudanças de cenário que invariavelmente ocorrem com o passar do tempo e acabam por exigir alterações nos projetos.

3.4 Risco de não ressarcimento no âmbito do PMI

3.4.1 Decorrente da alteração no modelo da contratação

Os estudos, vimos, podem ser simplesmente inutilizados por falhas de coordenação ou pela dificuldade na definição da melhor proposta para realizar uma PPP, mas pode ocorrer que "(...) um determinado projeto que tenha sido concebido inicialmente como uma PPP acabe se mostrando viável e mais oportuno como uma concessão comum, a partir da evolução dos estudos de viabilidade".[455]

Também é possível, embora improvável, que um projeto inicialmente concebido como PPP venha a ser utilizado em uma contratação por empreitada.[456] Neste caso, em razão da vedação existente no artigo 9º da Lei nº 8.666/1993, a empresa eventualmente responsável pela elaboração dos estudos não poderá participar da licitação. Ademais, seu estudo só poderá ser utilizado pela Administração caso a empresa realize uma doação ou caso a Administração proceda ao reembolso dos dispêndios.

Para este risco empresarial, não há mitigador. Afinal, se um projeto inicialmente concebido como PPP mostra-se mais viável

---

[455] LOUREIRO, Caio de Souza. *Procedimento de manifestação de interesse (PMI)*: avanços e necessidades. Disponível em: <http://www.migalhas.com.br/dePeso/16,MI148799,61044-Procedimento+de+manifestacao+de+interesse+PMI+avancos+e+necessidades>. Acesso em: 23 nov. 2015.

[456] A preocupação é aventada por BELEM, Bruno Moraes Faria Monteiro. O procedimento de manifestação de interesse como meio de participação do privado na estruturação de projetos de infraestrutura. *Fórum de Contratação e Gestão Pública* – FCGP, Belo Horizonte, ano 12, nº 135, mar. 2013.

como uma concessão comum ou como uma empreitada, cabe à Administração optar pela forma mais eficiente de contratação.

Entretanto, como dissemos no subcapítulo 2.1.9, atualmente é disponibilizada pelo BNDES uma linha de recursos não reembolsáveis destinada à preparação de projetos de infraestrutura que busca justamente mitigar este risco. Porém, empresas interessadas em participar da licitação não podem ser tomadoras desta linha de recursos, de modo que, para elas, o risco de não obtenção do ressarcimento permanece.

3.4.2 Decorrente das dificuldades na fixação adequada do valor do ressarcimento dos estudos desenvolvidos em PMI

Em verdade, há dois momentos em que a definição do valor dos estudos constitui desafio. O primeiro se dá na própria emissão de autorização ou na publicação do chamamento público. O segundo, no momento de aceite dos estudos e de definição do seu valor de reembolso.

No primeiro momento, o Poder Público precisa estabelecer um teto, indicando o limite global máximo a ser ressarcido ou os limites por área de estudos exigidos. Isto pode ser feito por meio da indicação de um percentual correspondente,[457] por exemplo, aos investimentos necessários à implementação do empreendimento, ou por meio da fixação de um valor nominal fundado em outro critério razoável. O próprio chamamento público também pode apresentar o valor global para ressarcimento e solicitar que os interessados especifiquem o custo proporcional ao desenvolvimento de uma das frentes de estudo. A escolha dependerá do que estiver disposto na norma regulamentadora do PMI, quando ela existir, ou na decisão devidamente motivada do agente público.

---

[457] TCU. Acórdão nº 1.155/2014, nos autos do TC nº 012.687/2013-8. Plenário. Relator: ministro Weder de Oliveira. Sessão de 7 de maio de 2014. Disponível em: <http://www.tcu.gov.br/Consultas/Juris/Docs/judoc/Acord/20140522/AC_1155_15_14_P.doc.>. Acesso em: 10 dez. 2015. p. 81.

No âmbito federal, note-se que o ministro Benjamin Zymler, no voto proferido no Acórdão nº 1.155/2014, anotou que:

> (...) o valor máximo para eventual ressarcimento pelos projetos, estudos, levantamentos ou investigações não poderá ultrapassar dois e meio por cento do valor total estimado dos investimentos necessários à implementação da respectiva parceria público-privada. Em caráter excepcional, este valor poderá ser alterado (...)

O limite aduzido pelo ministro foi reproduzido no decreto federal vigente. Embora aplicável apenas à esfera federal, em que justamente as experiências em PMI são raras, a tendência é que esse parâmetro venha a ser reproduzido pelos outros entes.

No segundo momento – é dizer, no ato formal de aceite dos estudos –, o Poder Público precisará indicar o valor a ser ressarcido, já que o aproveitamento pode ser parcial e nem sempre um só autorizado fará jus a todo o valor de ressarcimento.

Caso a Administração tenha optado, no chamamento público ou na autorização, por indicar um valor global dos estudos e o aproveitamento se dê de forma parcial, caberá ao gestor fundamentar a fixação da proporção devida a cada um dos estudos. Quando não houver óbice na regulamentação, entendemos que, para concluir quais são os valores devidos, a Administração deve contar com o apoio do privado, especialmente para mitigar o risco de judicialização. Fundamental, naturalmente, que a Administração ateste a coerência dos valores apresentados pelos autorizados.[458]

Caso a Administração já tenha discriminado no chamamento ou na autorização os valores proporcionais, a equação tende a ser mais fácil. Isto vale também na hipótese de ter sido solicitado

---

[458] "A Administração Pública poderá deixar a critério dos interessados a definição dos valores a serem considerados para o ressarcimento. Para que não seja definido de maneira desproporcional, poderá solicitar a comprovação de todos os itens e respectivos custos, que compuseram as atividades para a estruturação da concessão. Aspectos considerados irrelevantes ou com comprovação inadequada poderiam ser glosados, mediante a realização de auditoria da documentação apresentada". GROTTI, Dinorá Adelaide Musetti; SAADI, Mário. O procedimento de manifestação de interesse. In: JUSTEN FILHO, Marçal; SCHWIND, Rafael Wallback (Coords.). *Parcerias público-privadas*: reflexões sobre os 10 anos da Lei 11.079/2004. São Paulo: Revista dos Tribunais, 2015. p. 153-176. p. 170.

aos autorizados que indicassem o valor das respectivas frentes de estudos. Mesmo nestes casos, a fixação do valor poderá exigir justificativa cuidadosa do gestor, especialmente quando são aproveitados estudos da mesma área de diversas empresas (não é incomum juntar cláusulas de diferentes minutas de contrato, ou condensar riscos previstos em matrizes diferentes).

Neste sentido, Guilherme Fredherico Dias Reisdorfer:

> É relevante que o edital de chamamento preveja alguns critérios objetivos e margens de aceitação de preços para determinadas despesas presumidas como necessárias à concepção da solicitação feita pela Administração. Mas nem mesmo esta providência é suficiente para estabelecer um controle exato sobre os quantitativos de horas de trabalho e de outras despesas que foram necessárias. Daí se cogitar, ao invés da simples rejeição da contribuição considerada como mais satisfatória, a negociação para acomodar os interesses envolvidos. É evidente que a negociação deverá ser pautada por critérios objetivos e pela imprescindível transparência na interlocução com os sujeitos envolvidos.[459]

A previsão de negociação não existe no decreto federal vigente, mas ele, a nosso ver, merece uma leitura consoante com as demais normas em vigor, de modo a permitir que as partes acordem sobre os valores devidos, sobretudo para evitar, como dissemos, o arbitramento dos valores devidos no âmbito judicial.

Negociado ou não, o valor fixado deve guardar coerência com a complexidade dos estudos exigidos e com o seu nível de aproveitamento.

Outro aspecto importante que diz com o ressarcimento é aquele relacionado à perda de valor no tempo dos recursos aplicados na estruturação dos projetos. Neste sentido, Bruno Gazzaneo Belsito:

> Habitualmente, os editais de chamamento público não contêm disposição expressa sobre a atualização monetária do montante definido a título de ressarcimento. Como a regra é que a estruturação e licitação dos projetos sejam bastante demoradas, o autorizado, ainda que tenha tido seus estudos selecionados, tende a receber, ao final, um

---

[459] REISDORFER, Guilherme F. Dias. Soluções contratuais público-privadas: os procedimentos de manifestação de interesse (PMI) e as propostas não solicitadas (PNS). In: JUSTEN FILHO, Marçal; SCHWIND, Rafael Wallback (Coords). *Parcerias público-privadas*: reflexões sobre os 10 anos da Lei 11.079/2004. São Paulo: Revista dos Tribunais, 2015. p. 177-206. p. 199.

valor bastante depreciado em decorrência da variação inflacionária acumulada no período.[460]

Portanto, parece-nos que, na definição do valor dos ressarcimentos, deva ser considerada a atualização monetária. Definido o valor do ressarcimento, é fundamental atentar para o momento e a forma de encerrar o PMI. Antes da publicação do edital de PPP, é preciso dar fim ao procedimento com a publicação de ato oficial informando o aceite dos estudos (o ato de recebimento destes provavelmente já terá sido conferido) e fixando o valor ou os valores de ressarcimento, sempre justificando a proporcionalidade.

É dizer: o agente público há de explicitar com clareza quanto foi aproveitado de cada um dos produtos recebidos nos estudos apresentados. Tomando por exemplo os estudos jurídicos, é possível que o termo de referência do edital e a minuta do contrato tenham sido integralmente aproveitados, mas que o parecer de viabilidade técnica do projeto tenha sido julgado insuficiente. Nestes casos, há que se indicar quanto cada um destes produtos representa, considerando todos os produtos exigidos, e fixar proporcionalmente o seu percentual de ressarcimento.

3.5 Fronteiras do diálogo público-privado

3.5.1 Os encontros antes, durante e após a entrega dos estudos no PMI

Um grande desafio para os gestores públicos que conduzem o PMI é determinar o momento em que pode começar e o momento em que deve terminar a sua relação com os agentes privados, especialmente quando estes são potenciais licitantes.

---

[460] BELSITO, Bruno Gazzaneo. *O procedimento de manifestação de interesse/PMI na estruturação de contrato de concessão*: exame crítico e proposta de aperfeiçoamento do instrumento no direito brasileiro. 2015. 319 f. Dissertação (Mestrado em Direito) – Faculdade de Direito, Universidade do Estado do Rio de Janeiro, Rio de Janeiro, 2015. p. 195.

No Processo TC nº 012.687/2013-8, o fato de a EBP ter travado reuniões com o Poder Público antes da divulgação do chamamento público promovido pela Secretaria dos Portos da Presidência da República (SEP 13/2013) foi motivo de amplo debate. De um lado, havia quem enxergasse com naturalidade estes encontros. De outro, quem os visse como prova de tratamento privilegiado.

O Ministério Público manifestou-se para repreender a possibilidade de as empresas manifestarem os seus interesses individualmente perante a Administração Pública:

> (...) é plenamente recomendável que se deixe bastante clara a diferença entre uma reunião realizada com uma associação – que representa diferentes empresas cujos interesses não são necessariamente comuns – e uma reunião em que participa apenas uma empresa – *que poderá exercitar livremente a defesa de seus interesses, seja obtendo informações que somente a ela interessa, seja exercendo influências que somente em situações tais lhe seria possível.*[461]

Deduz-se que, para o *Parquet*, a aproximação isolada de empresas privadas para defender seus interesses perante a Administração Pública não seria desejável, ainda que tais interesses correspondessem à criação de novas oportunidades de oferta de serviços de interesse geral, como parece ter ocorrido no caso *sub judice*. Este entendimento é diametralmente oposto ao que se espera em um ambiente consensual, onde a busca é por maior aproximação da Administração e dos administrados e por maiores oportunidades para a composição dos variados interesses existentes.

O posicionamento do ministro Weder Oliveira acerca das reuniões prévias foi um pouco diverso daquele apresentado pelo Ministério Público. O ministro parte da premissa de que realizações prévias de reuniões do setor público com os privados para discussão de soluções em setores produtivos são não só legítimas, como desejáveis. Se não, vejamos:

> A realização de reuniões para a escuta dos diversos setores interessados na remodelagem e modernização do setor portuário nacional é positiva e,

---

[461] Vide TCU. Transcrição do parecer do Parquet no voto do ministro Weder de Oliveira. Acórdão nº 1.155/2014, nos autos do TC nº 012.687/2013-8. Plenário. Relator: ministro Weder de Oliveira. Sessão de 7 de maio de 2014. Disponível em: <http://www.tcu.gov.br/Consultas/Juris/Docs/judoc/Acord/20140522/AC_1155_15_14_P.doc.>. Acesso em: 10 dez. 2015. p. 24. Destacamos.

pode-se dizer, esperada. *Não seria imaginável, por prudência, que o governo federal buscasse o isolamento, em vez de discutir expectativas, problemas e soluções pretendidas com os setores produtivos do País.* É neste contexto, e não em outro, que devem ser vistas as reuniões apontadas pela SEP/PR.[462]

Entretanto, na análise concreta do caso, o ministro entendeu não ter restado demonstrado que outras empresas participaram das reuniões prévias ao chamamento e que, por isso, estaria configurado benefício indevido à empresa que travou reuniões com o setor público.[463] Considerada a premissa adotada pelo ministro (reuniões prévias são legítimas e necessárias) e a sua conclusão específica do caso (as reuniões prévias denotam benefícios indevidos pois apenas uma empresa participou), podemos entender que, se outras empresas tivessem mantido reuniões prévias, não haveria que se falar em benefício indevido.

A *ratio decidendi* parece-nos desacertada na medida em que o fundamento determinante da *decisum* (independente de qual seja ele) não pode residir no fato de haver *um* ou *mais de um* participante de reuniões prévias. Se apenas uma empresa provocou a Administração Pública para tratar de uma determinada solução de infraestrutura pública, nada obsta que a Administração ausculte este particular, tome conhecimento de seus interesses e verifique se a consecução dos mesmos se coaduna com os objetivos das políticas públicas que se quer ver alcançados.

Entendemos que o Poder Público não cria uma obrigação de convocar para amplo debate todos os interessados de um determinado setor a cada vez que receber um representante da iniciativa privada. A ampla convocação deverá ser realizada se o

---

[462] TCU. Acórdão nº 1.155/2014, nos autos do TC nº 012.687/2013-8. Plenário. Relator: ministro Weder de Oliveira. Sessão de 7 de maio de 2014. Disponível em: <http://www.tcu.gov.br/Consultas/Juris/Docs/judoc/Acord/20140522/AC_1155_15_14_P.doc.>. Acesso em: 10 dez. 2015, voto do ministro Weder de Oliveira, p.48. Destacamos.

[463] "(...) não restou demonstrado que outras empresas, em especial aquelas capacitadas a elaborar projetos, tenham participado de reuniões similares àquelas abertas à EBP, o que configurou beneficiamento, no conceito de que privilégio é o que se faz a alguém sem que se faça ao outrem". TCU. Acórdão nº 1.155/2014, nos autos do TC nº 012.687/2013-8. Plenário. Relator: ministro Weder de Oliveira. Sessão de 7 de maio de 2014. Disponível em: <http://www.tcu.gov.br/Consultas/Juris/Docs/judoc/Acord/20140522/ AC_1155_15_14_P.doc.>. Acesso em: 10 dez. 2015, voto do ministro Weder de Oliveira, p. 50. O voto do ministro foi vencido no caso em tela.

agente público entender que com ela há melhores chances de se atingir o que foi identificado como interesse público. A mobilização do maquinário público não deve se dar de forma desarrazoada, apenas no afã de evitar questionamentos sobre o tratamento isonômico ou de garantir uma publicidade aos atos desproporcionais às suas finalidades.

O ministro Benjamin Zymler, por sua vez, posiciona-se no mesmo sentido que o ministro Weder Oliveira no que diz respeito à licitude dos encontros prévios, mas não enxergou, no caso em tela, a existência de benefícios indevidos, como podemos verificar a seguir:

> A meu ver, a realização de reuniões de trabalho com a EBP não deve ser tratada *a priori* como se indicasse a suposta prática de um ilícito. Afinal, *considero natural a troca de informações entre o Poder Público e a empresa que lhe prestará serviços, a qual foi escolhida de forma discricionária* (...). Ressalto que uma eventual vantagem competitiva para a EBP só teria sentido como ilicitude num certame licitatório, o que não é o caso.
> Saliento, ainda, que as reuniões foram regularmente registradas, o que demonstra a transparência que foi conferida ao processo.[464]

Somos da opinião de que o gestor público pode se reunir com administrados antes da publicação de chamamentos públicos, e, se o fizer, não deverá, necessariamente, convocar mais empresas para o mesmo tipo de reunião a fim de descaracterizar tratamento privilegiado àquele que provocou o maquinário público. Outras empresas poderão ser convidadas a se reunir com a Administração, se houver uma justificativa razoável para tanto (*e.g.* melhor compreensão do objeto a ser estudado, mapeamento de interesses de demais agentes do mercado, conhecimento de portfólios e experiências semelhantes).

Isto porque nosso ordenamento jurídico não possui dispositivo legal ou princípio que impeça o contato entre representantes do Poder Público e da iniciativa privada quando voltado para o exercício de atividade legítima. Ou seja, a interação prévia à publicação do chamamento não indica, *per se*, nenhuma prática

---

[464] TCU. Acórdão nº 1.155/2014, nos autos do TC nº 012.687/2013-8. Plenário. Relator: ministro Weder de Oliveira. Sessão de 7 de maio de 2014. Disponível em: <http://www.tcu.gov.br/Consultas/Juris/Docs/ judoc/Acord/20140522/AC_1155_15_14_P.doc.>. Acesso em: 10 dez. 2015, voto do ministro Benjamin Zymler, p. 78. Destacamos. O voto do ministro prevaleceu no Acórdão do caso em tela.

ilícita. Ao contrário, é um momento que pode ser bastante útil para motivar o ato administrativo de inaugurar (ou não) um PMI.

Cabe, portanto, refletir sobre a publicidade que deve ser dada a estes encontros. Não é possível que a Administração Pública faça de seu dia a dia um verdadeiro *reality show*, publicando em *websites* e diários oficiais cada reunião que realizar, aparentemente sem qualquer compromisso com a razoabilidade e a economicidade. Entretanto, parece-nos fundamental a oficialização das reuniões em atas, contendo as informações de interesse geral, especialmente aquelas que motivarão escolhas da Administração, respeitando o sigilo às informações empresariais sensíveis que eventualmente tenham vindo à tona nos seus encontros com os administrados. A depender da relevância do encontro, caberá ao administrador decidir se amplia o espectro de divulgação de tais reuniões. Afinal, cada instrumento tem um custo, uma finalidade.

Assim, caso um agente privado apresente-se perante a Administração com a intenção de realizar estudos, parece-nos que a providência correta é, em primeiro lugar, recebê-lo. Como providência primeira, deve-se registrar em ata a ocorrência e o conteúdo geral da reunião. Se, porventura, após este encontro a Administração optar pela abertura de um chamamento público, nada impede que na própria convocação seja feita menção à empresa que motivou a abertura do procedimento. Caso alguém queira saber o teor das discussões, a ata das reuniões deverá estar disponível no respectivo processo administrativo ou, a depender da sua relevância e da infraestrutura disponível no Poder Concedente, nos *websites* oficiais, nas redes sociais ou nos outros meios de divulgação que porventura sejam adotadas pela Administração. Afinal, nestas situações, o que temos é um processo iniciado por provocação do interessado, nos exatos termos do artigo 5º da Lei de Processo Administrativo.

Superada esta questão, logo surge outra: após a obtenção da autorização, por um ou por vários administrados, como deve se dar a interação entre Administração e administrados?

Como anotamos no subcapítulo 2.1.3.2, o Decreto Federal nº 8.428/2015, no artigo 8º, afastou qualquer dúvida quanto à legalidade dos encontros.

Entretanto, remanescem dúvidas quanto ao nível de publicidade que deve ser dado a estes encontros. A ocorrência deve estar registrada, não só na agenda do gestor responsável, mas também nos autos do processo administrativo.[465] Porém, e o conteúdo dos chamados "diálogos privativos"? Embora reconheça que eles podem, em alguma medida, trazer eficiência ao processo, Gustavo Henrique Carvalho Schiefler entende que "(...) o diálogo privativo representa uma intervenção em desfavor da concorrência leal que existe entre os interesses dos particulares (...)".[466] Segundo esta linha de pensamento, os diálogos privativos seriam uma ofensa à moralidade e aos demais princípios constitucionais, na medida em que

> (...) o diálogo que concerne ao Procedimento de Manifestação de Interesse descobre-se ao lume dos valores e princípios do Direito Público, o que demanda atenção sublime à transparência e à impessoalidade, requerendo formalidade e publicidade (...).[467]

Não vemos exatamente desta forma. Projetos de PPP são complexos e algumas vezes os diálogos privativos podem ser necessários em razão das informações comerciais sensíveis das empresas envolvidas na contratação. A escuta privativa não significa que o Estado foi "contaminado indevidamente" pelo mercado ou que as decisões administrativas poderão ser pautadas por motivos desconhecidos. O PMI é um procedimento flexível por natureza, e alguns de seus limites devem ser delineados caso a caso. Estamos certos de que a constatação, *a priori*, de que todo e qualquer encontro privativo é uma ofensa aos princípios do artigo 37 da Constituição Federal, não é condizente com a multiplicidade de situações que podem ser verificadas na prática.

---

[465] Note que o Projeto de Lei do Câmara dos Deputados nº 10.382/2018 busca dar algumas respostas aos questionamentos ora apresentados.

[466] SCHIEFLER, Gustavo Henrique Carvalho. *Procedimento de manifestação de interesse (PMI)*: solicitação e apresentação de estudos e projetos para a estruturação de concessões comuns e parcerias público-privadas. 2013. 500 f. Dissertação (Mestrado em Direito) – Centro de Ciências Jurídicas, Programa de Pós-Graduação em Direito, Universidade Federal de Santa Catarina, Florianópolis, 2013. p. 417.

[467] SCHIEFLER, Gustavo Henrique Carvalho. *Procedimento de manifestação de interesse (PMI)*: solicitação e apresentação de estudos e projetos para a estruturação de concessões comuns e parcerias público-privadas. 2013. 500 f. Dissertação (Mestrado em Direito) – Centro de Ciências Jurídicas, Programa de Pós-Graduação em Direito, Universidade Federal de Santa Catarina, Florianópolis, 2013. p. 417.

Porém, a regra da atuação do Poder Público é a publicidade. Então, encontros privativos podem ser admitidos apenas em caráter de exceção e mediante robusta justificativa. Ainda assim, há que se ter registro, ainda que sob sigilo no processo administrativo, das informações fornecidas pelo privado. Note-se que o sigilo, quando aplicável, dirá apenas com as informações dos privados, posto que o acesso às informações públicas, salvo raríssimas exceções, não pode ser negado.

Ademais, caso um dos autorizados solicite informações ao Poder Concedente sobre o objeto a ser concedido (cadastros de usuários, registros dos imóveis ou qualquer outra informação oficial), elas se tornarão públicas aos demais autorizados. Isto porque negar tais informações seria conferir um diferencial competitivo consistente no acesso a informações que são públicas por natureza.

De outro lado, em nosso entendimento, caso o PMI seja estruturado de modo que haja entregas parciais, os agentes poderão solicitar sigilo dos seus produtos até a entrega final. Da mesma forma, podem solicitar sigilo quanto às informações comercialmente sensíveis que venham à tona durante o processo. Nestes casos, aliás, é de se avaliar se, em algum momento, tais informações poderão ser divulgadas ou se ficarão reservadas para a Administração.[468]

Pois bem, até aqui resta acertado que Administração e administrados são livres para interagir antes da inauguração formal do PMI e durante seu desenvolvimento. Porém, após a entrega dos estudos, Administração e administrados podem continuar interagindo sobre o projeto? Qual é, afinal, o momento de encerrar este diálogo?

Tal questionamento era de fundamental importância sobretudo antes da edição do Decreto Federal nº 8.428/2015, pois, a depender da resposta que se entendesse correta, os consultores que atuaram no PMI não poderiam auxiliar a Administração Pública nos questionamentos oriundos dos órgãos de controle, das consultas, das audiências e dos *roadshows*. A Administração ficava sem o apoio dos consultores num momento de maturação fundamental para o sucesso do projeto. Ou contava com o apoio, mas carregava a incerteza de estar agindo sob o manto da legalidade.

---

[468] Vide subcapítulo 3.5.2 para aprofundamento do tema.

O novo decreto federal, no artigo 4º, eliminou qualquer dúvida que pudesse pairar sobre esta interação. No seu parágrafo 6º, dispôs o seguinte:

> O edital de chamamento público poderá condicionar o ressarcimento dos projetos, levantamentos, investigações e estudos à necessidade de sua atualização e de sua adequação, até a abertura da licitação do empreendimento, em decorrência, entre outros aspectos, de:
> I – alteração de premissas regulatórias e de atos normativos aplicáveis;
> II – recomendações e determinações dos órgãos de controle; ou
> III – contribuições provenientes de consulta e audiência pública.

Portanto, hoje, a interação após a entrega das primeiras versões dos estudos, que em nosso entendimento sempre puderam existir, devem se realizar às claras.

A Administração Pública é a responsável pela elaboração de todas as manifestações oficiais sobre o projeto e deve ser o principal agente de interação com os administrados na audiência pública, nos *roadshows* ou em qualquer outra sessão pública que venha a ser travada (o titular do projeto, afinal, é o Poder Público), porém ela pode e deve recorrer ao apoio dos responsáveis pela elaboração dos estudos da concessão quando sentir necessidade, até a publicação do edital.

Isso porque o PMI, lembre-se, é um processo autônomo, que deve ser encerrado antes do processo administrativo de elaboração de contrato ao qual estiver relacionado. E o momento exato para findar essa relação é antes da publicação do edital.[469] Esclarecidas as dúvidas, tomadas as últimas decisões, realizados os últimos ajustes nos documentos preparatórios, é a Administração quem deverá elaborar a versão final do edital e, a partir do momento da sua publicação, naturalmente fica vedada a interação.[470]

---

[469] A demarcação do início do processo licitatório é tema de amplo debate na doutrina. Sobre o tema, ver, entre outros, DALLARI, Adilson Abreu; FERRAZ, Sérgio. *Processo administrativo*. 3. ed. São Paulo: Malheiros, 2012. p. 47-59. FIGUEIREDO, Lúcia Valle. Instrumentos da administração consensual: a audiência pública e sua finalidade. *Revista Eletrônica de Direito Administrativo Econômico* – REDAE, Salvador, nº 11, ago./out. 2007. Disponível em: <http://www.direitodoestado.com/revista/REDAE-11-AGOSTO-2007-LUCIA%20VALLE.pdf>. Acesso em: 22 dez. 2015.

[470] Como dissemos na introdução deste trabalho, nosso estudo se limita aos instrumentos de interação dos administrados no processo administrativo de elaboração do contrato até a publicação do edital. Porém, irreprimível o questionamento: o que deve fazer a Administração Pública se precisar do auxílio dos consultores que desenvolveram o

3.5.2 A reserva de sigilo nos instrumentos de participação popular

A reserva de sigilo não é estranha ao nosso ordenamento, tampouco incompatível com o princípio da publicidade ou da isonomia. A Lei de Defesa da Concorrência (Lei nº 12.529/2011) traz em seu bojo uma forte preocupação com a proteção do sigilo das empresas. É o que se depreende dos seguintes dispositivos: artigo 9º, inciso XVIII;[471] artigo 11, inciso III;[472] artigo 13, inciso II e inciso VI, letras *a* e *f*;[473] artigo 19, parágrafo 1º.[474]

Também prevê sanção ao desrespeito do sigilo, bem como a regulamentação para definir o procedimento para que uma

---

projeto no âmbito do PMI para formular respostas aos pedidos de esclarecimentos ou à impugnação do edital? A resposta óbvia não é satisfatória. Em tese, a Administração Pública, após analisar e aprovar o projeto, está capacitada a responder a qualquer tipo de interpelação sobre ele. O projeto, após o aceite, passou a ser sua propriedade (lembre-se de que na maioria das vezes os particulares até abrem mão de seus direitos autorais). Entretanto, nem sempre ela estará de fato capacitada para enfrentar os questionamentos sobre o projeto, nem aqueles formulados pelos licitantes, nem aqueles formulados pelos órgãos de controle. Há alguma margem para solicitar o apoio dos que atuaram no PMI? Fica o registro do desafio, porém, respeitando os limites deste estudo, somos obrigados a deixar essa questão junto com todas as outras que ainda existem sobre o PMI.

[471] "Art. 9º Compete ao Plenário do Tribunal, dentre outras atribuições previstas nesta Lei: (...) XVIII – requisitar informações de quaisquer pessoas, órgãos, autoridades e entidades públicas ou privadas, respeitando e mantendo o sigilo legal quando for o caso, bem como determinar as diligências que se fizerem necessárias ao exercício das suas funções."

[472] "Art. 11. Compete aos Conselheiros do Tribunal: (...) III – requisitar informações e documentos de quaisquer pessoas, órgãos, autoridades e entidades públicas ou privadas, a serem mantidos sob sigilo legal, quando for o caso, bem como determinar as diligências que se fizerem necessárias."

[473] "Art. 13. Compete à Superintendência-Geral: (...) II – acompanhar, permanentemente, as atividades e práticas comerciais de pessoas físicas ou jurídicas que detiverem posição dominante em mercado relevante de bens ou serviços, para prevenir infrações da ordem econômica, podendo, para tanto, requisitar as informações e documentos necessários, mantendo o sigilo legal, quando for o caso; (...) VI – no interesse da instrução dos tipos processuais referidos nesta Lei: a) requisitar informações e documentos de quaisquer pessoas, físicas ou jurídicas, órgãos, autoridades e entidades, públicas ou privadas, mantendo o sigilo legal, quando for o caso, bem como determinar as diligências que se fizerem necessárias ao exercício de suas funções; (...) f) requerer vista e cópia de inquéritos policiais, ações judiciais de quaisquer natureza, bem como de inquéritos e processos administrativos instaurados por outros entes da federação, devendo o Conselho observar as mesmas restrições de sigilo eventualmente estabelecidas nos procedimentos de origem."

[474] "§1º Para o cumprimento de suas atribuições, a Secretaria de Acompanhamento Econômico poderá: I – requisitar informações e documentos de quaisquer pessoas, órgãos, autoridades e entidades, públicas ou privadas, mantendo o sigilo legal quando for o caso (...)."

informação seja tida como sigilosa (artigo 44, *caput* e parágrafo 2º[475]). O próprio procedimento se encontra resguardado, conforme previsão do artigo 49.[476] A disciplina do sigilo dos documentos no Conselho Administrativo de Defesa Econômica (CADE) está em seu regimento interno, nos artigos 50 a 56.

Portanto, o sigilo de informações empresariais sensíveis não é novidade no Direito brasileiro e justifica-se até para a consecução do interesse público visado na elaboração dos projetos de concessão. Pois é evidente que, caso não houvesse sigilo, as informações prestadas seriam mais restritas, fazendo com que, ao invés de prestigiar, fosse desprestigiada a publicidade. Logo, por mais paradoxal que pareça em um primeiro momento, o sigilo é uma forma de garantir a transparência, pois proporciona um ambiente livre e de confiança para as empresas exporem informações que não querem ver divulgadas aos demais agentes do mercado.

A própria Lei de Acesso à Informação, que tem como diretriz a "observância da publicidade como preceito geral e do sigilo como exceção" (artigo 3º, inciso I), reconhece o dever de observância do sigilo em algumas hipóteses, previstas no próprio diploma, e nos demais casos previstos em lei.[477] Vejamos:

> Art. 22. O disposto nesta Lei *não exclui as demais hipóteses legais de sigilo e de segredo de justiça nem as hipóteses de segredo industrial* decorrentes da exploração direta de atividade econômica pelo Estado ou por pessoa física ou entidade privada que tenha qualquer vínculo com o poder público. (Destacamos).

---

[475] "Art. 44. Aquele que prestar serviços ao Cade ou a Seae, a qualquer título, e que der causa, mesmo que por mera culpa, à disseminação indevida de informação acerca de empresa, coberta por sigilo, será punível com multa pecuniária de R$ 1.000,00 (mil reais) a R$ 20.000,00 (vinte mil reais), sem prejuízo de abertura de outros procedimentos cabíveis. (...) §2º O Regulamento definirá o procedimento para que uma informação seja tida como sigilosa, no âmbito do Cade e da Seae."

[476] "Art. 49. O Tribunal e a Superintendência-Geral assegurarão nos procedimentos previstos nos incisos II, III, IV e VI do caput do art. 48 desta Lei o tratamento sigiloso de documentos, informações e atos processuais necessários à elucidação dos fatos ou exigidos pelo interesse da sociedade. Parágrafo único. As partes poderão requerer tratamento sigiloso de documentos ou informações, no tempo e modo definidos no regimento interno."

[477] Nas precisas colocações de Sérgio Ferraz e Adilson Abreu Dallari: "(...) *o sigilo será sempre excepcional; e, assim, em caso de dúvida dever-se-á optar pela publicidade do processo administrativo*. Comete infração disciplinar tanto quem divulga o conteúdo de processo sigiloso quanto quem nega acesso a processo que não tenha sido formalmente declarado como de caráter sigiloso". DALLARI, Adilson Abreu; FERRAZ, Sérgio. *Processo administrativo*. 3. ed. São Paulo: Malheiros, 2012. p. 223. Destacamos.

Assim, as informações que o Poder Público possui a respeito da elaboração de um projeto de PPP serão, como regra,[478] públicas, e não há que se dar caráter confidencial a elas quando solicitadas por um interessado, seja no âmbito do PMI, seja no dos demais instrumentos de participação popular (*e.g.*: mapas georreferenciados, estudos geológicos existentes, certidões de título de posse ou propriedade, processos administrativos relacionados ao projeto, entre outras). Já as informações que dizem respeito unicamente ao privado (*e.g.*: estratégias de mercado, segredo industrial, participação de *market share*, entre outras) podem ou não ser protegidas pela confidencialidade, ainda que não haja regulamentação específica sobre reserva de sigilo diretamente relacionada ao PMI, às consultas públicas, às audiências públicas ou aos *roadshows*. Quando a informação do particular for protegida pelo sigilo, a motivação da decisão administrativa deve ser robustamente fundamentada.

3.5.3 A garantia da reserva de sigilo e o princípio da publicidade aplicados ao *roadshow*

O *roadshow*, vimos, é um instrumento dotado de baixo grau de formalização e seu procedimento não é regulamentado em lei. Excepcionalmente e mediante justificativa, podem existir audiências destinadas à apresentação do projeto para apenas uma pessoa por vez. E é neste ponto que, a nosso ver, o instrumento pode apresentar alguma fragilidade, na medida em que pode ser questionada sua transparência.

Neste sentido, Maurício Portugal Ribeiro assinala que:

> Como toda informação a ser discutida no *roadshow* estará disponibilizada a público, parece-nos desnecessário registro formal de todo o ocorrido nas reuniões. Parece-nos importante, entretanto, o registro dos principais pontos de desconforto e sugestões realizadas pelos potenciais participantes da licitação para que os agentes públicos,

---

[478] Como dissemos, a própria Lei de Acesso à Informação fixa os critérios para que o Poder Público classifique algumas informações como sigilosas, porém, as restritas hipóteses ali previstas estão diretamente relacionadas a razões segurança da sociedade e do Estado; são informações assaz diversas daquelas normalmente presentes em processos de concessão.

juntamente com os seus consultores, possam refletir posteriormente sobre o assunto e tomar a decisão sobre o que faz e o que não faz sentido incorporar no projeto.[479]

De fato, se o *roadshow* se estruturar em audiências abertas para o público, o registro formal de todo o ocorrido pode ser relativizado. Entretanto, nas hipóteses de as audiências se darem de forma privativa, os cuidados, como vimos, merecem ser redobrados.

Se, por um lado, os ganhos potencialmente existentes na realização de *roadshow* com apenas um participante poderiam se perder se os participantes souberem que suas informações comerciais sensíveis viriam a público, por outro, a atuação da Administração deve ser pautada pela transparência.

Entendemos, assim que o princípio da publicidade, ou da transparência,[480] estaria sendo perfeitamente atendido caso as informações comercialmente sensíveis eventualmente trazidas à tona pelo privado nas audiências de *roadshow* permanecessem sob sigilo no processo administrativo, de modo a possibilitar futuro controle da atuação administrativa, se necessário.

3.6 Contribuições "bloqueadistas": os limites do dever de resposta da Administração Pública nas consultas e nas audiências públicas

Outra fragilidade dos instrumentos de participação popular presentes nas consultas e nas audiências públicas é aquela relacionada com as providências que devem ser tomadas pelo gestor público em relação às contribuições bloqueadistas, aqui entendidas como aquelas provenientes de grupos de interesse organizados

---

[479] RIBEIRO, Mauricio Portugal. *Concessões e PPPs*: melhores práticas em licitações e contratos. São Paulo: Atlas, 2011. p. 52.

[480] Para um objetivo apanhado sobre os entendimentos doutrinários acerca da adoção dos termos "princípio da publicidade" e "princípio da transparência", ver SCHIRATO, Renata Nadalin Meireles. Transparência administrativa: participação, eficiência e controle social. In: ALMEIDA, Fernando Menezes Dias de et al. (Coords.). *Direito público em evolução*: estudos em homenagem à professora Odete Medauar. Belo Horizonte: Fórum, 2013. p. 117-137. p. 118-122.

voltadas nitidamente a impedir a consecução da concessão, seja pela quantidade, seja pelo teor dos questionamentos. Como vimos, a consulta pública é um procedimento mais formal que a audiência pública. Portanto, quando estamos diante de uma consulta pública que transcorra normalmente, não há dúvida de que, para cada pergunta, será, em regra, devida uma resposta. E, no entendimento de Lúcia Valle Figueiredo, a Administração tem o dever de resposta, esteja ele previsto ou não em lei, considerando-se sua competência, seu exercício de função.[481]

Em linha com este pensamento, Alexandre Santos de Aragão é enfático ao assinalar que se configura omissão ilícita na hipótese de silêncio da Administração Pública em contrapartida a algum requerimento formulado pelo cidadão. Vejamos:

> O silêncio administrativo é uma ausência de manifestação de vontade por parte da Administração Pública, constituindo, muitas vezes, omissão ilícita da Administração Pública em relação a um ato administrativo que deveria ser editado em resposta a um requerimento do cidadão. Neste caso – de haver requerimento do cidadão –, o silêncio da Administração já é, por si só, omissão ilícita por violar o direito de petição constitucionalmente assegurado (art. 5º, XXXIV, a, CF/88 – a Constituição assegura o direito de petição aos órgãos e entidades públicas, o que abrange o direito de o pedido ser apreciado, afastando até mesmo respostas meramente formais e burocráticas).[482]

Benedicto Porto Neto, por sua vez, embora reconheça que a audiência pública decorra do direito de petição e que este abrange o direito de obter resposta, entende que esta não é condição para prosseguimento da licitação,[483] do que discordamos. Isto porque a realização da consulta ou da audiência pública não deve ser ato

---

[481] FIGUEIREDO, Lúcia Valle. Instrumentos da administração consensual: a audiência pública e sua finalidade. *Revista Eletrônica de Direito Administrativo Econômico* – REDAE, Salvador, nº 11, ago./out. 2007. Disponível em: <http://www.direitodoestado.com/revista/REDAE-11-AGOSTO-2007-LUCIA%20VALLE.pdf>. Acesso em: 22 dez. 2015.

[482] ARAGÃO, Alexandre Santos de. Teoria geral dos atos administrativos: uma releitura à luz dos novos paradigmas do direito administrativo. In: MEDAUAR, Odete; SCHIRATO, Vitor Rhein. *Os caminhos do ato administrativo*. São Paulo: Revista dos Tribunais, 2011. p. 42.

[483] PORTO NETO, Benedicto. Licitação para contratação de parceria público-privada. In: SUNDFELD, Carlos Ari (Coord.). *Parcerias público-privadas*. 2. ed. São Paulo: Malheiros, 2011. p. 138-156. p. 147 e 148.

meramente formal. Neste sentido, vejamos, por todos, Maria Sylvia Zanella Di Pietro:

> Não há dúvida de que a exigência é útil [de realização da consulta pública prevista no artigo 10, inciso VI, da Lei nº 11.079/04] em termos de participação dos interessados. Mas ela será inútil para o cumprimento dos princípios da democracia participativa se as sugestões não forem efetivamente examinadas e a sua recusa devidamente justificada. *A consulta não pode transformar-se em mero instrumento formal para dar aparência de legalidade à exigência,* como costuma acontecer com relação a medidas semelhantes previstas em outras leis.[484]

O tratamento das audiências públicas como mera formalidade também foi censurado pelo Tribunal Regional Federal da 5ª Região, que possui julgado no seguinte sentido:

> (...) *o que se tem constatado é que as audiências públicas se converteram em mera formalidade, esvaziadas por falta de integração popular, derivada esta, de seu lado, pelos baixos níveis educacionais e pela ausência de esclarecimento por parte do Poder Público.* Os ditos representantes da sociedade civil que comparecem a estes atos públicos fazem presentes, em verdade, apenas determinadas categorias, com interesses particularizados, caracterizando-se um déficit democrático de graves consequências.[485]

Portanto, para nós, a resposta individual e fundamentada aos administrados, seja na consulta, seja na audiência pública, é, por via de regra, condição para a continuidade da licitação. Entretanto, não são raras as situações em que a Administração Pública se vê diante de centenas de perguntas e contribuições, muitas vezes impertinentes, outras tantas formuladas com o propósito único de criar entraves para a realização do processo licitatório.

Refletir sobre as contribuições bloqueadistas implica refletir sobre o tipo de democracia que queremos ver presente na nossa Administração Pública – seria a democracia deliberativa ou a democracia participativa, mais aderente aos propósitos do nosso

---

[484] DI PIETRO, Maria Sylvia Zanella. *Parcerias na administração pública*. 8. ed. São Paulo: Atlas, 2011. p. 173. Destacamos.
[485] TRF5. Processo nº 0016192-56.2005.4.05.0000/01(2005.05.00.016192-5/01). Rel. Des. Fed. Francisco Cavalcanti, Data da decisão: 6 de julho de 2005. Publicada no DJ de 12 de julho de 2005. Destacamos.

ordenamento jurídico, notadamente em situações envolvendo grandes disputas de interesses divergentes?

Luigi Bobbio, que identifica as origens da democracia participativa na América Latina, explica que a este conceito outro se une, vindo do mundo anglo-germânico, que é justamente o da democracia deliberativa.

As práticas fundadas na democracia deliberativa, que tem suas origens mais na filosofia do que na política, encontram, segundo o autor, duas pilastras: a discussão fundamentada dos argumentos e a inclusão de todos os interesses e pontos de vista relacionados ao objeto da discussão.

Nas palavras de Luigi Bobbio:

> A democracia deliberativa é, portanto, uma forma de democracia participativa, mas os seus contornos são mais circunscritos e definidos. Exclui a pura e simples ação de pressão dos movimentos e das associações institucionais (que a democracia participativa pareceria admitir) e pretende que entre os diversos pontos de vista se instaure um confronto dialógico. Requer, ademais, que a discussão se desenvolva de forma aberta e generalizada, ou seja, que todos os pontos de vista presentes na sociedade estejam também presentes nas discussões em condição de efetiva paridade, enquanto este requisito não é sempre explicitado nas formulações – especialmente naquelas mais "políticas" – da democracia participativa.
> Os movimentos sociais que disputam a participação são frequentemente inclinados a abrir confronto com as posições que consideram antagônicas às suas próprias e tendem a considerar a participação mais em termos de pressão contra as instituições do que como diálogo com os próprios adversários.[486]

---

[486] BOBBIO, Luigi. Dilemmi della democrazia participativa. *Rivista Democrazia e Diritto*, nº 4, p. 11-26, 2006. Disponível em: <http://www.francoangeli.it/riviste/Scheda_Rivista.aspx?IDArticolo=30582&id Rivista=116>. Acesso em: 22 dez. 2015. p. 3. Tradução livre. No original: "La democrazia deliberativa è, quindi, una forma di democrazia partecipativa, ma i suoi contorni sono più circoscritti e più definiti. Esclude la pura e semplice azione di pressione dei movimenti o delle associazioni sulle istituzioni (che invece la democrazia partecipativa sembrerebbe ammettere) e pretende che tra i diversi punti di vista si instauri un confronto dialogico. Richiede inoltre che la discussione si svolga in forma aperta e generalizzata, ossia che tutti i punti di vista presenti nella società siano presenti nella discus- sione in condizione di effettiva parità, mentre questo requisito non è sempre esplicitato nelle formulazioni – specie in quelle più 'politiche' – della democrazia partecipativa. I movimenti sociali che si battono per la partecipazione sono spesso restii ad aprire il confronto con le posizioni che ritengono antitetiche alle proprie e tendono a considerare la partecipazione più in termini di pressione verso le istituzioni che di dialogo con i propri avversari".

Na esteira destas lições, parece-nos que os referenciais dados pela democracia deliberativa podem ser úteis para determinar os limites das contribuições que ora chamamos "bloqueadistas". Tais contribuições, tipicamente marcadas por um ativismo político característico da democracia participativa, em nosso entendimento não contribuem para uma oitiva qualificada dos diversos interesses que podem estar envolvidos numa concessão, mas tão somente dos grupos de interesse mais organizados politicamente, daí ser necessário reconhecer nos limites do dever de resposta do administrador um instrumento para orquestrar a oitiva de todos os interesses e, consequentemente, ponderá-los adequadamente.

Neste sentido, parece acertada a manifestação de Maurício Portugal Ribeiro e Lucas Navarro Prado:

> É importante anotar que a Administração deverá analisar e se manifestar, ainda que sumariamente, sobre todas as sugestões e críticas recebidas ao longo do processo de consulta pública. Aliás, de nada valeria a exigência de submissão dos documentos à consulta pública se a Administração não fosse obrigada a responder as manifestações.
> Ocorre, entretanto, muitas vezes de, em processos de consulta pública do gênero, a Administração receber grande quantidade de manifestações que contemplam pontos de pouco relevo, ou que são fruto de equívoco na compreensão do projeto e dos documentos publicados. *Nesses casos não nos parece desacertada a postura de responder de forma coletiva às manifestações irrelevantes, ou que são produto de manifesto desentendimento das características do projeto, dos editais e do contrato.* Este procedimento é necessário inclusive para que o órgão contratante posa focar atenção na resposta às questões que levantam dúvidas, problemas e críticas relevantes.[487]

Os mesmos autores, ao tratar da ponderação ao direito de voz nas audiências públicas, apontam que "(...) os comentários impertinentes, desnecessários ou meramente protelatórios, poderão ser limitados pela autoridade pública em vista do artigo 38, §2º, da LPA – aplicado analogicamente para a audiência pública".[488]

---

[487] RIBEIRO, Maurício Portugal; PRADO, Lucas Navarro. *Comentários à Lei de PPP*. São Paulo: Malheiros, 2010. p. 265-266. Destacamos.
[488] NOHARA, Irene Patrícia; MARRARA, Thiago. *Processo administrativo*: Lei nº 9.784/99 comentada. São Paulo: Atlas, 2009. p. 244.

O artigo 38, parágrafo 2º, da Lei de Processo Administrativo, assim dispõe:

> Art. 38. O interessado poderá, na fase instrutória e antes da tomada da decisão, juntar documentos e pareceres, requerer diligências e perícias, bem como aduzir alegações referentes à matéria objeto do processo. (...)
> §2º Somente *poderão ser recusadas, mediante decisão fundamentada, as provas propostas pelos interessados* quando sejam ilícitas, *impertinentes, desnecessárias ou protelatórias*. (Destacamos).

Note-se que mesmo a recusa, mencionada no parágrafo 2º, é uma forma de garantir o direito mínimo de apreciação das contribuições. É dizer, desde que observadas as regras procedimentais das consultas e audiência, a Administração Pública não pode simplesmente ignorar as contribuições que receber e julgar impertinentes, desnecessárias ou protelatórias. Deverá, necessariamente, posicionar-se sobre elas, ainda que por meio da recusa ou da resposta única.

Vemos nos limites do dever de resposta (traduzidos, *e.g.*, nas respostas únicas ou na imposição de limites do direito de voz) uma marca positiva da democracia deliberativa, na medida em que o agente público poderá manejar a sua discricionariedade para estimular a oitiva dos diversos interesses em jogo, favorecendo a ponderação qualificada de argumentos, em detrimento da força política, mas sempre garantindo o direito mínimo de apreciação das contribuições.

Isto é fundamental para a efetivação do ideal democrático, sobretudo considerando que nem todos os que podem ter sua esfera de interesse atingida por determinada concessão possuem capacidade organizacional para formular questionamentos em demasia e pressionar o Poder Público na tomada de sua decisão. Uma contribuição pode ter a mesma importância que cem delas para o processo decisório de um projeto. Na esteira do que ensinam os "deliberacionistas", a essência da democracia não está na força da maioria, mas na "(...) discussão fundamentada dos argumentos [deliberation, em inglês] entre todos os sujeitos envolvidos no tema em debate".[489] Neste contexto, não é descabido reconhecer limites ao

---

[489] BOBBIO, Luigi. Dilemmi della democrazia participativa. *Rivista Democrazia e Diritto*, nº 4, p. 11-26, 2006. Disponível em: <http://www.francoangeli.it/riviste/Scheda_Rivista.aspx?

dever de resposta nas consultas e nas audiências públicas, quando destinados a frear a força política de determinados grupos para garantir que outros sejam ouvidos.

Não fosse pelos argumentos apresentados, seria pela atenção ao princípio da eficiência que o limite ao dever de resposta seria reconhecido. Certamente o Administrador precisa tomar conhecimento de todas as perguntas, mas não é seu dever responder fundamentadamente cada uma delas, sobretudo se entender que os estudos já estão suficientemente fundamentados e que as perguntas não contribuem para a revisão das decisões.

Jessé Torres também reconhece limites ao dever de resposta na seguinte situação:

> Em face do vulto da licitação, compreende-se o intuito do legislador, contudo é preciso discernir-lhe o alcance. Não terá querido submeter ao crivo dos interessados a decisão de realizar o certame, por si só obrigatório, em princípio.
>
> Justifica-se a audiência para debater o objeto a ser licitado e o projeto proposto para a sua execução. Não haveria utilidade em rever com populares (presumidamente leigos) matéria que é estritamente técnico-jurídica, quanto a se é devida, dispensável, inexigível ou vedada à licitação; a resposta encontra-se na Constituição e na legislação pertinente, e não em reuniões assembleares. O que seria passível de discussão aberta concerne ao teor político-administrativo do ato que delibera empreender o objeto e a como fazê-lo.[490]

É preciso proteger a esfera de discricionariedade do Administrador, até porque todos os atos administrativos, inclusive os discricionários, são passíveis de controle jurisdicional (artigo 5º, inciso XXXV, Constituição Federal), de modo que o controle social da decisão não é o único modo de coibir abusos.

IDArticolo=30582&idRivista=116>. Acesso em: 22 dez. 2015. p. 13. Tradução livre. No original: "Secondo i 'deliberativisti', l'essenza della democrazia non consiste nella conta dei voti tra posizioni precostituite, secondo il principio di maggioranza, *o nella negoziazione tra interessi dati, ma nella discussione fondata su argomenti (deliberation, in inglese) tra tutti i soggetti coinvolti dal tema sul tappeto*". Destacamos.

[490] Jessé Torres *apud* FIGUEIREDO, Lúcia Valle. Instrumentos da administração consensual: a audiência pública e sua finalidade. *Revista Eletrônica de Direito Administrativo Econômico –* REDAE, Salvador, nº 11, ago./out. 2007. Disponível em: <http://www.direitodoestado.com/revista/REDAE-11-AGOSTO-2007-LUCIA%20VALLE.pdf>. Acesso em: 22 dez. 2015. p. 7.

Assim, temos que a fragilidade que as contribuições bloqueadistas poderiam trazer nas consultas e audiências públicas por conta da influência excessiva de grupos de interesse organizados ficam superadas se considerarmos que o dever de resposta é flexível, não deixando o gestor público refém das armadilhas políticas criadas nestas situações.

CAPÍTULO 4

ALTERNATIVAS PARA O APERFEIÇOAMENTO DA PARTICIPAÇÃO DOS ADMINISTRADOS NO PROCESSO DE ELABORAÇÃO DE CONTRATOS DE PPP

Algumas das alternativas para o aperfeiçoamento da condução do processo de elaboração dos contratos de PPP com vistas a otimizar a participação dos administrados foram expostas ao longo dos capítulos 2 e 3, seja por meio da apresentação do que entendemos ser boas práticas, seja por meio da elucidação de temas que atravancam a evolução do processo.

Fixamos o entendimento no sentido de ser necessário planejamento por parte do Poder Público para realizar o PMI, pois sua participação ativa é condição indispensável para o sucesso da parceria.

Reforçamos a ideia, hoje positivada, de que as partes envolvidas no PMI podem contar com o apoio mútuo até o momento da publicação do edital, quando a interação da Administração com terceiros deve ser encerrada.

Buscamos esclarecer que os interesses do mercado de consultoria não devem pautar as medidas de aperfeiçoamento do PMI, razão pela qual refutamos as alternativas que se apresentam para transformá-lo "(...) num instrumento o mais atrativo possível para agentes privados não interessados em se tornarem os titulares dos empreendimentos modelados – ou seja, estruturadores independentes".[491] Fixamos, assim, o entendimento de que o PMI é um legítimo instrumento voltado a aproximar especialmente o Poder Público e os interessados na execução da concessão, e não os interessados na elaboração do projeto.

Demonstramos formas de conferir transparência e publicidade aos atos administrativos, especialmente àqueles relacionados a tomadas de decisões, respeitando o princípio da eficiência. O objetivo é contribuir para o incremento da legitimidade das decisões tomadas para a execução do projeto, por meio da participação e do controle.

Sem olvidar o dever de transparência, reconhecemos a importância de se proteger informações comerciais sensíveis das empresas e de criar um ambiente de cooperação e de confiança mútua entre os futuros parceiros.

Especificamente no que diz respeito ao PMI, lembramos que não há óbice para que a Administração e os interessados se reúnam antes do chamamento público para tratar de possíveis autorizações.

Sinalizamos a importância de se proteger a esfera de discricionariedade do Administrador, especialmente no que diz respeito aos limites do dever de resposta nas consultas e nas audiências públicas.

Cumpre-nos, agora, expor algumas propostas de aperfeiçoamento dos instrumentos de participação popular nos processos administrativos de contratos de PPP que não foram ainda tratadas neste estudo ou que não foram tratadas de forma aprofundada.

4.1 Planejamento da participação dos administrados

Há diversas formas de desenhar a participação dos administrados na modelagem de um contrato de PPP. As características do projeto que se pretende conceber terão impacto direto na escolha

---

[491] BELSITO, Bruno Gazzaneo. *O procedimento de manifestação de interesse/PMI na estruturação de contrato de concessão*: exame crítico e proposta de aperfeiçoamento do instrumento no direito brasileiro. 2015. 319 f. Dissertação (Mestrado em Direito) – Faculdade de Direito, Universidade do Estado do Rio de Janeiro, Rio de Janeiro, 2015. p. 258.

de alguns instrumentos e na sua forma de desenvolvimento. Como vimos, a divulgação dos fóruns de participação pode ser mais ou menos ampla e direcionada. As audiências podem ser feitas uma ou várias vezes. Sorteios de cidadãos podem ou não ser realizados. Há, enfim, uma gama de decisões a serem tomadas especificamente em relação à participação popular.

Neste contexto, parece-nos adequado contar com o conhecimento de especialistas capazes de planejar estrategicamente as ações voltadas a garantir a participação e cuidar do seu correto desenvolvimento. Tais profissionais devem compreender o alcance do projeto, identificar as pessoas que terão as suas esferas de interesse por ele afetadas e, a partir daí, eleger os instrumentos mais adequados para alcançar a ampla participação, fixar planos de comunicação adequados, acompanhar a interação do público-privado e monitorar a qualidade das comunicações estabelecidas.

Em alguns casos, é importante identificar e estimular o engajamento de lideranças comunitárias, de grupos de interesse, de instituições ou de personalidades públicas relacionadas ao desenvolvimento do projeto. Esta afirmativa decorre da premissa de que a participação confere mais legitimidade e autenticidade às decisões públicas, incrementando a aderência dos administrados a ela. Natural, portanto, que o engajamento de *stakeholders* nas decisões da modelagem do projeto amplie as suas chances de sucesso.

Neste ponto, aproximamo-nos dos que reconhecem a legitimidade da participação não apenas na realização formal dos atos de participação. Para ser autêntica, ela deve propiciar um debate efetivo sobre o projeto, envolvendo os interesses da maior parte de interessados possível.

4.2 Criação de canais eficazes de comunicação no PMI

Já em relação à *evolução dos estudos no âmbito do PMI*, uma vez mais trazemos as palavras de Gustavo Henrique Carvalho Schiefler, para lembrar que:

A Administração Pública não pode descurar do procedimento ou confiar cegamente que ao final do prazo os particulares apresentarão as propostas ideais. Pelo contrário, deve haver um trabalho de acompanhamento contínuo, dialógico, conjunto, para que a probabilidade de que estudos e projetos conformem a finalidade pretendida aumente.[492]

Fundamental, portanto, que exista um canal eficaz de comunicação entre a Administração e os administrados durante a produção dos estudos. A realização de reuniões periódicas não só é permitida, como recomendável e, muitas vezes, definidora para o sucesso da modelagem do projeto.

4.3 Considerações sobre a bonificação dos estudos desenvolvidos no PMI

Uma outra forma de aperfeiçoamento do PMI frequentemente apontada na nossa incipiente doutrina sobre o tema diz com a *bonificação do estudioso*. Neste sentido, Vera Monteiro tece os seguintes questionamentos:

> Olhando para as potencialidades do PMI, segue uma ideia, para fomentar o debate: Que tal dar ao autor do estudo escolhido alguma vantagem para participar da licitação? Poderia ser um direito de cobrir a melhor proposta (se a licitação tivesse fase competitiva em lances)? Um direito a um empate ficto, sob certas condições? Uma margem de preferência? Ou, que tal, combinar o PMI com o convite da Lei 8.666/1993, limitando o número de participantes aos convidados?[493]

Inspirados na experiência estrangeira, Dinorá Adelaide Musetti Grotti e Mário Márcio Saadi Lima afirmam que:

---

[492] SCHIEFLER, Gustavo Henrique Carvalho. *Procedimento de manifestação de interesse (PMI)*: solicitação e apresentação de estudos e projetos para a estruturação de concessões comuns e parcerias público-privadas. 2013. 500 f. Dissertação (Mestrado em Direito) – Centro de Ciências Jurídicas, Programa de Pós-Graduação em Direito, Universidade Federal de Santa Catarina, Florianópolis, 2013. p. 414.

[493] MONTEIRO, Vera. Contratação de serviço de consultoria para a estruturação de projeto de infraestrutura: qual o melhor caminho? In: JUSTEN FILHO, Marçal; SCHWIND, Rafael Wallback (Coords.). *Parcerias público-privadas*: reflexões sobre os 10 anos da Lei 11.079/2004. São Paulo: Revista dos Tribunais, 2015. p. 143-152. p. 148.

Enquanto no Brasil o benefício imediato das empresas autorizadas a apresentar os trabalhos técnicos, no âmbito dos PMIs, é a possibilidade de serem ressarcidas pelos custos incorridos e de contribuir, em alguma medida, para que determinado projeto de seu interesse comercial seja viabilizado, no Direito estrangeiro garantem-se vantagens no curso do procedimento licitatório.

Podem ser destacadas três outras formas de benefícios à apresentação de estudos em sede de procedimentos de manifestação de interesse na experiência estrangeira: (i) *Bonus System*; (ii) *Swiss Chalenge*; (iii) *Best and Final Offer*.[494]

Sobre as alternativas de bonificação previstas no Direito estrangeiro, os autores explicam:

(...) por meio do *Bonus System* é atribuída vantagem, em termos percentuais, aos interessados cujos trabalhos técnicos foram selecionados pela Administração Pública para lançar a licitação. No *Swiss Chalenge System*, garante-se o direito de preferência na licitação, por meio do desafio à melhor proposta apresentada no procedimento licitatório. Por meio do *Best and Final Offer*, confere-se ao autor dos estudos o direito de acesso imediato à fase final da licitação.[495]

À primeira vista, a bonificação parece bastante razoável como medida para estimular a aproximação do Poder Público daqueles que pretendem executar concessões, mas temos dificuldade de enxergar a sua implementação na hipótese de existir mais de um projeto selecionado na modelagem final da parceria.

Lívia Wanderley de Barros Maia Vieira e Rafael Roque Garofano, em cuidadoso levantamento sobre as contribuições do

---

[494] GROTTI, Dinorá Adelaide Musetti; SAADI, Mário. O procedimento de manifestação de interesse. In: JUSTEN FILHO, Marçal; SCHWIND, Rafael Wallback (Coords.). *Parcerias público-privadas*: reflexões sobre os 10 anos da Lei 11.079/2004. São Paulo: Revista dos Tribunais, 2015. p. 153-176. p. 173. Sobre o tema, ver também BELSITO, Bruno Gazzaneo. *O procedimento de manifestação de interesse/PMI na estruturação de contrato de concessão*: exame crítico e proposta de aperfeiçoamento do instrumento no direito brasileiro. 2015. 319 f. Dissertação (Mestrado em Direito) – Faculdade de Direito, Universidade do Estado do Rio de Janeiro, Rio de Janeiro, 2015. p.137-140.

[495] GROTTI, Dinorá Adelaide Musetti; SAADI, Mário. O procedimento de manifestação de interesse. In: JUSTEN FILHO, Marçal; SCHWIND, Rafael Wallback (Coords.). *Parcerias público-privadas*: reflexões sobre os 10 anos da Lei 11.079/2004. São Paulo: Revista dos Tribunais, 2015. p. 153-176. p. 173.

Direito Comparado, também destacam a existência de outro sistema, mais simples – qual seja, o *reimbursement system*. Como anota Juliana Bonacorsi de Palma:

> Ao contrário do panorama internacional, o Dec. n 5.977/2006 afasta qualquer direito de preferência para a outorga da concessão, afastando-se, portanto, a dinâmica de bônus, de contrapropostas, de margem de preferência ou de qualquer outro incentivo à participação do particular na montagem do projeto de PPP. Têm-se, assim, decisões na contramão das boas práticas internacionais, na medida em que o desenho do regulamento não prevê incentivos à efetiva participação dos particulares na modelagem do projeto de PPP.[496]

Embora o decreto mencionado pela autora tenha sido substituído por um novo, este não alterou os aspectos ali citados – é dizer, não introduziu bonificação, de modo que o trecho citado continua atual. Entretanto, a dificuldade de enquadramento normativo da bonificação estaria, na realidade, no âmbito legal,[497] não infralegal, pois, como anota Guilherme Fredherico Dias Reisdorfer:

> (...) a previsão do direito de preferência pressuporia disciplina legislativa que incorporasse tal novidade ao ordenamento. Como a disciplina legislativa sobre licitações públicas constitui competência privativa da União e não contempla tal possibilidade, ela não pode ser criada na esfera administrativa.[498]

Lívia Wanderley de Barros Maia Vieira e Rafael Roque Garofano trazem também o exemplo da Argentina, onde existe

---

[496] PALMA, Juliana Bonacorsi de. Governança pública nas parcerias público-privadas: o caso da elaboração consensual de projetos de PPP. In: JUSTEN FILHO, Marçal; SCHWIND, Rafael Wallback (Coords.). *Parcerias público-privadas*: reflexões sobre os 10 anos da Lei 11.079/2004. São Paulo: Revista dos Tribunais, 2015. p. 113-142. p. 135.

[497] A Medida Provisória 727, de 12 de maio de 2016, previa o pagamento de uma "recompensa pelo risco" aos que assumissem a elaboração dos estudos nos seguintes termos: "Art. 14. Para a estruturação integrada de empreendimentos integrantes do PPI, a administração pública titular poderá: (...) §4º. O edital do chamamento poderá prever que, além de compensação das despesas, que o ressarcimento ao autorizado inclua uma recompensa pelos riscos assumidos e pelo resultado dos estudos". Porém, a previsão de bonificação não foi mantida no âmbito da lei de conversão.

[498] REISDORFER, Guilherme F. Dias. Soluções contratuais público-privadas: os procedimentos de manifestação de interesse (PMI) e as propostas não solicitadas (PNS). In: JUSTEN FILHO, Marçal; SCHWIND, Rafael Wallback (Coords). *Parcerias público-privadas*: reflexões sobre os 10 anos da Lei 11.079/2004. São Paulo: Revista dos Tribunais, 2015. p. 177-206. p. 195.

uma comissão mista nomeada e criada para avaliar propostas não solicitadas. Vê-se, ali, que, desde a fase embrionária do projeto, há uma sinergia entre os ministérios do Planejamento e das Finanças. Este tipo de integração pode ser um grande passo para evitar falhas de coordenação no projeto e diminuir resistências setoriais, dentro do próprio governo.

No Chile, os autores destacam a existência do prazo de um ano para que ocorra a licitação da obra cujo estudo tenha sido aprovado mediante uma proposta não solicitada. Este prazo começa a ser contado quando da aprovação da proposta. A ideia de fixar um prazo para a condução do processo – que, *a priori*, parece ser boa, na medida em que aumenta a previsibilidade dos investimentos privados – na prática não é receita certa para o sucesso. Isto porque, como os próprios autores assinalam, o Chile possui um baixíssimo índice de aproveitamento das propostas.

4.4 Vocalização dos interesses difusos nas audiências públicas

Um dos obstáculos à perfeita implementação da audiência pública no Brasil apontados por Carlos Ari Sundfeld é a dificuldade de se encontrar *as pessoas que vocalizem os interesses difusos* e, por isso, o autor sugere que tomemos, por exemplo. as experiências internacionais para aperfeiçoar este mecanismo de participação.

> Na experiência internacional mais sofisticada, esta vocalização, no âmbito do processo administrativo, não é feita por agentes internos (...). Na esfera administrativa, o fenômeno é outro: como os interesses são muito mais dinâmicos, o que se procura fazer é a representação por meio das entidades associativas. Daí a importância do estímulo a tais entidades: para que sejam capazes de vocalizar, no processo administrativo, os interesses da sociedade, em toda sua variedade.[499]

---

[499] SUNDFELD, Carlos Ari. Processo administrativo: um diálogo necessário entre o Estado e cidadão. *Revista de Direito Administrativo & Constitucional* – A&C, Belo Horizonte, nº 23, p. 39-51, 2006.

Neste sentido, parece-nos oportuna a recente regulamentação da Lei nº 13.019/2014 (Lei das Organizações da Sociedade Civil).[500] Portanto, a exemplo dos instrumentos de participação tratados neste estudo, nota-se aqui também mais uma manifestação da consensualidade administrativa que poderá aperfeiçoar, por via reflexa, os processos de elaboração de contratos de PPP, na medida em que, se a lei alcançar os seus objetivos, provavelmente as *vozes dos interesses difusas* poderão ser ouvidas também nas audiências públicas de projetos de infraestrutura.

4.5 Participação por sorteio nas audiências públicas

Uma outra forma de ampliar o alcance da participação nos processos de elaboração de contratos de PPP seria por meio do sorteio de cidadãos para participar das audiências públicas.

O método da seleção casual, ou da amostra de cidadãos, está na base de diversas experiências de participação popular estrangeiras, embora não voltadas propriamente para decisões relacionadas aos projetos de concessão (é o caso dos júris de cidadãos, das sondagens deliberativas, das *consensus conferences*, etc.).[501]

Não vemos, entretanto, óbice para que tal ideia seja importada para a audiência pública de alguns projetos de PPP, por meio do sorteio de cidadãos pertencentes à população afetada pelo escopo da concessão que se cogita. Naturalmente, a participação não seria obrigatória, porém é possível que, mesmo com as recusas, a participação no processo decisório fosse ampliada.

Isto porque, conforme explica Luigi Bobbio:

> Neste caso, não estaremos mais tratando com militantes, líderes naturais ou cidadãos ativos (...) mas com cidadãos absolutamente comuns, que

---

[500] Ver artigos 18 a 21 da Lei nº 13.019/2014. Curiosamente, o diploma também prevê um "procedimento de manifestação de interesse social" – instrumento por meio do qual organizações da sociedade civil, movimentos sociais e cidadãos poderão apresentar propostas ao Poder Público para que este avalie a possibilidade de realização de um chamamento público objetivando a celebração de parceria.

[501] É o que observa BOBBIO, Luigi. Dilemmi della democrazia participativa. *Rivista Democrazia e Diritto*, nº 4, p. 11-26, 2006. Disponível em: <http://www.francoangeli.it/riviste/Scheda_Rivista.aspx?IDArticolo =30582&idRivista=116>. Acesso em: 22 dez. 2015. p. 17.

jamais iriam a uma assembleia ou se candidatariam a uma mesa social. Se o objetivo da democracia participativa é dar voz a quem normalmente não a tem, não há dúvidas de que a seleção por sorteio constitui uma resposta particularmente forte.[502]

O autor destaca ainda os fundamentos deste tipo de participação nos seguintes termos:

> A aposta que está por trás desta aproximação é a de que qualquer cidadão, colocado em condições de interlocução com os outros e de ter conhecimento das informações necessárias, estará capacitado para exprimir uma posição pontual sobre qualquer problema político e construir, junto aos demais, soluções inteligentes.[503]

A participação por amostragem, entretanto, não é isenta de críticas. De todas,[504] a que a nosso ver merece mais atenção é aquela que diz com a debilidade dos cidadãos comuns para lidar com a força das posições dominantes. Afinal, é mais fácil sobrepor a opinião de cidadãos comuns do que argumentar com ativistas ou grupos sociais organizados – geralmente, mais conhecedores dos problemas em debate.

Neste sentido, o afastamento do contraditório direto[505] dos militantes com a Administração e a aproximação do debate entre

---

[502] BOBBIO, Luigi. Dilemmi della democrazia participativa. *Rivista Democrazia e Diritto*, nº 4, p. 11-26, 2006. Disponível em: <http://www.francoangeli.it/riviste/Scheda_Rivista.aspx?IDArticolo=30582&id Rivista =116>. Acesso em: 22 dez. 2015. p. 17. Tradução livre. No original: "In questo caso non avremo più a che fare con militanti, leader naturali o cittadini attivi (…), ma ca con cittadini assolutamente comuni, che non varcherebbero mai la porta di un'assemblea o non si candiderebbero mai a un tavolo sociale. Se l'obiettivo della democrazia partecipativa è quello di dare voce a chi normalmente non ce l'ha, non c'è dubbio che la selezione per sorteggio costituisce una risposta particolarmente forte".

[503] BOBBIO, Luigi. Dilemmi della democrazia participativa. *Rivista Democrazia e Diritto*, nº 4, p. 11-26, 2006. Disponível em: <http://www.francoangeli.it/riviste/Scheda_Rivista.aspx?IDArticolo=30582&id Rivista=116>. Acesso em: 22 dez. 2015. p. 17. Tradução livre. No original: "La scommessa che sta dietro a questo approccio è che qualsiasi cittadino, messo in condizioni di interloquire con gli altri e di assumere le informazioni necessarie, sia in grado di esprimere posizioni puntuali su qualsiasi problema pubblico e costruire, insieme agli altri, soluzioni intelligenti".

[504] BOBBIO, Luigi. Dilemmi della democrazia participativa. *Rivista Democrazia e Diritto*, nº 4, p. 11-26, 2006. Disponível em: <http://www.francoangeli.it/riviste/Scheda_Rivista.aspx?IDArticolo=30582&id Rivista=116>. Acesso em: 22 dez. 2015.nas p. 17 e 18 aborda os pontos frágeis desse tipo de participação.

[505] BOBBIO, Luigi. Dilemmi della democrazia participativa. *Rivista Democrazia e Diritto*, nº 4, p. 11-26, 2006. Disponível em: <http://www.francoangeli.it/riviste/Scheda_Rivista.aspx?IDArticolo=30582&id Rivista=116>. Acesso em: 22 dez. 2015. p. 18.

os cidadãos, como sugere Luigi Bobbio, pode ser uma solução eficiente. Nestes casos, estaria garantida a possibilidade a uma amostra de cidadãos comuns de apresentar suas perguntas, discutir e se pronunciar, cabendo aos militantes encontrar os argumentos para convencer-lhes de seus pontos de vista.

4.6 Profissionalização da participação: introdução de agentes facilitadores neutros nas audiências públicas

Sérgio Ferraz e Adilson de Abreu Dallari discorrem a respeito da necessidade de comportamento mais atuante dos interessados no bojo da audiência pública, o que deve ser, em última análise, garantido pela própria Administração, por meio da adoção de mecanismos que permitam uma maior intervenção nos assuntos objeto de discussão:

> Por óbvio que só se poderá falar de audiência pública quando em sua realização não apenas se assegure a efetiva participação do indivíduo, mas sobretudo quando nela se adotem mecanismos "provocativos" de participação dos presentes, sacudindo-os do marasmo, da timidez ou do temor em face da Administração.[506]

Nesta linha, Luigi Bobbio, ao tratar das formas de participação popular, discorre sobre o método do microcosmo, entendido como aquele ambiente, criado artificialmente, que reflita a mais ampla possível gama de interesses e pontos de vistas presentes na sociedade de referência.[507] Para o autor:

> Este [microcosmo] pressupõe a existência de um agente externo interessado em construir esta sede de discussões e disposto a encontrar pacientemente, por meio de uma operação de *outreach*

---

[506] DALLARI, Adilson Abreu; FERRAZ, Sérgio. *Processo administrativo*. 3. ed. São Paulo: Malheiros, 2012. p. 222.

[507] BOBBIO, Luigi. Dilemmi della democrazia participativa. *Rivista Democrazia e Diritto*, nº 4, p. 11-26, 2006. Disponível em: <http://www.francoangeli.it/riviste/Scheda_Rivista.aspx?IDArticolo=30582&id Rivista=116>. Acesso em: 22 dez. 2015. p. 16.

e sem preconceito, os diversos interesses (mesmo os menores ou minoritários) que podem contribuir para confrontar o problema. (...) Os animadores fazem exatamente isto: transitam pelo território, falam com as pessoas nos mercados e nos bares, buscam compreender os interesses que podem ser negligenciados e, assim, procuram de dar vida a microcosmos inclusivos que, ao menos nas intenções, não excluem ninguém. (...) O resultado deste esforço será sempre imperfeito, mas não são raros os casos nos quais a composição do microcosmo apresenta ser logicamente inclusiva, dadas as condições culturais e sociais na qual opera. Esta aproximação requer a presença de um ator externo que seja ao mesmo tempo imparcial, apaixonado, inteligente e aberto. Trata-se de uma condição impossível? Certamente não é comuníssima, mas pode acontecer de a profissionalização deste papel favorecer seu aparecimento (...).[508]

Em nosso entendimento, a presença de atores que capturem a existência de diversos interesses e sejam capazes de articulá-los, especialmente no âmbito da audiência pública, pode estimular a participação das pessoas estratégicas para a modelagem da concessão.

Sujeitos deste tipo já desenvolvem um papel fundamental em muitas experiências participativas (...). Em torno das práticas de participação surgiram e se multiplicaram estas novas figuras profissionais, porque, se há a impressão de que a democracia participativa é exposta ao risco da instrumentalização (seja por parte dos movimentos, seja por parte dos políticos), não se pode subestimar a presença de um terceiro sujeito, ao mesmo tempo capacitado e neutro; ou seja, de um estrangeiro competente. No caso francês do debate público sobre as

---

[508] BOBBIO, Luigi. Dilemmi della democrazia participativa. *Rivista Democrazia e Diritto*, nº 4, p. 11-26, 2006. Disponível em: <http://www.francoangeli.it/riviste/Scheda_Rivista. aspx?IDArticolo=30582&id Rivista=116>. Acesso em: 22 dez. 2015. p. 16-17. Tradução livre. No original: "Questo presuppone l'esistenza di un agente esterno che sia interessato a costruire questa sede di di- scussione e che sia disposto a rintracciare pazientemente, attraverso un'operazione di outreach e senza pregiudizi, i diversi interessi (anche minuti o minoritari) che potrebbero contribuire ad affrontare il problema. (...) Gli animatori fanno esattamente questo: girano per il ter- ritorio, parlano con le persone nei mercati e nei bar, cercano di capire quali interessi rischiano di essere trascurati e cercano quindi di dare vita a microcosmi inclusivi che, almeno nelle intenzioni, non lascino fuori nessuno. (...) Il risultato di questo sforzo sarà sempre imperfetto, ma non sono infrequenti i casi in cui la composizione del microcosmo appare ragionevolmente inclusiva, date le condizioni culturali e sociali in cui si opera. Questo approccio richiede la presenza di un attore esterno che sia nello stesso tempo imparziale, appassionato, intelligente e aperto. Si tratta una condizione impossibile? Certo non è comunissima, ma può darsi che la professionalizzazione di questi ruoli possa favorirne la comparsa (...)".

grandes infraestruturas, foi a própria lei nacional que confiou a gestão do processo a uma autoridade independente.[509]

Assinala, ademais, que:

(...) a imparcialidade do facilitador é, na verdade, totalmente diversa (e às vezes até oposta) daquela do juiz, do técnico ou do burocrata. É informal, e não formal; é quente, e não fria; é simpatizante, ao invés de ser conduzida *sine ira ac studio*. Não busca equidistância, mas sim – podemos dizer – uma "equiproximidade".[510]

Augustín Gordillo também reconhece que não é indispensável que a audiência pública seja conduzida por funcionários públicos, podendo isto ser feito por um terceiro neutro. Esta solução pode ser especialmente considerada nas hipóteses em que há alto nível de confronto com os administrados e exposição da autoridade pública em função do teor do debate travado na audiência.[511]

A presença de tais profissionais pode se traduzir em um grande ganho para os instrumentos de participação, especialmente para as audiências públicas, em que não raramente a exposição desordenada de opiniões implica baixa qualidade de discussões e pouco ou nenhum aproveitamento das contribuições dos presentes.

---

[509] BOBBIO, Luigi. Dilemmi della democrazia participativa. *Rivista Democrazia e Diritto*, nº 4, p. 11-26, 2006. Disponível em: <http://www.francoangeli.it/riviste/Scheda_Rivista.aspx?IDArticolo=30582&id Rivista =116>. Acesso em: 22 dez. 2015. p. 19. Tradução livre. No original: "Soggetti di questo tipo svolgono già un ruolo fondamentale in molte esperienze partecipative (...). Attorno alle pratiche di partecipazione sono fiorite e si sono moltiplicate queste nuove figure professionali perché si ha l'impressione che la democrazia partecipativa, esposta com'è al rischio della strumentalizzazione (sia da parte dei movimenti che da parte dei politici) non possa fare a meno di un *soggetto terzo* che sia nello stesso tempo capace e neutrale, insomma di uno straniero competente. Nel caso francese del dibattito pubblico sulle grandi infrastrutture è stata la stessa legge nazionale ad affidare la gestione del processo a un'autorità indipendente". Destaque original.

[510] BOBBIO, Luigi. Dilemmi della democrazia participativa. *Rivista Democrazia e Diritto*, nº 4, p. 11-26, 2006. Disponível em: <http://www.francoangeli.it/riviste/Scheda_Rivista.aspx?IDArticolo=30582&id Rivista =116>. Acesso em: 22 dez. 2015. p. 19. Tradução livre. No original: "L'imparzialità del facilitatore è infatti cosa assai diversa (e per certi versi opposta) da quella del giudice, del tecnico o del burocrate. È informale invece che formale, è calda invece che fredda, è simpatetica invece che essere condotta *sine ira ac studio*. Non cerca l'equidistanza, ma – potremmo dire – l'equivicinanza". Destaque original.

[511] GORDILLO, Augustín. *Tratado de derecho administrativo*. 5. ed. Belo Horizonte: Del Rey; Fundación de Derecho Administrativo, 2003. Tomo 2. p. XI-13.

Os *roadshows*, geralmente compostos por grupos menores, e as consultas públicas, que se desenrolam por atos escritos, tendem a se desenvolver de forma mais ordenada e eficiente que as audiências públicas, mas a presença de terceiros neutros pode ajudar a qualificar a percepção dos interesses mesmo nestes instrumentos, posto que estamos a falar de técnicos conhecedores de instrumentos de escuta, de interação e de gestão de conflitos.

4.7 Realização de pré-audiência

Augustín Gordillo[512] traz notícias das regras do estado de Nova Iorque, onde é prevista a possibilidade de realização de uma audiência prévia à audiência pública, com o objetivo de colher documentos e testemunhos, limitar, definir prazos e emitir instruções para o melhor desenvolvimeto da audiência. Naquele estado, os fatos expostos na pré-audiência terão caráter reservado.

Entendemos que a pré-audiência pode ser de grande utilidade para aumentar a eficiência das audiências públicas destinadas a discutir projetos de PPP. Não se buscará com ela "(...) chegar a um acordo entre as partes (...)"[513] pois não há litígio a ser equacionado em processo administrativo de elaboração de contratos, porém, podem ser concentrados neste momento a divulgação mais detalhada do projeto proposto pelo Poder Público, o recolhimento de provas materiais eventualmente produzidas pelos particulares relacionadas ao projeto, a definição do rito a ser perseguido na audiência pública.

A entrega antecipada de provas escritas produzidas pelos privados permite que a Administração as analise previamente e vá para a audiência preparada para um debate mais qualificado ou, ainda, que altere as suas decisões em função das provas

---

[512] GORDILLO, Augustín. *Tratado de derecho administrativo*. 5. ed. Belo Horizonte: Del Rey; Fundación de Derecho Administrativo, 2003. Tomo 2. p. XI-12 e XI-13.

[513] GORDILLO, Augustín. *Tratado de derecho administrativo*. 5. ed. Belo Horizonte: Del Rey; Fundación de Derecho Administrativo, 2003. Tomo 2. p. XI-13. Tradução livre. No original: "(...) arribar a un acuerdo de partes (...)".

entregues, e comunique isto na audiência, oportunizando novos questionamentos.

Vemos a pré-audiência como uma oportunidade de antecipar etapas da audiência pública, otimizando a sua realização, ou seja, deixando para que nela se concentrem as manifestações orais dos privados (já previamente esclarecidos sobre o teor do projeto) e os debates sobre (e não a apresentação de) provas escritas.

Augustín Gordillo[514] entende que o caráter eventualmente sigiloso das informações entregues na pré-audiência não poderia ser preservado, pois implicaria ofensa ao princípio da publicidade. De nossa parte, entendemos que o princípio da publicidade deve ser lido com reservas, como demonstramos no subcapítulo 3.5.2. Portanto, a depender do teor do material entregue à Administração, o sigilo dos documentos pode ser assegurado, sem que isto signifique ofensa ao princípio da publicidade.

---

[514] GORDILLO, Augustín. *Tratado de derecho administrativo*. 5. ed. Belo Horizonte: Del Rey; Fundación de Derecho Administrativo, 2003. Tomo 2. p. XI-12 e XI-13.

CAPÍTULO 5

SÍNTESE DAS CONCLUSÕES

Exporemos nossas considerações finais classificando-as inicialmente de acordo com os instrumentos estudados, para, então, apresentar aquelas que são comuns a todos.

5.1 Procedimento de manifestação de interesse

a) A realização do PMI não é obrigatória; o procedimento é uma das formas de estruturar os projetos de PPP, mas não é a única e nem sempre é a melhor;
b) Não há um entendimento comum sobre a natureza jurídica do ato que funda o PMI (ou sobre o PMI) na doutrina, nos acórdãos ou nos votos dos ministros do TCU que já trataram do tema;
c) Identificamos a autorização a que se refere o artigo 21 da Lei nº 8.987/1995 como um contrato administrativo atípico, fruto da realização do princípio da autonomia administrativa contratual.
d) Portanto, para nós:
1. o ato sobre o qual se funda o PMI não é um contrato administrativo bilateral, sinalagmático e contraprestacional, nem corresponde ao contrato de prestação de serviços previsto no artigo 37, inciso XXI, da Constituição Federal;
2. as características da autorização mencionada no artigo 21 da Lei nº 8.987/1995 não se assemelham àquelas três tradicionalmente identificadas nas autorizações

administrativas (discricionariedade, precariedade e unilateralidade), pois no PMI há bilateralidade na relação travada entre a Administração Pública e os administrados.
3. Ao conceder a autorização para realizar o PMI, a Administração assume deveres perante o autorizatário especificamente em função dos princípios da eficiência, da boa-fé e do dever de cooperação instrutória prevista no artigo 37 da Lei de Processo Administrativo;

e) em consonância com o atual entendimento do TCU, consideramos que o PMI não está sujeito a um processo licitatório;

f) o ressarcimento de estudos desenvolvidos por privados com vistas à consecução de projetos públicos não se confunde com renúncia de receitas ou contraprestação;

g) as propostas de aperfeiçoamento do PMI devem ser precipuamente orientadas para aproximar do Poder Concedente futuros concessionários;

h) há projetos de lei que buscam distorcer a natureza jurídica do contrato administrativo atípico que funda o PMI;

i) o desconhecimento sobre as bases constitucionais e legais nas quais se funda o PMI e sobre os limites da interação público-privada impostos pelo nosso ordenamento, somados à nossa cultura de desconfiança e falta de planejamento da participação dos administrados, contribuem para que o PMI ainda não tenha se firmado como meio eficaz na estruturação de projetos de PPP.

5.2 Consulta pública

a) A consulta pública é o único instrumento de participação popular estudado cuja utilização é obrigatória;

b) A realização de consulta pública previamente à publicação do edital de PPP é obrigatória mesmo nos casos em que a regulamentação estadual, distrital, municipal ou setorial não contemple expressamente este mecanismo de participação.

5.3 Audiência pública

a) A realização de audiências públicas previamente à publicação do edital de PPP é uma faculdade do Poder Concedente, salvo nos casos em que exista regramento em sentido contrário;
1. Porém, devido à magnitude dos projetos e aos diferentes interesses envolvidos nas contratações de PPP, na maioria das vezes, será imperioso proceder à realização da audiência, em complementação à consulta pública, para conferir legitimidade à concessão;
b) O comportamento da autoridade que conduz a audiência pública é fundamental para atingir os objetivos do encontro;
c) Há diversas alternativas para o aperfeiçoamento das audiências públicas (participação por sorteio, introdução de agentes neutros facilitadores, realização de pré-audiência);
d) Vemos nos limites do dever de resposta (traduzidos, *e.g.*, nas respostas únicas ou na imposição de limites do direito de voz) uma marca positiva da democracia deliberativa, na medida em que o agente público poderá manejar a sua discricionariedade para estimular a oitiva dos diversos interesses em jogo, favorecendo a ponderação qualificada de argumentos, em detrimento da força política, mas sempre garantindo o direito mínimo de apreciação das contribuições.

5.4 *Roadshow*

a) O chamado *roadshow* é um instrumento com baixo grau de formalização e seu procedimento não é regulamentado em lei;
b) A flexibilidade do instrumento pode ser bastante útil para ampliar a concorrência por meio da divulgação do projeto.

5.5 Considerações comuns a todos os instrumentos estudados

a) O direito à participação popular, garantido pela Constituição Federal, é o principal fundamento jurídico dos quatro instrumentos estudados;

b) As características do contrato de PPP influenciam as características do seu processo administrativo de elaboração, determinando que este contemple a participação dos administrados, sendo no mínimo garantida a realização de uma consulta pública antes da celebração da concessão;
c) As contribuições provenientes do PMI, da consulta pública, da audiência pública e do *roadshow* não vinculam as decisões da Administração Pública quanto à modelagem do projeto de PPP, porém devem necessariamente ser consideradas no fundamento das decisões sobre o projeto para conferir validade aos atos administrativos;
d) O planejamento da participação popular é fundamental para a realização da democracia participativa e deliberativa;
e) Os limites do dever de resposta podem contribuir para melhorar a qualidade da participação, favorecendo a ponderação qualificada de argumentos de todos os interessados, em detrimento da força política;
f) A garantia de reserva de sigilo pode ser de grande valia para incentivar a participação de privados nos processos de elaboração de contratos de PPP;
g) O PMI, a consulta pública, a audiência pública e o *roadshow* encontram no cenário de reconhecimento de autonomia administrativa contratual – e de uma Administração mais permeável à consensualidade – um ambiente propício para seu desenvolvimento e aperfeiçoamento. Resta reconhecer a importância destes instrumentos, valorizar a sua ocorrência e aprimorar os mecanismos de sua realização.

ANEXO A

A produção doutrinária nacional sobre PMI ainda é incipiente, mas valiosa. Por isso, com vistas a cumprir os objetivos deste trabalho, fizemos um esforço para dialogar com as principais ideias trazidas pelos autores que já se debruçaram sobre o tema.

Até o ano de 2013, identificamos alguns artigos e ao menos uma monografia de especialização. Neste sentido, ver: PACE JUNIOR, Mário José. *O processo de manifestação de interesse – PMI e o devido processo legal (Lei nº 11.079/04 e Decreto nº 5.977/06).* 2013. 82 f. Monografia (Especialização em Direito Administrativo) – Coordenadoria Geral de Especialização, Aperfeiçoamento e Extensão, Pontifícia Universidade Católica de São Paulo, São Paulo, 2013; GUIMARÃES NETO, Mário Queiroz; BATISTA, Adrian Machado. Procedimento de Manifestação de Interesse (PMI): diálogos com a iniciativa privada. In: CONGRESSO CONSAD DE GESTÃO PÚBLICA, 3, 2010, Brasília. *Anais eletrônicos*. Brasília: Conselho Nacional de Secretários de Estado da Administração, 2010, Painel 44: Soluções de longo prazo em parceria com a iniciativa privada na oferta de infraestrutura de transportes. Disponível em: <http://www.escoladegoverno.pr.gov.br/arquivos/File/Material_%20CONSAD/paineis_III_congresso_consad/painel_44/procedimento_de_manifestacao_de_interesse_dialogos_com_a_iniciativa_privada.pdf>. Acesso em: 13 set. 2015; SCHIEFLER, Gustavo Henrique Carvalho. A regulamentação e a utilização do procedimento de manifestação de interesse no estado de Santa Catarina: comentários a respeito do Decreto Estadual nº 962/12. *Revista Zênite*, Informativo de Licitações e Contratos (ILC), Curitiba, nº 225, p. 1130-1138, nov. 2012; VIEIRA, Livia Wanderley de Barros Maia; GAROFANO, Rafael Roque. Procedimentos de manifestação de interesse (PMI) e de propostas não solicitadas (PNS): os riscos e os desafios da contratação na sequência de cooperação da iniciativa privada. Revista Brasileira de *Infraestrutura* – RBINF, Belo Horizonte, ano 1, nº 2, p. 183-211, jul./dez. 2012; BELÉM, Bruno Moraes Faria Monteiro. O procedimento de manifestação de interesse como meio de participação do privado na estruturação de projetos de infraestrutura. *Fórum de Contratação e Gestão Pública* – FCGP, Belo Horizonte, ano 12, nº 135, mar. 2013; GARCIA, Flávio Amaral. A participação do mercado na definição do objeto das parcerias público-privadas: o procedimento de manifestação de interesse. *Revista de Direito Público da Economia* – RDPE, Belo Horizonte, ano 11, nº 42, abr./jun. 2013.

Em 2013, Gustavo Henrique Carvalho Schiefler apresentou a primeira dissertação de mestrado sobre o tema de que temos notícia, na Universidade Federal de Santa Catarina. SCHIEFLER, Gustavo Henrique Carvalho. *Procedimento de manifestação de interesse (PMI)*: solicitação e apresentação de estudos e projetos para a estruturação de concessões comuns e parcerias público-privadas. 2013. 500 f. Dissertação (Mestrado em Direito) – Centro de Ciências Jurídicas, Programa de Pós-Graduação em Direito, Universidade Federal de Santa Catarina, Florianópolis, 2013.

Em 2014, foi a vez de Mário Márcio Saadi Lima apresentar as suas contribuições na Pontifícia Universidade Católica de São Paulo (LIMA, Mário Márcio Saadi. *O procedimento de manifestação de interesse à luz do ordenamento jurídico brasileiro*. Belo Horizonte: Fórum, 2015). Alguns artigos também foram produzidos naquele ano (ver, por exemplo, DAL POZZO, Augusto Neves. Procedimento de manifestação de interesse e o planejamento estatal de infraestrutura. *Fórum de Contratação e Gestão Pública* – FCGP, Belo Horizonte, ano 13, nº 150, jun. 2014. Disponível em: <http://bid.editoraforum.com.br/bid/PDI0006.aspx? pdiCntd=119928>. Acesso em: 24 nov. 2015).

Em 2015, Marçal Justen Filho e Rafael Wallbach Schwind reuniram diversos artigos de relevo em seu livro: JUSTEN FILHO, Marçal; SCHWIND, Rafael Wallback (Coords.). *Parcerias público-privadas*: reflexões sobre os 10 anos da Lei nº 11.079/2004. São Paulo: Revista dos Tribunais, 2015. Ainda em 2015, registramos o depósito da dissertação de mestrado de Bruno Gazzaneo Belsito (BELSITO, Bruno Gazzaneo. *O procedimento de manifestação de interesse/PMI na estruturação de contrato de concessão*: exame crítico e proposta de aperfeiçoamento do instrumento no Direito brasileiro. 2015. 319 f. Dissertação (Mestrado em Direito) – Faculdade de Direito, Universidade do Estado do Rio de Janeiro, Rio de Janeiro, 2015) e de Mariana Bueno Resende (RESENDE, Mariana Bueno.

Procedimento de Manifestação de Interesse (PMI): uma reflexão à luz da Constituição da República de 1988. 2015. Dissertação (Mestrado em Direito) – Faculdade de Direito, Universidade Federal de Minas Gerais, Minas Gerais, 2015).

Em 2016, destacamos estudo coordenado pela International Finance Corporation para o Programa de Fomento à Participação Privada, em conjunto com o BNDES, intitulado Estruturação de Projetos de PPP e Concessão no Brasil: Diagnóstico do modelo brasileiro e propostas de aperfeiçoamento. Disponível em: <http://www.ifc.org/wps/wcm/connect/81443e004b76437cac08fd 08bc54e20b/Estruturacao+de+Projetos+de+PPP+e+Concessao+no+ Brasil.pdf?MOD=AJPERES>. Acesso em: 28 mai. 2016. Críticas contundentes ao estudo foram apresentadas por Maurício Portugal Ribeiro, no artigo Contribuições ao Estudo sobre Estruturação de Concessões e PPPs elaborado pelo BNDES e IFC. Disponível em: <http://www.migalhas.com.br/arquivos/2016/3/art20160304-08. pdf>. Acesso em: 28 mai. 2016. Tarcila Reis, por sua vez, teceu críticas ao Decreto baiano, na obra: REIS, Tarcila. Avanços e problemas do novo decreto de PMI da Bahia. *Revista Brasileira de Direito Público – RBDP*, Belo Horizonte, v. 14, n. 52, p. 177-190, jan./mar. 2016. Ainda em 2016, Yasser Reis Gabriel dissertou sobre Procedimentos jurídicos para estruturação de concessão de infraestrutura e o desenvolvimento brasileiro (GABRIEL, Yasser Reis. *Procedimentos jurídicos para estruturação de concessão de infraestrutura e o desenvolvimento brasileiro*. 2016. 144 f. Dissertação (Mestrado em Direito) – Escola de Direito de São Paulo, Fundação Getulio Vargas, São Paulo, 2016).

Em 2017, identificamos dissertação de mestrado de Diego Jacome Valois acerca da aplicação do PMI no caso dos hospitais em São Paulo (VALOIS, Diego Jacome. *Estudo de caso da parceria público-privada dos 'complexos hospitalares' do Estado de São Paulo*: da manifestação de interesse privada – MIP aos principais desafios da modelagem. 2017. 141 f. Dissertação (Mestrado em Direito) – Escola de Direito de São Paulo, Fundação Getulio Vargas, São Paulo, 2017. Disponível em: <http://bibliotecadigital.fgv.br/ dspace/handle/10438/19109>. Acesso em: 23 de jan. de 2019). Lívia Wanderley de Barros, por sua vez, defendeu tese de doutorado abordando os mecanismos de contribuição das entidades privadas para o alcance dos fins públicos, via PMI e MIP (VIEIRA, Lívia Wanderley de Barros Maia. *Procedimentos de Manutenção de Interesse (PMI) e Manifestação de Interesse da Iniciativa Privada (MIP)*: mecanismos de contribuição das entidades privadas para o alcance dos fins públicos. 2017. 418 f. Tese (Doutorado em Direito) – Curso de Direito, Universidade de São Paulo, São Paulo, 2017). Tatiana Maisa Ferragina compartilhou suas reflexões sobre o Decreto nº 8.428/2015 em artigo publicado também em 2017: FERRAGINA, Tatiana Maisa. Regime jurídico do PMI instituído pelo Decreto nº 8.428/2015. *Revista Brasileira de Infraestrutura – RBINF*, Belo Horizonte, ano 6, n. 11, jan./jun. 2017. Disponível em: <http://www.bidforum.com.br/PDI0006.aspx?pdiCntd=247766>. Acesso em: 23 jan. 2019.

REFERÊNCIAS

ACKERMAN, Bruce. Good-bye, Montesquieu. *Revista de Direito Administrativo*, Rio de Janeiro, v. 265, p. 13-23, jan./abr. 2014

ALMEIDA, Fernando Dias Menezes. *Teoria do contrato administrativo*: uma abordagem histórico-evolutiva com foco no direito brasileiro. 2011. 400 f. Tese (Livre-Docência em Direito) – Faculdade de Direito, Universidade de São Paulo, São Paulo, 2011.

ARAGÃO, Alexandre Santos de. A consensualidade no direito administrativo: acordos regulatórios e contratos administrativos. *Boletim de licitações e contratos*, São Paulo, v. 19, n. 9, p. 827-840, set. 2006.

ARAGÃO, Alexandre Santos de. Teoria geral dos atos administrativos: uma releitura à luz dos novos paradigmas do direito administrativo. In: MEDAUAR, Odete; SCHIRATO, Vitor Rhein. *Os caminhos do ato administrativo*. São Paulo: Revista dos Tribunais, 2011.

ARAGÃO, Alexandre Santos de; MARQUES NETO, Floriano de Azevedo (coords.). *Direito administrativo e seus novos paradigmas*. Belo Horizonte: Fórum, 2009.

ARAUJO, Luiz Alberto David; NUNES JUNIOR, Vidal Serrano. *Curso de Direito Constitucional*. 13. ed. São Paulo: Saraiva, 2009.

ARIÑO ORTIZ, Gaspar. El retorno a lo privado: antes uma nueva encrucijada histórica. *Anuário de La Facultad de Derecho da Universid Autônoma de Madrid* - AFDUAM, n. 3, p. 19-35, 1999.

ÁVILA, Humberto Bergmann. Moralidade, razoabilidade e eficiência na atividade administrativa. *Revista Eletrônica de Direito do Estado*, Salvador, nº 4, out./dez. 2005. Disponível em: <http://www.direitodoestado.com/revista/REDE-4-OUTUBRO-2005-HUMBERTO%20AVILA.pdf>. Acesso em: 7 jan. 2016.

ÁVILA, Humberto Bergmann. Repensando o "princípio da supremacia do interesse público sobre o particular". *Revista Trimestral de Direito Público*, v. 24, p. 159-180, 1998.

BANDEIRA DE MELLO, Celso Antônio. *O conteúdo jurídico do princípio da igualdade*. 3. ed. São Paulo: Malheiros, 2003.

BARROSO, Luis Roberto. *Curso de Direito Constitucional Contemporâneo*: os conceitos fundamentais e a construção do novo modelo. 2. ed. São Paulo: Saraiva, 2010.

BELEM, Bruno Moraes Faria Monteiro. O procedimento de manifestação de interesse como meio de participação do privado na estruturação de projetos de infraestrutura. *Fórum de Contratação e Gestão Pública* – FCGP, Belo Horizonte, ano 12, n. 135, mar. 2013.

BELSITO, Bruno Gazzaneo. *O procedimento de manifestação de interesse/PMI na estruturação de contrato de concessão*: exame crítico e proposta de aperfeiçoamento do instrumento no direito brasileiro. 2015. 319 f. Dissertação (Mestrado em Direito) – Faculdade de Direito, Universidade do Estado do Rio de Janeiro, Rio de Janeiro, 2015.

BOBBIO, Luigi. Dilemmi della democrazia participativa. *Rivista Democrazia e Diritto*, n. 4, p. 11-26, 2006. Disponível em: <http://www.francoangeli.it/riviste/Scheda_Rivista.aspx?IDArticolo=30582&idRivista=116>. Acesso em: 22 dez. 2015.

BORGES, Alice Gonzalez. *Temas do direito administrativo atual*. Belo Horizonte: Fórum, 2004.

BOSCO, Maria Goretti Dal. Audiência pública como direito de participação. *Revista dos Tribunais*, São Paulo, v. 92, n. 809, p. 727-739, mar. 2003.

CABRAL, Antonio. Os efeitos processuais da audiência pública. *Boletim de Direito Administrativo*, São Paulo, v. 22, n. 7, p. 789-800, 2006.

CÂMARA, Jacintho Arruda. As autorizações da Lei Geral de Telecomunicações e a Teoria Geral do Direito Administrativo. *Revista de Direito de Informática e Telecomunicações* – RDIT, Belo Horizonte, ano 2, n. 3, p. 5568, jul./dez. 2007.

CARVALHO, André Castro. A participação proativa e reativa da iniciativa privada em projetos de infraestrutura: um estudo sobre as MIPs e os PMIs no Brasil. *Revista de Direito Público da Economia* – RDPE, v. 47, p. 09-23, 2014.

CARVALHO, André Castro; FERRO, Murilo Ruiz. Estudo jurídico sobre o Decreto nº 61.371/2015 (o "Decreto dos PMIs") do Estado de São Paulo. *Revista de Contratos Públicos* – RCP, v. 7, p. 19-32, 2015.

CARVALHO FILHO, José dos Santos. *Manual de direito administrativo*. 27. ed. São Paulo: Atlas, 2014.

CASSESE, Sabino. As transformações do direito administrativo do século XIX ao XXI. *Revista Interesse Público*, nº 24, p. 13-23, 2004.

CASSESE, Sabino. *La crisi dello Stato*. Roma: Laterza, 2002.

CASSESE, Sabino. L'arena pubblica: nuovi paradigmi per lo Stato. *Rivista Trimestrale di Diritto Pubblico*, Milano, n. 3, p. 601-650, 2001. ISSN 0557-1464.

CASSESE, Sabino. New paths for administrative law: a manifesto. *International Journal of Constitutional Law*, v. 10, n. 3, p. 603-613, Jul. 2012. DOI: http://dx.doi.org/10.1093/icon/mos038.

COMPARATO, Fábio Konder. *Direito público*: estudos e pareceres. São Paulo: Saraiva, 1996.

CONSULTOR JURÍDICO – CONJUR. Brasileiro é refratário à igualdade entre Poder Público e particular. Entrevista com Marçal Justen Filho, por Renata Teodoro. 3 ago. 2014. Disponível em: <http://www.conjur.com.br/2014-ago-03/entrevista-marcal-justen-especialista-direito-administrativo>. Acesso em: 22 dez. 2015.

CUNHA, Carlos Eduardo Bergamini. Discricionariedade administrativa e interesses públicos: superando a supremacia em busca da ponderação. *Fórum Administrativo*, v. 122, p. 9-21, 2011.

DAL BOSCO, Maria Goretti. Audiência pública como direito de participação. *RT*, ano 92, p. 727-739, mar. 2003.

DAL POZZO, Augusto Neves. Procedimento de manifestação de interesse e o planejamento estatal de infraestrutura. *Fórum de Contratação e Gestão Pública* – FCGP, Belo Horizonte, ano 13, n. 150, jun. 2014.

DALLARI, Adilson Abreu. *Viabilidade de transação entre o poder público e o particular*. Disponível em: <http://www.amdjus.com.br/doutrina/administrativo/340.htm>. Acesso em: 3 out. 2012.

DALLARI, Adilson Abreu; FERRAZ, Sérgio. *Processo administrativo*. 3. ed. São Paulo: Malheiros, 2012.

DELLACHA, Georgina; HODGES, John T. Unsolicited infrastructure proposals: how some countries introduce competition and transparency. *Public-Private Infrastructure Advisory Facility* – PPIAF, Washington, DC, Paper n. 1, 2007. Disponível em: <http://www.ppiaf.org/sites/ppiaf.org/files/publication/WP1-Unsolicited%20Infra%20Proposals%20-%20JHodges%20GDellacha.pdf>. Acesso em: 16 nov. 2015.

DI PIETRO, Maria Sylvia Zanella. *Direito administrativo*. 27. ed. São Paulo: Atlas, 2014.

DI PIETRO, Maria Sylvia Zanella. *Parcerias na administração pública*. 8. ed. São Paulo: Atlas, 2011.

DI PIETRO, Maria Sylvia Zanella; RIBEIRO; Carlos Vinícius Alves Ribeiro (Coords.). *Supremacia do interesse público e outros temas relevantes do direito administrativo*. São Paulo: Atlas, 2011.

DI SARNO, Daniela Campos Libório. Audiência pública na gestão democrática da política urbana. In: DALLARI, Adilson Abreu; DI SARNO, Daniela Campos Libório (Coords.). *Direito urbanístico e ambiental*. Belo Horizonte: Fórum, 2007.

DUARTE, David. *Procedimentalização, participação e fundamentação*: para uma concretização do princípio da imparcialidade administrativa como parâmetro decisório. Coimbra: Almedina, 1996.

ESTORNINHO, Maria João. *A fuga para o direito privado*: contributo para o estudo da actividade de direito privado da administração pública. Coimbra: Almedina, 1999. (Colecção Teses.)

ESTORNINHO, Maria João. *Réquiem pelo contrato administrativo*. Coimbra: Almedina, 1990.

FARIA, José Eduardo. A definição do interesse público. In: SALLES, Carlos Alberto (Org.). *Processo civil e interesse público*: o processo como instrumento de defesa social. São Paulo: Revista dos Tribunais, 2003. p. 79-90.

FERRAGINA, Tatiana Maisa. Regime jurídico do PMI instituído pelo Decreto nº 8.428/2015. *Revista Brasileira de Infraestrutura – RBINF*, Belo Horizonte, ano 6, n. 11, jan./jun. 2017. Disponível em: <http://www.bidforum.com.br/PDI0006.aspx?pdiCntd=247766>. Acesso em: 23 jan. 2019.

FIDALGO, Carolina Barros. *Audiências e consultas públicas no contexto da atividade regulatória*: pressupostos para sua efetividade e racionalidade. Disponível em: <http://www.direitodoestado.com.br/tvdireito/carolina-barros-fidalgo>. Acesso em: 8 jan. 2016.

FIGUEIREDO, Lúcia Valle. Instrumentos da administração consensual: a audiência pública e sua finalidade. *Revista Eletrônica de Direito Administrativo Econômico – REDAE*, Salvador, nº 11, ago./out. 2007. Disponível em: <http://www.direitodoestado.com/revista/REDAE-11-AGOSTO-2007-LUCIA%20VALLE.pdf>. Acesso em: 22 dez. 2015.

FINK, Daniel Roberto. Audiência pública em matéria ambiental no Direito brasileiro. *Justitia*, São Paulo, v. 57, nº 169, p. 60-64, jan./mar. 1995.

FISHER, Roger; URY, William; PATTON, Bruce. *Como chegar ao sim*: como negociar acordos sem fazer concessões. 2. ed. Rio de Janeiro: Solomon, 2014.

FISHER, Roger; URY, William; PATTON, Bruce. *Getting to yes*: negotiating agreement without giving in. New York: Penguin, 2011.

FURTADO, Lucas Rocha. *Curso de Licitações e Contratos Administrativos*. 6. ed. Belo Horizonte: Fórum, 2015.

GABRIEL, Yasser Reis. *Procedimentos jurídicos para estruturação de concessão de infraestrutura e o desenvolvimento brasileiro*. 2016. 144 f. Dissertação (Mestrado em Direito) – Escola de Direito de São Paulo, Fundação Getulio Vargas, São Paulo, 2016.

GARCIA, Flávio Amaral. A participação do mercado na definição do objeto das parcerias público-privadas: o procedimento de manifestação de interesse. *Revista de Direito Público da Economia* –RDPE, Belo Horizonte, ano 11, n. 42, abr./jun. 2013.

GARCIA, Flavio Amaral. A relatividade da distinção atividade-fim e atividade-meio na terceirização aplicada à administração pública. *Revista Eletrônica sobre a Reforma do Estado* – RERE, Salvador, nº 19, set./nov. 2009. Disponível em: <http://www.direitodoestado.com/revista/RERE-19-SETEMBRO-2009-FLAVIO-AMARAL.pdf>. Acesso em: 19 nov. 2015.

GAROFANO, Rafael Roque. *Contratualidade administrativa*: abrangência e complexidade do fenômeno contratual da administração pública. Rio de Janeiro: Lumen Juris, 2015.

GIANNINI, Massimo Severo. *Diritto Amministrativo*. 2. ed. Milano: Dott. A. Guiffrè, 1988.

GORDILLO, Augustín. *Tratado de derecho administrativo*. 5. ed. Belo Horizonte: Del Rey; Fundación de Derecho Administrativo, 2003. Tomo 2.

GRAUSO, Pierpaolo. *Gli acordi della pubblica amministrazione con i privati*. Milano: Dott. A. Giuffrè, 2007.

GROTTI, Dinorá Adelaide Musetti. A participação popular e a consensualidade na administração pública. *Boletim de Direito Administrativo*, v. 18, nº 2, p. 89-97, fev. 2002.

GROTTI, Dinorá Adelaide Musetti; SAADI, Mário. O procedimento de manifestação de interesse. In: JUSTEN FILHO, Marçal; SCHWIND, Rafael Wallback (Coords.). *Parcerias público-privadas*: reflexões sobre os 10 anos da Lei 11.079/2004. São Paulo: Revista dos Tribunais, 2015. p. 153-176.

GUIMARÃES, Bernardo Strobel. Proposta de manifestação de interesse (PMI): riscos públicos e riscos privados. *Revista de Contratos Públicos* – RCP, v. 6, p. 31-57, 2014.

GUIMARÃES NETO, Mario Queiroz; BATISTA, Adrian Machado. Procedimento de Manifestação de Interesse (PMI): diálogos com a iniciativa privada. In: CONGRESSO CONSAD DE GESTÃO PÚBLICA, 3, 2010, Brasília. *Anais eletrônicos*. Brasília: Conselho Nacional de Secretários de Estado da Administração, 2010, Painel 44: Soluções de longo prazo em parceria com a iniciativa privada na oferta de infraestrutura de transportes. Disponível em: <http://www.escoladegoverno.pr.gov.br/arquivos/File/Material_%20CONSAD/paineis_III_congresso_consad/painel_44/procedimento_de_manifestacao_de_interesse_dialogos_com_a_iniciativa_privada.pdf>. Acesso em: 13 set. 2015.

International Finance Corporation; Banco Nacional do Desenvolvimento Social e Econômico. Estruturação de Projetos de PPP e Concessão no Brasil: Diagnóstico do modelo brasileiro e propostas de aperfeiçoamento. Disponível em: <http://www.ifc.org/wps/wcm/connect/81443e004b76437

cac08fd08bc54e20b/Estruturacao+de+Projetos+de+PPP+e+Concessao+no+Brasil.pdf?MOD=AJPERES>. Acesso em: 28 mai. 2016.

JUSTEN FILHO, Marçal. *Comentários à lei de licitações e contratos administrativos*. 15. ed. São Paulo: Dialética, 2012.

JUSTEN FILHO, Marçal. Conceito de interesse público e "personalização" do direito administrativo. *Revista Trimestral de Direito Público*, São Paulo, nº 26, 1999.

LIMA, Mário Marco Saadi. *O procedimento de manifestação de interesse à luz do ordenamento jurídico brasileiro*. Belo Horizonte: Fórum, 2015.

LOUREIRO, Caio de Souza. *O direito administrativo do inimigo*. Disponível em: <http://www.migalhas.com.br/dePeso/16,MI202207,31047-O+direito+administrativo+do+inimigo>. Acesso em: 22 de nov. 2015.

LOUREIRO, Caio de Souza. Procedimento de manifestação de interesse (PMI): avanços e necessidades. Disponível em: <http://www.migalhas.com.br/dePeso/16,MI148799,61044-Procedimento+de+manifestacao+de+interesse+PMI+avancos+e+necessidades>. Acesso em: 23 nov. 2015.

MARQUES NETO, Floriano de Azevedo. A bipolaridade do direito administrativo e sua superação. In: SUNDFELD, Carlos Ari; JURKSAITIS, Guilherme Jardim. *Contratos públicos e direito administrativo*. São Paulo: Malheiros, 2015. p. 353-415.

MARQUES NETO, Floriano de Azevedo. A nova regulamentação dos serviços públicos. *Revista Eletrônica de Direito Administrativo Econômico*, Salvador, nº 1, fev. 2005. Disponível em: <http://www.direitodoestado.com.br/artigo/floriano-de-azevedo-marques-neto/a-nova-regulamentacao-dos-servicospublicos>. Acesso em: 25 nov. 2015.

MARQUES NETO, Floriano de Azevedo. A superação do ato administrativo autista. In: MEDAUAR, Odete; SCHIRATO, Vitor Rhein (Orgs.). *Os caminhos do ato administrativo*. São Paulo: Revista dos Tribunais, 2011. p. 89-113.

MARQUES NETO, Floriano de Azevedo. As transformações na dicotomia público-privado e a importância da regulação. In: ASIER ASOCIACIÓN IBEROAMERICANA DE ESTUDIOS DE REGULACIÓN. (Org.). *Regulación económica de los servicios públicos*. Lima, Perú: Ara, 2010. p. 123-148.

MARQUES NETO, Floriano de Azevedo. *Bens públicos*: função social e exploração econômica – o regime jurídico das utilidades públicas. Belo Horizonte: Fórum, 2009.

MARQUES NETO, Floriano de Azevedo. *Concessões*. São Paulo: Fórum, 2015.

MARQUES NETO, Floriano de Azevedo. Contratos de construção do poder público. In: BAPTISTA, Luiz Olavo; ALMEIDA PRADO, Maurício. (Orgs.). *Construção civil e direito*. São Paulo: Lex, 2011. p. 43-67.

MARQUES NETO, Floriano de Azevedo. Do Contrato administrativo à administração contratual. *Boletim Governet de Licitações e Contratos*, Curitiba, nº 64, p. 726-731, 2010.

MARQUES NETO, Floriano de Azevedo. Fundamentos e conceituação das PPPs. In: MARQUES NETO, Floriano de Azevedo; SCHIRATO, Vitor Rhein (Coords). *Estudos sobre a lei das parcerias público-privadas*. Belo Horizonte: Fórum, 2001. p. 13-29.

MARQUES NETO, Floriano de Azevedo. Os contratos de parceria público-privada (PPP) na implantação e ampliação de infraestrutura. In: SILVA, Leonardo Toledo da (Org.). *Direito e infraestrutura*. São Paulo: Saraiva, 2012. p. 281-302.

MARQUES NETO, Floriano de Azevedo. Poderes da administração pública. In: FIGUEIREDO, Marcelo (Org.). *Novos rumos para o direito público*: reflexões em homenagem à professora Lúcia Valle Figueiredo. Belo Horizonte: Fórum, 2012. p. 221-236.

MARQUES NETO, Floriano de Azevedo. Princípios do processo administrativo. *Fórum Administrativo*, Belo Horizonte, v. 37, p. 3505-3512, 2004.

MARQUES NETO, Floriano de Azevedo. Reajuste e revisão nas parcerias público-privadas revisitando o risco nos contratos de delegação. In: SOUZA, Mariana Campos de. (Org.). *Parceria público-privada*. São Paulo: Quartier Latin, 2008. p. 53-85.

MARQUES NETO, Floriano de Azevedo. *Regulação e poder de polícia no setor de gás*. Disponível em: <http://www.migalhas.com.br/arquivo_artigo/art_13_12.htm>. Acesso em: 25 nov. 2015.

MARQUES NETO, Floriano de Azevedo. *Regulação estatal e interesses públicos*. São Paulo: Malheiros, 2002.

MARQUES NETO, Floriano de Azevedo; SCHIRATO, Vitor Rhein (Coords.). *Estudos sobre a lei das parcerias público-privadas*. Belo Horizonte: Fórum, 2001.

MARQUES NETO, Floriano de Azevedo; SUNDFELD, Carlos Ari. Uma nova lei para aumentar a qualidade jurídica das decisões públicas e de seu controle. In: SUNDFELD, Carlos Ari (Org.). Contratações públicas e seu controle. São Paulo: Malheiros, 2013. p. 277-285.

MARRARA, Thiago Arrara (Org.). *Princípio de direito administrativo*: legalidade, segurança jurídica, impessoalidade, publicidade, motivação, eficiência, moralidade, razoabilidade, interesse público. São Paulo: Atlas, 2012.

MEDAUAR, Odete. *A processualidade no direito administrativo*. 2. ed. São Paulo: Revista dos Tribunais, 2008.

MEDAUAR, Odete. *Direito administrativo em evolução*. São Paulo: Revista dos Tribunais, 1992.

MEDAUAR, Odete. *Direito administrativo moderno*. 12. ed. São Paulo: Revista dos Tribunais, 2012.

MEDAUAR, Odete. Notas sobre a contratualização na atividade administrativa. *Revista de Contratos Públicos*, ano 1, mar./ago. 2012.

MELO, Cristina Andrade. *A audiência pública na função administrativa*. 2012. 170 f. Dissertação (Mestrado em Direito) – Programa de Pós-Graduação em Direito, Universidade Federal de Minas Gerais, Belo Horizonte, 2012.

MODESTO, Paulo. Participação popular na administração pública: mecanismos de operacionalização. *Revista Eletrônica de Direito do Estado*, Salvador, n. 2, abr./jun. 2005. Disponível em: <http://www.direitodoestado.com/revista/REDE-2-ABRIL-2005-PAULO%20MODESTO.pdf>. Acesso em: 7 jan. 2016.

MONTEIRO, Vera. Aspectos legais da experiência brasileira na modelagem e concessão e propostas para melhorar as normas vigentes. In *Estruturação de Projetos de PPP e Concessão no Brasil: Diagnóstico do modelo brasileiro e propostas de aperfeiçoamento*. P. 204 - 245. Disponível em: <http://www.ifc.org/wps/wcm/connect/81443e004b76437cac08fd08bc54e20b/Estruturacao+d e+Projetos+de+PPP+e+Concessao+no+Brasil.pdf?MOD=AJPERES>. Acesso em: 28 mai. 2016.

MONTEIRO, Vera. *A caracterização do contrato de concessão após a edição da Lei nº 11.079/2004*. 2009. 226 f. Tese (Doutorado em Direito) – Faculdade de Direito, Universidade de São Paulo, São Paulo, 2009.

MONTEIRO, Vera. Contratação de serviço de consultoria para a estruturação de projeto de infraestrutura: qual o melhor caminho? In: JUSTEN FILHO, Marçal; SCHWIND, Rafael Wallback (Coords.). *Parcerias público-privadas*: reflexões sobre os 10 anos da Lei 11.079/2004. São Paulo: Revista dos Tribunais, 2015. p. 143-152.

MONTEIRO, Vera. Três anos da Lei de Parceria Público-Privada. In: SOUZA, Mariana Campos de. (Coord.). *Parceria público-privada*: aspectos jurídicos relevantes. São Paulo: Quartier Latin, 2008. p. 226-256.

MOREIRA, Egon Bockmann. Licitação pública e a negociação pré-contratual: a necessidade do diálogo público-privado. *Revista de Contratos Públicos*, ano 2, nº 2, set./fev. 2013.

MOREIRA NETO, Diogo de Figueiredo. Administração pública gerencial. *Revista Direito*, Rio de Janeiro, v. 2, nº 4, p. 37-44, jul./dez. 1998. Disponível em: <http://www.camara. rj.gov.br/setores/proc/revistaproc/revproc1998/revdireito1998B/est_adminpublica.pdf>. Acesso em 06 jan. 2016.

MOREIRA NETO, Diogo de Figueiredo. *Direito da participação política*: legislativa, administrativa, judicial – fundamentos e técnicas constitucionais de legitimidade. Rio de Janeiro: Renovar, 1992.

MOREIRA NETO, Diogo de Figueiredo. *Mutações do direito administrativo*. 3. ed. Rio de Janeiro: Renovar, 2007.

MOREIRA NETO, Diogo de Figueiredo. Novas tendências da democracia: consenso e direito público na virada do século – o caso brasileiro. *Revista Brasileira de Direito Público*, Belo Horizonte, v. 3, 2001.

MOREIRA NETO, Diogo de Figueiredo. Novos institutos consensuais da ação administrativa. *Revista de Direito Administrativo*, Rio de Janeiro, nº 231, p. 129-156, jan./mar. 2003.

MOREIRA NETO, Diogo de Figueiredo. *Uma avaliação das tendências do direito administrativo*: obra em homenagem a Eduardo Garcia de Enterría. Rio de Janeiro: Renovar, 2003.

NETTO, Luísa Cristina Pinto. *A contratualização da função pública*. Belo Horizonte: Del Rey, 2005.

NOBRE JÚNIOR, Edilson Pereira. Função administrativa e participação popular. *Revista dos Tribunais*, São Paulo, ano 91, v. 796, p. 104-113, fev. 2002.

NOHARA, Irene Patrícia; MARRARA, Thiago. *Processo administrativo*: Lei nº 9.784/99 comentada. São Paulo: Atlas, 2009.

OLIVEIRA, Gustavo Henrique Justino de. As audiências públicas e o processo administrativo brasileiro. *Revista de Informação Legislativa*, Brasília, ano 34, nº 135, p. 271-282, jul./set. 1997.

OSÓRIO, Fabio Medina. Existe uma supremacia do interesse público sobre o privado no direito administrativo? *Revista de Direito Administrativo*, nº 220, p. 69-107, 2000.

PACE JUNIOR, Mario José. *O processo de manifestação de interesse – PMI e o devido processo legal (Lei n. 11.079/04 e Decreto n. 5.977/06)*. 2013. 82 f. Monografia (Especialização em Direito Administrativo) – Coordenadoria Geral de Especialização, Aperfeiçoamento e Extensão, Pontifícia Universidade Católica de São Paulo, São Paulo, 2013.

PALMA, Juliana Bonacorsi de. A teoria do ato administrativo e a prática da consensualidade. In: MEDAUAR, Odete. SCHIRATO, Vitor Rhein (Orgs.). *Os caminhos do ato administrativo*. São Paulo: Revista dos Tribunais, 2011.

PALMA, Juliana Bonacorsi de. Governança pública nas parcerias público-privadas: o caso da elaboração consensual de projetos de PPP. In: JUSTEN FILHO, Marçal; SCHWIND, Rafael Wallback (Coords.). *Parcerias público-privadas*: reflexões sobre os 10 anos da Lei 11.079/2004. São Paulo: Revista dos Tribunais, 2015. p. 113-142.

PALMA, Juliana Bonacorsi de. *Sanção e acordo na administração pública*. São Paulo: Malheiros, 2015.

PATTON, Bruce. Negotiation. In: BORDONE, Robert C.; MOFFITT, Michael L. *The handbook of dispute resolution*. San Francisco: Wiley, 2005. p. 1-12 e p. 279-303.

PEREZ, Marcos Augusto. *A administração pública democrática*: institutos de participação popular na administração pública. Belo Horizonte: Fórum, 2004.

PEREZ, Marcos Augusto. A audiência pública no direito administrativo brasileiro. In: FORTINI, Cristina; IAVENGA, Miriam Mabem (Org.). *Mecanismos de controle interno e sua matriz constitucional*: um diálogo entre Brasil e Argentina. Belo Horizonte: Fórum, 2012. p. 101-116.

PEREZ, Marcos Augusto. *O risco no contrato de concessão de serviço público*. Belo Horizonte: Fórum, 2006.

PEREZ, Marcos Augusto. Notas sobre a divisão de riscos nas concessões parcerias público-privadas. In: ALMEIDA, Fernando Menezes Dias de et al. (Coords.). *Direito público em evolução*: estudos em homenagem à professora Odete Medauar. Belo Horizonte: Fórum, 2013. p. 475-487.

PINTO JUNIOR, Mario Engler. Parceria público-privada: antigas e novas modalidades contratuais. *Revista de Direito Público da Economia*, nº 13, 2006.

PORTO NETO, Benedicto. Licitação para contratação de parceria público-privada. In: SUNDFELD, Carlos Ari (Coord.). *Parcerias público-privadas*. 2. ed. São Paulo: Malheiros, 2011. p. 138-156.

REIS, Tarcila. Avanços e problemas do novo decreto de PMI da Bahia. *Revista Brasileira de Direito Público – RBDP, Belo Horizonte*, v. 14, n. 52, p. 177-190, jan./mar. 2016.

REIS, Tarcila; JORDÃO, Eduardo. A experiência brasileira de MIPS e PMIS: três dilemas da aproximação público-privada na concepção de projetos. In: JUSTEN FILHO, Marçal; SCHWIND, Rafael Wallback (Coords.). *Parcerias público-privadas*: reflexões sobre os 10 anos da Lei 11.079/2004. São Paulo: Revista dos Tribunais, 2015. p. 207-232.

REISDORFER, Guilherme F. Dias. Soluções contratuais público-privadas: os procedimentos de manifestação de interesse (PMI) e as propostas não solicitadas (PNS). In: JUSTEN FILHO, Marçal; SCHWIND, Rafael Wallback (Coords). *Parcerias público-privadas*: reflexões sobre os 10 anos da Lei 11.079/2004. São Paulo: Revista dos Tribunais, 2015. p. 177-206.

RESENDE, Mariana Bueno. *Procedimento de Manifestação de Interesse (PMI)*: uma reflexão à luz da Constituição da República de 1988. 2015. Dissertação (Mestrado em Direito) – Faculdade de Direito, Universidade Federal de Minas Gerais, Minas Gerais, 2015.

RIBEIRO, Maurício Portugal. Contribuições ao Estudo sobre Estruturação de Concessões e PPPs elaborado pelo BNDES e IFC. Disponível em: <http://www.migalhas.com.br/arquivos/2016/3/art20160304-08.pdf>. Acesso em: 28 mai. 2016.

RIBEIRO, Mauricio Portugal. *Concessões e PPPs*: melhores práticas em licitações e contratos. São Paulo: Atlas, 2011.

RIBEIRO, Maurício Portugal; PRADO, Lucas Navarro. *Comentários à Lei de PPP – Parceria Público-Privada*: fundamentos econômico-jurídicos. São Paulo: Malheiros, 2010.

SANTANA, Jair Eduardo; CAMARÃO, Tatiana; CHRISPIM, Anna Carla Duarte. *Termo de referência*: o impacto da especificação do objeto e do termo de referência na eficácia das licitações e contratos. 5. ed. Belo Horizonte: Fórum, 2016.

SANTOS NETO, Raul Dias dos. Procedimento de manifestação de interesse e concurso: análise do Projeto de Lei do Senado nº 75/2014. *Revista Brasileira de Infraestrutura – RBINF*, v. 7, p. 99-118, 2015.

SARMENTO, Daniel (Org.). *Interesse público versus interesse privado*: desconstruindo o princípio de supremacia do interesse público. Rio de Janeiro: Lumen Juris, 2007.

SCHIEFLER, Gustavo Henrique Carvalho. A regulamentação e a utilização do Procedimento de Manifestação de Interesse no estado de Santa Catarina: comentários a respeito do Decreto Estadual nº 962/2012. *Portal Jurídico Investidura*, Florianópolis, 9 ago. 2012. Disponível em: <investidura.com.br/biblioteca-juridica/artigos/ direito-administrativo/264755[1]>. Acesso em: 16 nov. 2015.

SCHIEFLER, Gustavo Henrique Carvalho. A regulamentação e a utilização do procedimento de manifestação de interesse no estado de Santa Catarina: comentários a respeito do Decreto Estadual nº 962/12. *Revista Zênite*, Informativo de Licitações e Contratos (ILC), Curitiba, n. 225, p. 1130-1138, nov. 2012.

SCHIEFLER, Gustavo Henrique Carvalho. *Procedimento de manifestação de interesse (PMI)*: solicitação e apresentação de estudos e projetos para a estruturação de concessões comuns e parcerias público-privadas. 2013. 500 f. Dissertação (Mestrado em Direito) – Centro de Ciências Jurídicas, Programa de Pós-Graduação em Direito, Universidade Federal de Santa Catarina, Florianópolis, 2013.

SCHIEFLER, Gustavo Henrique Carvalho. *Procedimento de manifestação de interesse (PMI)*. Rio de Janeiro: Lumen Juris, 2014.

SCHIRATO, Renata Nadalin Meireles. Transparência administrativa: participação, eficiência e controle social. In: ALMEIDA, Fernando Menezes Dias de et al. (Coords.). *Direito público em evolução*: estudos em homenagem à professora Odete Medauar. Belo Horizonte: Fórum, 2013. p. 117-137.

SCHIRATO, Vitor Rhein. As parcerias público-privadas e políticas públicas de infraestrutura. In: JUSTEN FILHO, Marçal; SCHWIND, Rafael Wallback (Coords.). *Parcerias público-privadas*: reflexões sobre os 10 anos da Lei 11.079/2004. São Paulo: Revista dos Tribunais, 2015. p. 73-112.

SCHIRATO, Vitor Rhein; PALMA, Juliana Bonacorsi de. Consenso e legalidade: vinculação da atividade administrativa consensual ao direito. *Revista Brasileira de Direito Público* – RBDP, Belo Horizonte, ano 7, n. 27, out./dez. 2009.

SÉRVULO CORREIA, José Manuel. *Legalidade e autonomia contratual nos contratos administrativos*. Coimbra: Almedina, 2003.

SILVA, Danilo Tavares. Licitação na Lei nº 11.079/04. In: MARQUES NETO, Floriano de Azevedo; SCHIRATO, Vitor Rhein (Coord.). *Estudos sobre a Lei das Parcerias Público-Privadas*. Belo Horizonte: Fórum, 2011. p. 71-96.

SILVA, José Afonso da. *Aplicabilidade das normas constitucionais*. 7. ed. São Paulo: Malheiros, 2009.

SILVA, Laís Sales do Prado; SANTOS, Murillo Giordan; PAULINO, Virgínia Juliane Adami. Audiências públicas: histórico, conceito, características e estudo de caso. *Revista de Direito Administrativo & Constitucional* – A&C, Belo Horizonte, ano 15, n. 62, out./dez. 2015.

SILVA, Vasco Pereira da. *Em busca do acto administrativo perdido*. Coimbra: Almedina. 2003.

SOUTO, Marcos Juruena Villela. *Direito administrativo contratual*. Rio de Janeiro: Lumen Juris, 2004.

SOUTO, Marcos Juruena Villela. Parceria mediante conveniência entre funções públicas e privadas. *Fórum Administrativo* – Direito Público, Belo Horizonte, ano 5, nº 54, p. 5935-5950, ago. 2005.

SOUZA, Rodrigo Pagani de. Participação pública nos processos decisórios das agências reguladoras: reflexões sobre o direito brasileiro a partir da experiência norte-americana. Fórum Administrativo, Belo Horizonte, v. 16, 2002.

SUNDFELD, Carlos Ari. *Direito administrativo para céticos*. São Paulo: Malheiros, 2012.

SUNDFELD, Carlos Ari. O processo administrativo e seu sentido profundo no Brasil. In: NOHARA, Irene Patrícia; MORAES FILHO, Marco Antonio Praxedes de (Orgs.). *Processo administrativo temas polêmicos da Lei n.º 9.784/99*. São Paulo: Atlas, 2011. p. 1-12.

SUNDFELD, Carlos Ari (Org.). *Parcerias público-privadas*. 2. ed. São Paulo: Malheiros, 2011.

SUNDFELD, Carlos Ari. Processo administrativo: um debate sobre o problema de sua conceituação e classificação. In: VALDIVIA, Diego Zegarra; ONETO, Víctor Baca. (Orgs.). *La Ley de Procedimiento Administrativo General*: diez años después libro de ponencias de las jornadas por los 10 años de la Ley de Procedimiento Administrativo General. Peru, Lima: Palestra, 2011. p. 189-210.

SUNDFELD, Carlos Ari. Processo administrativo: um diálogo necessário entre o Estado e cidadão. *Revista de Direito Administrativo & Constitucional* – A&C, Belo Horizonte, nº 23, p. 39-51, 2006.

SUNDFELD, Carlos Ari; CÂMARA, Jacintho Arruda. O dever de motivação na edição de atos normativos pela Administração Pública. *Revista de Direito Administrativo & Constitucional* – A&C, Belo Horizonte, v. 45, p. 55-73, jul./set. 2011.

SUNDFELD, Carlos Ari; MUNOZ, Guilhermo Andrés. *As leis de processo administrativo*. São Paulo: Malheiros, 2006.

TAFUR, Diego Jacome Valois. *Estudo de caso da parceria público-privada dos 'complexos hospitalares' do Estado de São Paulo*: da manifestação de interesse privada – MIP aos principais desafios da modelagem. 2017. 141 f. Dissertação (Mestrado em Direito) – Escola de Direito de São Paulo, Fundação Getulio Vargas, São Paulo, 2017. Disponível em: <http://bibliotecadigital.fgv.br/dspace/handle/10438/19109>. Acesso em: 23 de jan. de 2019

TORRES, Heleno Taveira. O princípio de proteção da confiança legítima no direito administrativo e no direito tributário. In: ALMEIDA, Fernando Menezes Dias de et al. (Coords.). *Direito público em evolução*: estudos em homenagem à professora Odete Medauar. Belo Horizonte: Fórum, 2013. p. 75-95.

UNIÃO EUROPEIA. Comissão Europeia. *Livro verde*: sobre a modernização da política de contratos públicos da UE Para um mercado dos contratos públicos mais eficiente na Europa. Disponível em: <http://www.infoeuropa.eurocid.pt/registo/000046969/>. Acesso em: 22 nov. 2015.

VIEIRA, Lívia Wanderley de Barros Maia. *Procedimentos de Manutenção de Interesse (PMI) e Manifestação de Interesse da Iniciativa Privada (MIP)*: mecanismos de contribuição das entidades privadas para o alcance dos fins públicos. 2017. 418 f. Tese (Doutorado) – Faculdade de Direito, Universidade de São Paulo, São Paulo, 2017.

VIEIRA, Livia Wanderley de Barros Maia; GAROFANO, Rafael Roque. Procedimentos de manifestação de interesse (PMI) e de propostas não solicitadas (PNS): os riscos e os desafios da contratação na sequência de cooperação da iniciativa privada. *Revista Brasileira de Infraestrutura* – RBINF, Belo Horizonte, ano 1, nº 2, p. 183-211, jul./dez. 2012.

ZYMLER, Benjamin; ALMEIDA, Guilherme Henrique de La Rocque. *O controle externo das concessões de serviço públicos e das parcerias público-privadas*. 2. ed. Belo Horizonte: Fórum, 2008.

Esta obra foi composta em fonte Palatino Linotype, corpo 10,5
e impressa em papel Offset 75g (miolo) e Supremo 250g (capa)
pela Gráfica Laser Plus, em Belo Horizonte/MG.